OS NAZISTAS E O
OCULTISMO

AS FORÇAS NEGRAS DESENCADEADAS PELO TERCEIRO REICH

Conforme Novo Acordo Ortográfico

Paul Roland

OS NAZISTAS E O OCULTISMO

AS FORÇAS NEGRAS DESENCADEADAS PELO TERCEIRO REICH

Tradução:
Saulo Alencastre

MADRAS®

Publicado originalmente em inglês sob o título *The Nazis and the Occult: The Dark Forces Unleashed by the Third Reich* por Arcturus Publishing Limited.
© 2007, Arcturus Publishing Limited.
Direitos de edição e tradução para todos os países de língua portuguesa.
Tradução autorizada do inglês.
© 2009, Madras Editora Ltda.

Editor:
Wagner Veneziani Costa

Produção e Capa:
Equipe Técnica Madras

Tradução:
Saulo Alencastre

Revisão de Tradução:
Pamela Andrade

Revisão:
Jane Pessoa
Wilson Ryoji Imoto
Aline Naomi Sassaki

Dados Internacionais de Catalogação na Publicação (CIP)
(Câmara Brasileira do Livro, SP, Brasil)

Roland, Paul
    Os nazistas e o ocultismo: as forças negras desencadeadas pelo Terceiro Reich/Paul Roland; tradução Saulo Alencastre. – São Paulo: Madras, 2009.
    Título original: The Nazis and the occult: the dark forces unleased by the Third Reich.

Bibliografia.
ISBN 978-85-370-0475-3
1. Nacional socialismo e ocultismo I. Título.

09-02792   CDD-133

Índices para catálogo sistemático:
1. Nazistas e ocultismo : Esoterismo 133

Proibida a reprodução total ou parcial desta obra, de qualquer forma ou por qualquer meio eletrônico, mecânico, inclusive por meio de processos xerográficos, incluindo ainda o uso da internet, sem a permissão expressa da Madras Editora, na pessoa de seu editor (Lei nº 9.610, de 19.2.98).

Todos os direitos desta edição, em língua portuguesa, reservados pela

MADRAS EDITORA LTDA.
Rua Paulo Gonçalves, 88 — Santana
CEP: 02403-020 — São Paulo/SP
Caixa Postal: 12299 — CEP: 02013-970
Tel.: (11) 2281-5555 — Fax: (11) 2959-3090
www.madras.com.br

Agradecimentos

O autor deseja agradecer às seguintes fontes primárias de informações históricas e citações:

O artigo do dr. Felix Jay na revista *Traditional Astrologer* (1998); Francis King, *Satan and Swastika* (Granada Publications, 1976); Peter Levenda, *Unholy Alliance* (Continuum, 2002); Nigel Pennick, *Hitler's Secret Sciences* (Neville Spearman, 1981); Hermann Rauschning, *Hitler Speaks* (Howard Fertig, 1939); Hermann Rauschning, *Voice of Destruction* (Kessinger, 2004); Trevor Ravenscroft, *The Spear of Destiny* (Sphere, 1990); Lewis Spence, *Occult Causes of the Present War* (Kessinger, 1998); Gerald Suster, *Hitler and the Age of Horus* (Sphere, 1981); Wilhelm Wulff, *Zodiac and Swastika* (Barker, 1973).

Índice

Introdução.. 11

Capítulo Um
Os gurus negros.. 17
    Arquétipos.. 22
    O alvorecer dos magos... 23
    Raça guerreira.. 24
    A Germanen Order... 27
    Origem da suástica.. 29
    Influências insidiosas... 33
    Lascívia bestial.. 36
    Homem e super-homem: Wagner e Nietzsche........... 37
    Crepúsculo dos deuses... 39

Capítulo Dois
 A Lança do Destino.. 43
    Hitler traça a história da Lança.................................. 47
    Entra o dr. Stein.. 48
    A face na janela... 50
    Em busca de Hitler.. 53
    Iniciação infernal... 56
    A iniciação satânica de Hitler.................................... 58
    Adolf no País das Maravilhas.................................... 60
    As portas da percepção.. 60
    Conversa à mesa.. 62
    Sessão mediúnica em uma tarde chuvosa.................. 63
    Hitler entra em cena.. 65
    O mito de Munique... 68

Um "pequeno palhaço louco" 70
Uma trindade profana 71
Goering 74
Perseguido por demônios 75
Falso alvorecer 78
O julgamento de Adolf Hitler 80
Servo de Lúcifer 80
Mein Kampf 82
O advogado do Diabo 83
Chá e simpatia 85
Removendo uma maldição 86
Hitler reclama a Lança 88
O acerto de contas 91

Capítulo Três
Hitler – médium ou mago? 95
O poder da palavra 101
Um povo, um líder, uma fé 108
Os franco-maçons 109
A manipulação das massas 110

Capítulo Quatro
Astrologia no Terceiro Reich 115
O horóscopo de Hitler 118
O argumento para a Astrologia 121
Nostradamus e os nazistas 122
Profecia e propaganda 124
Kraft 125
Vozes Interiores 127
O império contra-ataca 129
"O Louis de Wohl que conheci" 131
Um aviso aos curiosos 133
Voo de fantasia 134
James Bond e a Besta 135
Hitler e "a Besta" 139
Conversas com a Besta 143
Autodefesa psíquica 144
Rei dos bruxos 144
Queima, bruxo, queima 145
O "astrólogo de estimação" de Himmler 145
Pêndulo e pentagrama 146
O Buda de Berlim 148
Jantando com o Diabo 150
Encontrando Himmler 152
Hitler e a Astrologia 156
O sonho de Adolf Hitler 157

Capítulo Cinco
Ciência oculta.. 161
    Locais sagrados.. 162
    O poder *vril*... 165
    O mundo de gelo... 166
    A Terra oca... 171
    Os verdadeiros caçadores da arca perdida.............................. 172
    Propaganda pagã.. 174
    Uma reforma luciferiana.. 176
    A busca do Graal 176
    O Rasputin de Himmler... 177
    O departamento ocultista... 179
    Runas 185

Capítulo Seis
A SS: o mito dos "cavaleiros negros".. 189
    Sangue e terra 193
    Iniciação da SS 194
    Do berço ao túmulo 197
    Fantasmas e cemitérios 199
    O castelo de Wewelsburg 199

Capítulo Sete
Satã e a suástica 205
    A natureza do mal... 209
    Lutando a boa luta 212
    Uma catedral de luz 215
    Os rituais de Nuremberg – uma invocação de Marte............. 217

Conclusão – A sombra da suástica 220
    Linha do tempo 224

Índice Remissivo 229

Bibliografia/Crédito das ilustrações 239

Introdução

Quando meu pai, como parte do exército aliado de ocupação, avaliou a destruição da Alemanha nazista, partilhava da crença sustentada pelos vitoriosos de que eles haviam derrotado uma máquina militar formidável e libertado uma população que estivera vivendo sob uma ditadura totalitarista desde a ascensão de Adolf Hitler* ao poder em 1933. Durante a guerra, Churchill, Roosevelt e até Stalin – que, como foi revelado mais tarde, assassinou ainda mais pessoas de seu próprio povo do que Hitler – juntaram-se a líderes religiosos para descrever a Segunda Guerra Mundial em termos apocalípticos, como uma batalha entre as forças da luz e das trevas, um conflito entre o Bem e o Mal pela alma do mundo civilizado. No entanto, isso foi considerado mera retórica política e religiosa.

Naquela época, historiadores convencionais atribuíam a ascensão do nazismo exclusivamente a fatores socioeconômicos, e essa visão foi aceita durante os 20 anos seguintes. Hitler aparecera em uma época de crise nacional para erguer e restaurar o orgulho nacional de uma Alemanha desmoralizada depois de uma inglória derrota durante a Primeira Guerra Mundial.** Ele a conduziu em uma década de instabilidade política e inflação enorme eliminando impiedosamente a oposição e emprestando muito além dos recursos de seu país. Hitler foi chamado de estrategista político arguto, mas, na verdade, simplesmente fez o que queria, não se importou com as consequências. Em termos grosseiros, ele estava louco por uma luta. Seus demônios interiores demandavam importância, adoração e atenção constantes, como uma criança mimada. Quando chegou ao poder, recusou-se a pagar as reparações punitivas impostas à Alemanha pelos vitoriosos e reconstruiu suas forças armadas, desafiando o Tratado de Versalhes que tinha a intenção de limitar o rearmamento alemão. Então, marchou sobre a Renânia ocupada, anexou a Áustria e tomou de volta a Sudetenlândia, em

---

*N.E.: Sugerimos a leitura de *A Estratégia de Hitler*, de Pablo Giménez Cores, e *Reich Oculto*, de J.H. Brennan, ambos da Madras Editora.
**N.E.: Ver também: *Tudo o que Você Deve Saber sobre a Primeira Guerra Mundial*, de Jesús Hernandez, Madras Editora.

parte esperando reação de uma comunidade internacional ultrajada – novamente a ação de um brigão petulante. Mas com isso ele apenas mereceu a admiração de seu povo e o respeito rancoroso de outros líderes mundiais que gostariam de ter sido igualmente autoassertivos.

Não foram apenas as lideranças fascistas na Espanha e na Itália que admiraram abertamente a habilidade da Alemanha de colocar sua casa em

Esta foto carrega todas as marcas características do departamento de propaganda nazista, visto que os apoiadores, [esperando] por liderança, olham com adoração para Adolf Hitler, recém-eleito chanceler da Alemanha em 1933.

ordem, mas muitos aristocratas europeus, que partilhavam da suspeita de Hitler em relação aos judeus, estimaram o demasiado controle que ele tinha da infraestrutura financeira. A despeito da antipatia inicial para com o mesquinho cabo burguês austríaco, os industrialistas alemães também vieram a abraçar a Nova Ordem, gratos pela revitalização da economia alemã – particularmente a indústria de armamentos sobre a qual muitos haviam construído suas fortunas e nomes de família.

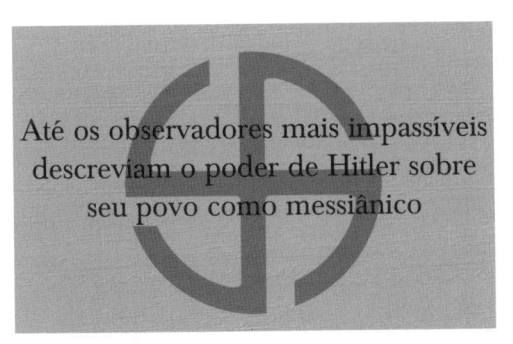

> Até os observadores mais impassíveis descreviam o poder de Hitler sobre seu povo como messiânico

Quando a Alemanha sediou os Jogos Olímpicos em Berlim, em 1936, a nação era tida como um modelo de reconstrução e regeneração, olhada com inveja pela Grã-Bretanha e pelos Estados unidos – bem como por seu inimigo de longa data, a França –, países que expressavam seu respeito pelas qualidades alemãs de engenhosidade, indústria e organização. Quanto à perseguição e à cassação dos judeus pelos nazistas, legalizadas pelas iníquas leis de Nuremberg, foram perdoadas por serem vistas como o zelo excessivo de um regime que viria a se alinhar com seus vizinhos no devido tempo.

O pior que seus críticos diriam era que os nazistas eram políticos oportunistas e brigões de rua, cujos líderes pomposos simulavam pretensões culturais que nunca possuíram, sugerindo uma comparação com os gângsteres americanos. Mas ninguém acreditou seriamente que havia algo mais sinistro por trás das cenas do que nacionalismo fanático – não até que a extensão total das atrocidades nazistas foi revelada ao mundo nos julgamentos de Nuremberg. A descrença na escala do assassinato em massa de milhões e na eficiência clínica com a qual isso havia sido perpetrado levou até mesmo os observadores mais impassíveis a descrever os nazistas como maus e o poder de Hitler sobre seu povo como messiânico.

Mas ninguém parecia ser capaz de responder às questões que as revelações de Nuremberg haviam levantado, a saber: como uma nação culta, que havia produzido Goethe, Beethoven, Bach, Schiller, Einstein, Kant, Hegel e muitos dos maiores pensadores e artistas do mundo, permitiu ser levada, como lemingues, ao precipício da autodestruição por um coletivo escabroso de criminosos, desajustados, sádicos e burocratas mesquinhos – a própria escória da sociedade? Por que essa sociedade caiu tão prontamente na propaganda ruidosa perpetrada por homens que apelavam sem nenhum pudor a seus instintos mais básicos? Além disso, como alguém poderia explicar o enigma do próprio demagogo? Como o respeitado historiador A. J. P. Taylor destacou: "Como pôde um homem tão ignorante, tão escravizado por dogmas estúpidos, ter atingido um sucesso tão prático?". Parecia inconcebível que um homem com imaginação e intelecto limitados e reconhecida indolência, como Hitler, pudesse ter estimulado uma nação a segui-lo cegamente para onde quisesse, a menos que houvesse algo a mais dando-lhe poder, que as pessoas sentissem e em que confiassem seus destinos. Em resumo, qual foi a verdadeira natureza do regime que ergueu a Alemanha da derrota para ser mestra da Europa e daí à destruição em massa em menos de 12 anos?

Foi apenas no *revival* do ocultismo, no fim dos anos 1960, que o interesse no Terceiro Reich e na sua possível ligação com a magia negra gerou um monte de histórias sensacionalistas "alternativas" e relatos fictícios das associações nazistas com as "forças negras". A cultura popular do período

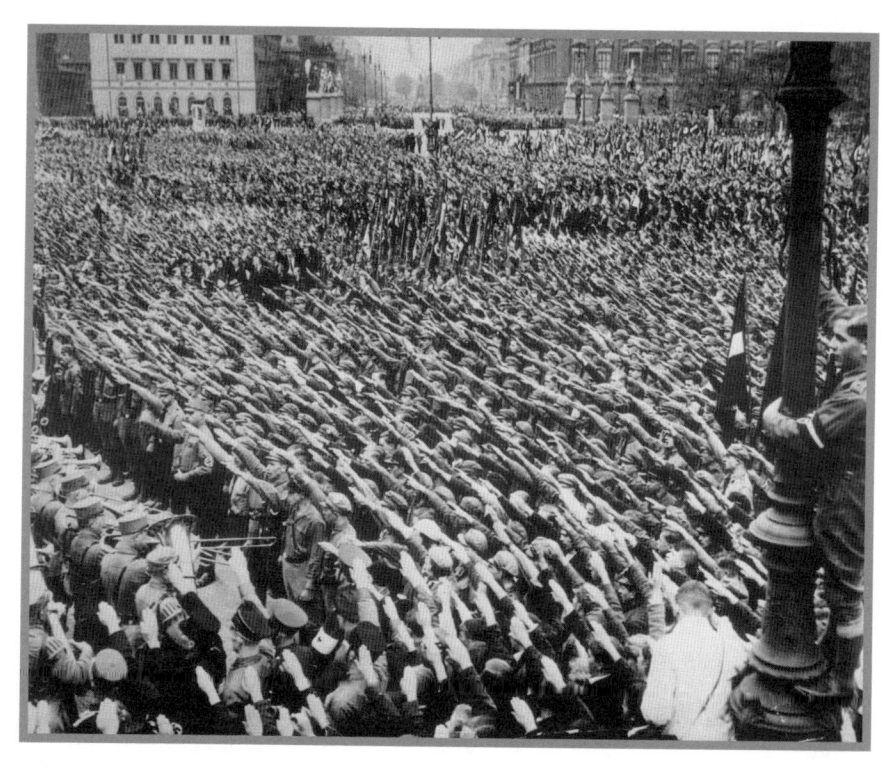

Adoração e unidade: o discurso de Hitler no Dia do Trabalho, em Berlim, produz a resposta antecipada da vasta multidão com 300 mil braços levantando-se na saudação fascista e uma nação marchando para a guerra.

refletia a fascinação mórbida do público pelos aspectos mais sensacionais do sobrenatural, produzindo filmes como *O bebê de Rosemary*, *O exorcista*, *A profecia* e *Os meninos do Brasil*, no qual o médico nazista louco,

Josef Mengele, clonou com sucesso jovens garotos a partir de células retiradas do corpo de Hitler.

Mas os horrores não foram todos confinados na ficção. A Era de Aquário alvoreceu para revelar o sadismo infligido pelo amante do nazismo, Charles Manson, e suas fãs adoradoras do demônio, com as devastações engendradas sobre uma geração inteira pelo vício em drogas e pelos horrores televisionados diariamente do Vietnã. Da noite para o dia, o sonho psicodélico dos *hippies* escureceu e a desilusão se instalou. Muitos começaram a questionar a natureza do mal e a pensar se o demônio e seus discípulos realmente existiram. Se o mal era uma entidade consciente, buscando ativamente entrar em nosso mundo, isso poderia explicar para o pesadelo do nazismo do qual o mundo estava apenas começando a despertar?

Nos últimos 40 anos, vários escritores afirmaram ter desvendado a verdade a respeito do pacto de Hitler com alguma entidade diabólica, mas, na maior parte, eles meramente exploraram nosso persistente fascínio mórbido pelo Terceiro Reich,* perpetuando o mito do envolvimento nazista com o oculto. É o propósito deste livro desmistificar esses contos de fada sombrios e revelar a verdadeira natureza da ligação da Alemanha nazista com as influências arcanas e com o próprio mal.

Vali-me extensivamente de documentos nazistas secretos e de diários e correspondência privados dos mentores "satânicos" de Hitler, bem como dos membros de seu círculo interno, para revelar se a ideologia nazista tinha de fato raízes no ocultismo.

A intenção deste livro é explicar como uma pessoa sem importância, de pouca educação e psicologicamente desequilibrada teve sucesso em fascinar uma nação inteira, o porquê de o povo alemão venerar seu Führer como um Deus, e como ele exercia seu poder sobre eles a ponto de disporem-se a segui-lo para o abismo da autodestruição. Esqueça o que você leu, viu e ouviu. Esta é a verdadeira história secreta do Terceiro Reich e de seu Messias negro – Adolf Hitler.

---

*N.E.: Sugerimos a leitura de *O Terceiro Reich – Carisma e Comunidade*, de Martin Kitchen, Madras Editora.

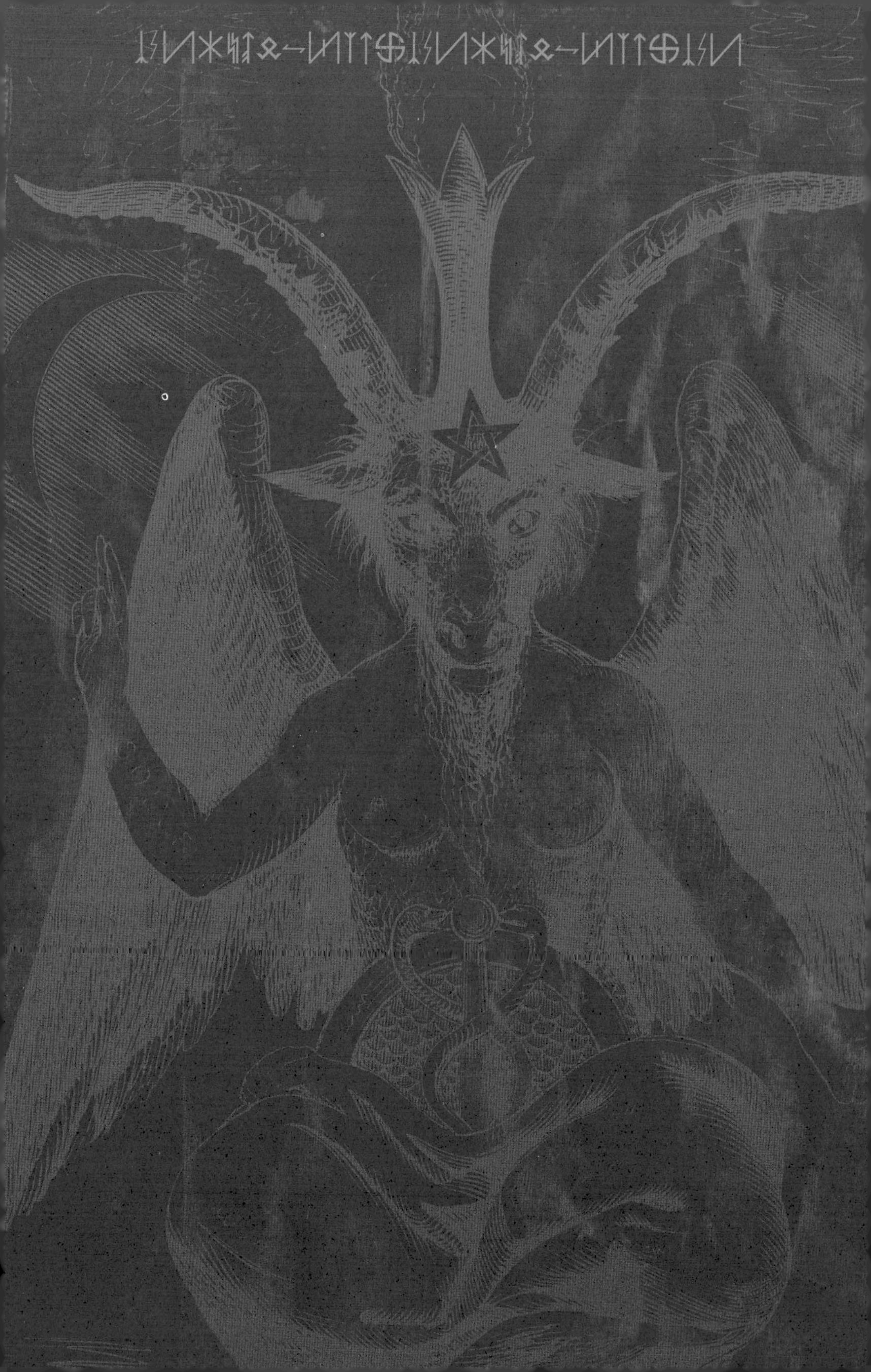

Capítulo Um

Os gurus negros

O poder motivador, então, em todas as operações mágicas, é a vontade treinada do mago. Todos os adjuntos de magia cerimonial – luzes, cores, círculos, triângulos, perfumes – são meros acessórios para a concentração da vontade do mago em um fluxo fulgurante de energia.

Francis King, *Ritual Magic in England* [Magia ritual na Inglaterra]

Magia ritual é o ato de se comunicar com o subconsciente a fim de conceder poder aos praticantes com os atributos requeridos ou para influenciar a providência para fornecer a eles o que é desejado. Assim, por definição, magia negra é a arte de influenciar outra pessoa a cumprir seu comando, impondo sua força de vontade maior sobre o subconsciente dela, e, fundamentalmente, criar o mundo à sua imagem. Por essa definição, Hitler e os líderes nazistas eram intuitivamente magos negros. Porém, a arte da magia em si não é boa nem má. É a intenção por trás do desejo que determina se alguém está trabalhando com as leis universais ou manipulando-as para seus próprios fins. Os círculos, símbolos e equipamento de palco não possuem poder inerente próprio – é a impressão que esses rituais produzem na psique que efetua resultados. No entanto, a magia não é uma "solução rápida" que promete algo em troca de nada. Como com qualquer outra disciplina espiritual exigente, toda operação mágica está sujeita à lei do carma (a lei de causa e efeito), que afirma que qualquer coisa que coloque na sua vontade voltará para você.

A magia é natural para a humanidade, não sobrenatural. Em sua forma mais sutil é evidente na arte da sedução quando alguém tenta impressionar um possível parceiro por meio de contato visual, expressões faciais sutis, linguagem corporal e uma entonação atraente na voz; a atração física por si só raramente é suficiente. O mesmo ritual pode ser testemunhado em sua forma mais primordial e potente no reino animal quando certos predadores, literalmente, "fascinam" sua presa com movimentos hipnóticos até que estejam prontos para atacar.

A magia não é uma relíquia da Idade das Trevas. Ela era, e continua a ser, praticada todos os dias por homens e mulheres comuns em sociedades civilizadas, bem como nas assim chamadas "comunidades primitivas". Contudo, a menos que o indivíduo seja um adepto que tenha executado conscientemente um ritual para criar um efeito específico, os resultados são invariavelmente atribuídos a sorte, ao destino, à carisma pessoal ou coincidência.

A magia, em seu sentido mais verdadeiro, está no cerne de todo ato criativo, todo desejo que trazemos à manifestação física, desde conceber filhos até a planejar nossa casa. É também parte do processo pelo qual nos valemos de nossas forças latentes quando nos preparamos mentalmente para realizar feitos extraordinários ou "tomamos coragem" para encarar algo que temos. Contudo, para a maioria de nós, desejos e devaneios dissolvem-se no éter quando voltamos à realidade, porque não aprendemos como focar nossa energia mental e sustentar a imagem que desejamos trazer à existência. De modo contrário, os magos dão poder a seus desejos com energia vital suficiente, focando recursos mentais e emocionais nesse objeto específico. Isso, então, segue para uma realidade nos mundos mais elevados e, no tempo devido, manifesta-se em nosso mundo material na forma imaginada.

Os grandes sedutores: (sentido horário, acima a partir da esquerda) Adolf Hitler, Joseph Goebbels, Heinrich Himmler e Hermann Goering. Eles levaram o povo alemão à beira do abismo.

Magos rituais empregam vários efeitos teatrais para ajudá-los a "entrar no personagem" a fim de realizar o que efetivamente é o papel central em uma "peça de mistério" moderna – um ato sagrado no qual se identificam com um Deus que personifica um atributo específico que desejam despertar dentro de si. Se eles desejam reforçar seus poderes intuitivos, por exemplo, montarão artefatos correspondentes à Lua, o corpo planetário associado a esse aspecto de sua personalidade. Decorarão sua sala com cortinas da cor correspondente ao planeta escolhido e colocarão objetos associados no altar, novamente para sintonizá-los com a qualidade que aquele planeta representa. Até o incenso será escolhido para focar a mente do mago nesse princípio único. As conjurações serão então levadas adiante em um círculo

Um coro de "Heil Hitler" ergue-se da massa de fileiras em Nuremberg em 1938. Em tempos modernos poucos movimentos utilizaram a magia ritual e sua parafernália de modo tão eficaz quanto os nazistas.

consagrado selado com sagrados e com insígnias que definem a esfera de influência do mago. Nessa atmosfera, a consciência do mago será elevada do mundano ao estado mais alto de percepção – uma realidade maior, em que o verdadeiro trabalho interior de transformação pode ser feito.

Indivíduos ambiciosos e bem-sucedidos invariavelmente conquistam o que aspiram porque praticam essa forma de magia do "templo interior", agora conhecida pelos psicólogos junguianos e gurus da Nova Era como "visualização criativa". Hitler possuía uma visão de si como líder da Alemanha e assegurou-se de estar no lugar certo, na hora certa, para agarrar a oportunidade que havia criado. Seu senso de destino e de ser protegido pela Providência não era nada além do senso intuitivo de sua própria habilidade de manipular as pessoas e os eventos que estavam dentro de sua esfera de influência. A demonstração mais óbvia dessa habilidade foi a encenação das aparições públicas do Führer nos comícios de Nuremberg (ver págs. 215-220). Quando ele se retirou da vida pública durante a guerra, seu poder diminuiu e seus acólitos reduziram-se a brigar entre si. Mas os nazistas não foram a única organização a explorar o poder da manipulação ritualística de massa.

Com o uso eficiente de música, luzes e imagética sexual, shows de rock podem ser tão potentes quanto qualquer rito pagão. Organizações religiosas também reconhecem o valor da adoração ritualizada – o uso de velas, incensos, símbolos e a qualidade hipnótica da prece para criar um senso de unidade teve seu clímax com o compartilhamento de alguma forma de sacramento – que é tão teatral e potencialmente transformadora quanto qualquer cerimônia mágica. Até partidos políticos e corporações comerciais praticam uma forma rústica de magia quando usam um símbolo ou um *slogan* memorável para implantar ou reforçar o desejo por qualquer coisa que estejam vendendo, seja uma mercadoria comercial ou uma ideologia. No entanto, nos tempos modernos, poucos movimentos usaram a magia ritual e sua parafernália de modo tão eficaz quanto os nazistas.

O que os tornou ainda mais perigosos foi o fato de que não tinham consciência do que estavam fazendo e, consequentemente, eram incapazes de controlar as forças que haviam invocado. Essas forças eram tradicionalmente imaginadas como demônios e diabos, mas elas são meramente a manifestação de nossos medos e desejos inconscientes. Não é necessário acreditar na existência do mal como uma entidade consciente para liberá-lo. A intenção de dominar e manipular é suficiente, pois o mal é inteiramente feito pelo homem. A hierarquia nazista era constituída de magos intuitivos que exerciam sua vontade sobre a nação alemã por meio da exploração inconsciente de poderosos símbolos arcanos, música evocativa, ritual quase religioso e, o mais significativo de tudo, arquétipos culturais.

Arquétipos

Arquétipos são figuras universais que personificam qualidades, características ou ideais abstratos, tais como o herói, o vilão, a mãe, o pai, o mago, a bruxa (ou a sedutora). Eles são comuns a todas as culturas ao redor do mundo e se apresentam em mitos e contos folclóricos nos quais representam tipos específicos de personalidades prováveis de serem encontradas na vida real. Ocasionalmente, aparecem em sonhos porque podem incorporar um aspecto específico de nossa própria personalidade ou de outras pessoas que encontramos, e por serem um símbolo universalmente reconhecido têm forte ressonância em nosso subconsciente. Ao invocar certos arquétipos, os nazistas apelavam diretamente para os medos e as aspirações mais profundos da nação.

Por exemplo, eles não precisavam apelar para o intelecto a fim de racionalizar a perseguição aos judeus. Tudo de que precisavam era retratá-los como uma figura odiosa, com a intenção de desflorar a virgindade ariana, desencadeando assim a resposta desejada nos homens arianos.

De modo similar, os propagandistas nazistas tinham apenas que invocar a imagem de Siegfried, que era a personificação da masculinidade teutônica, para despertar a fome latente por camaradagem, aventura e combate em todos os jovens alemães do sexo masculino, sempre que precisavam de mais voluntários para a SS ou Wehrmacht.

Hitler não era um homem atraente, mas evidentemente possuía uma fascinação particular em mulheres, que não se devia somente ao poder que exerce nem ao magnetismo pessoal que afetava apenas aqueles em sua presença imediata. Para aqueles sob

"Os judeus são a nossa desgraça" – o mote do jornal de propaganda nazista Der Stürmer.

seu domínio, ele personificava a figura paterna, um símbolo de autoridade e proteção, enquanto para outros, com uma mentalidade mais mística, preenchia suas esperanças como um Messias, um salvador. Para os inimigos da Alemanha era a personificação do mal, o trapaceiro arquetípico – ou o

Anticristo para aqueles com uma inclinação bíblica. Claramente, ele não poderia ter sido todos esses. É mais provável que não fora nenhum deles. Ele era uma tela em branco sobre a qual tanto admiradores como inimigos podiam projetar o arquétipo de sua própria escolha, e isso fez dele um símbolo tão potente.

Carl Jung, o pai da psicanálise moderna, acreditava que Hitler tinha a habilidade de recorrer aos arquétipos teutônicos que simbolizavam as forças primordiais na psique alemã – Wotan (também conhecido como Odin), Thor e os Senhores do Caos. Jung sugeriu que esses deuses foram revitalizados pelo contato com Hitler e irromperam do Inconsciente Coletivo para conduzir a nação à guerra.

O alvorecer dos magos

Magia natural ou magia física não é nada além do conhecimento mais profundo dos segredos da natureza.

Del Rio, século XVI

Os verdadeiros significados das palavras "magia" e "oculto" são mal entendidos pelos que estão fora da tradição esotérica. Na imaginação popular, elas evocam imagens pálidas de homens em mantos volumosos, adornados com símbolos exóticos, conjurando demônios do abismo, ou velhas bruxas cacarejantes cabriolando nuas sob a Lua cheia. Esses cenários são, contudo, invenção da mente medieval e especificamente da Igreja no início, que criaram o diabo e seus discípulos para apavorar seguidores da "velha religião", fazendo-os abandonar crenças e colocando sua fé em um salvador messiânico que prometia redimi-los do pecado original.

A despeito do interesse no paganismo e na paranormalidade recentemente reaceso, essas superstições e uma cautela geral com o oculto persistem ainda hoje. Desse modo, não é de se admirar que poucos possam aceitar a ideia de que Hitler e seu regime nazista foram praticantes das artes negras. Eles não podem imaginar os brigões de camisas marrons da SA (*Sturmabteilung*) e as legiões de uniformes pretos da SS (*Schutzstaffel*) formando um congresso satânico, ou Hitler e Himmler postando-se em um círculo mágico, proferindo as "palavras bárbaras de invocação" para garantir a dominação do mundo. No entanto, se o significado original da palavra "oculto" for entendido como simplesmente "aquilo que está escondido ou desconhecido", e uma definição mais verdadeira de magia for "aquilo que envolve o exercício da vontade para ocasionar uma mudança que não ocorreria naturalmente", então é possível fazer uma justificativa convincente para Hitler ter praticado magia negra e para a era nazista ser a manifestação do poder demoníaco.

Essa cena, é claro, não aparece simplesmente como Mefistófeles ao convite do adepto. O palco deve ser montado, o tempo do ritual escolhido para coincidir com alinhamentos favoráveis das estrelas e o necromante precisa preparar-se ou arriscar-se a ser sobrepujado pelas forças demoníacas que procura invocar. Essas preparações aconteciam na Alemanha na virada do século XX.

Raça guerreira?

Um jovem idealista, Guido von List (1848-1919) acreditava ser o último de uma longa e ilustre linhagem de magos guerreiros nórdicos, conhecidos como os Armanen [por causa do chefe tribal Arminius], cujos ancestrais loiros de olhos azuis expulsaram as legiões romanas da Alemanha. Com 14 anos, ajoelhara-se perante as ruínas de um altar na cripta da catedral São Estéfano, em Viena, renunciando à sua fé católica e

Bandeiras da Germanen Order, uma sociedade nacionalista alemã pioneira, pseudomística, fundada sobre linhas quase maçônicas em Berlim, em 1912, em uma erupção de grupos similares na época

comprometendo-se em construir um templo para Wotan. Na hora de sua morte, havia honrado a promessa de sua juventude com palavras, e não com pedras, já que ergueu um altar de ideias no qual os nacionalistas podiam adorar os deuses de glórias passadas – tanto reais como imaginários.

Guido Karl Anton List era filho de um comerciante que conferiu a si mesmo a apelação aristocrática "von", um hábito partilhado por muitos de seus irmãos ocultistas com pretensões a classes mais altas. É costumeiro retratá-lo como um visionário, o barbudo de mente mística, patriarca do movimento ariosofista, um grupo de nacionalistas *völkisch,* com base em Viena, que buscavam unificar uma nação dividida enfatizando sua identidade cultural em uma época de desunião política. (*Völkisch* significa "do povo" e se refere a um movimento que combinava folclore, ocultismo e nacionalismo étnico, mais tarde adotado pelos nazistas.) Mas essas ideias traíam os anseios dos sonhadores, não dos estudiosos. Na verdade, os ariosofistas eram uma facção de elitistas hierofânticos cujos sonhos de um passado idealizado, exemplificado pela cavalaria e pela nobreza da vida rural, foram envenenados por um racismo virulento. Uma justificativa forte poderia ser feita para apoiar a alegação de que o sentimento anticristão dos nazistas originou-se com von List que acusava a Igreja do início de ter primeiro humilhado e depois perseguido a *Armanenschaft,* expulsando seus adeptos da Alemanha e demonizando suas deidades como satânicas.

Além disso, o edifício ideológico inteiro dos ariosofistas foi construído sobre solo instável. O armanismo de von List, por exemplo, era um sistema ocultista totalmente fictício – uma fantasia para realizar os desejos fundada em uma interpretação errônea da máxima central da Cabala (a tradição mística judaica) que afirma: "como acima, assim abaixo". Von List interpretou a máxima de modo que desse a entender que Deus criou uma hierarquia de seres superiores e inferiores, o que lhe deu uma base teológica para justificar o conceito de superioridade ariana (isto é, teutônica), enquanto a doutrina como é entendida pelos verdadeiros iniciados denota que os atributos divinos são manifestos na forma finita de toda a humanidade – a despeito de raça, credo ou cor.

Von List também minou sua *Weltanschauung* (visão de mundo) ao declarar que a irmandade mítica dos Armanen havia deixado pistas filológicas para a localização de seus locais sagrados nos nomes de lugares, como montanhas, rios e cidadelas, a despeito da falta de evidência para sustentar esta alegação. Ele simplesmente "atribuía significados", via nos nomes de lugares qualquer coisa que quisesse encontrar e ignorava os locais que não estavam de acordo com a sua teoria. Além disso, muitas de suas asserções foram feitas com base em visões, não em fatos. Enquanto subia a Hermannskogel, no norte de Viena, e novamente quando acampou fora do forte da colina Geiselberg, afirmou ter tido uma visão de seus ancestrais realizando ritos e foi nesses vislumbres clarividentes do passado que baseou a tese. Se ele tivesse utilizado sua considerável energia e imaginação para escrever ficção, poderia ter gozado de uma reputação igual à do romancista gótico Edward Bulwer-Lytton, que alimentou as fantasias dos protonazistas em romances como *The Coming Race* [A raça futura]. Em vez disso, nasceu na era do irracional, quando qualquer um que afirmasse ter "canalizado" a sabedoria arcana dos antigos ou lido os segredos da vida e da morte nos registros akáshicos (uma matriz invisível de energia mental) encontrava uma audiência receptiva.

Os primeiros anos do século XX viviam uma explosão do interesse nos fenômenos psíquicos e na filosofia oriental como reação ao materialismo e à modernidade prevalecentes. Esse interesse encontrou expressão nas novas "religiões" da moda, o espiritualismo e a teosofia. Madame Blavatsky, fundadora do movimento teosófico, havia orgulhosamente alardeado ter recebido um ditado, durante um transe mediúnico, de seus "mestres secretos" que existiam em um plano espiritual superior. O resultado foi sua volumosa *Secret Doctrine* [Doutrina secreta] (1888) que apresentou ao mundo o conceito de uma raça atlântica pré-histórica superior. Então, quando Von List publicou o primeiro de seus tratados ideológicos, *Deutsch-Mythologische Landschaftsbilder* [Cenas de paisagens mitológicas alemãs] (1891), essas ideias não estavam apenas em voga, mas seu autor poderia descansar seguro de que não seria pressionado a fornecer evidência para seus pronunciamentos. Em tais círculos, a percepção psíquica era vista como uma pesquisa empírica válida, e às vezes até mais do que isso, assim as percepções recebidas em transe eram consideradas tão inexpugnáveis quanto as visões dos profetas. Seus admiradores claramente pensavam sobre ele nesses termos e reuniram-se para formar a Sociedade Guido von List, em 1908, com o objetivo de promover suas obras pelo mundo.

Na segunda conferência anual da Sociedade Teosófica, realizada em Londres em 1907, um admirador alemão, Von Ulrich, apresentou as teorias de Von List a uma receptiva audiência em todo o mundo. "O amor da pátria", disse Von Ulrich, "estava entre as virtudes dos povos alemães e aquele que ama sua pátria ama seu passado, que é, de fato, apenas a mãe do presente". O sucesso de Von List estava assegurado.

Contudo, parece que os poderes proféticos de Von List não podem ser rejeitados tão prontamente quanto suas visões do passado. Perto do fim da Grande Guerra, ele previu que aqueles que haviam dado suas vidas pela pátria renasceriam para liderar uma revolução nacionalista, vingando dos Aliados. Eles seriam liderados por um *Starke von Oben* (Homem forte vindo do alto). O ano seria 1932. Nesse ponto, pelo menos, Von List não estava muito longe da verdade.

A Germanen Order

O neopaganismo místico de Von List evidentemente não era pragmático o suficiente para seu discípulo Philip Stauff, que foi um dos principais membros da Germanen Order, fundada em 1912, e cujas metas declaradas eram o "monitoramento dos judeus e suas atividades" e a distribuição de material antissemítico – especificamente, *Hammer*, a própria revista raivosamente racista do grupo, que, alardeavam, era sua "arma mais afiada contra os judeus e outros inimigos do povo".

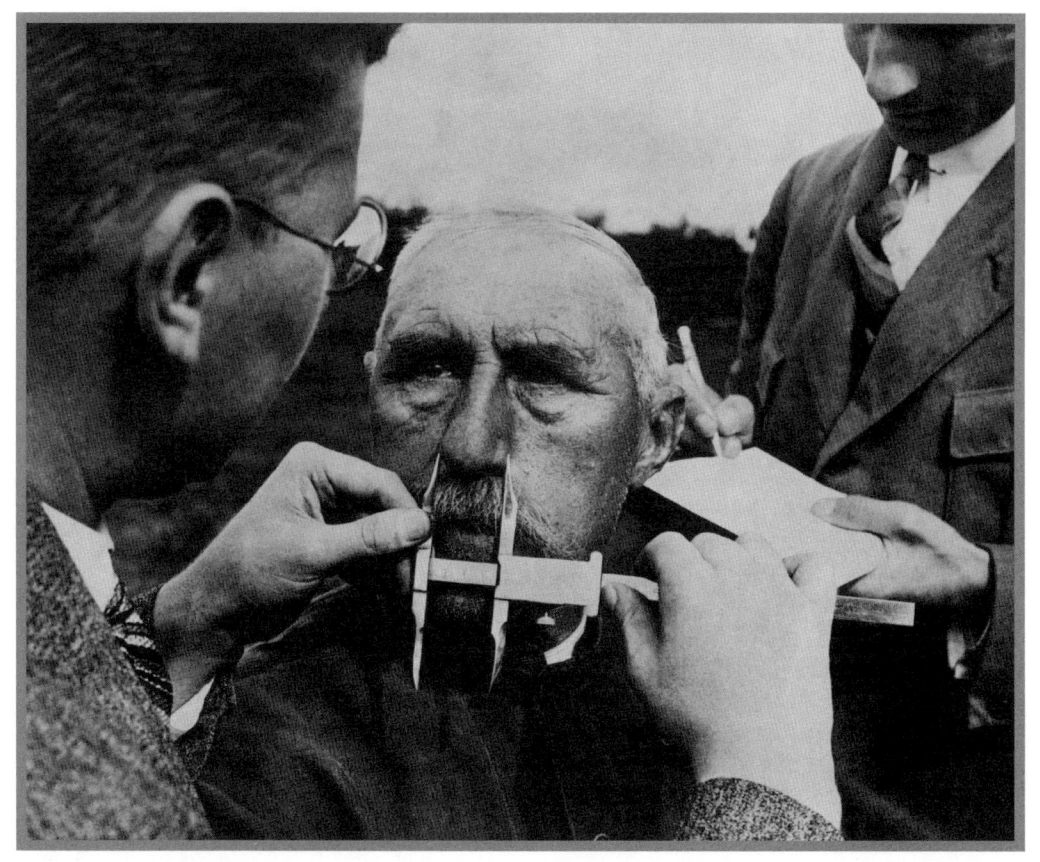

Os testes de pureza racial pelos quais os candidatos tinham de passar para afiliar-se à Germanen Order foram atualizados pelos nazistas para provar a "superioridade ariana". Aqui, um alemão étnico tem suas narinas medidas, 1941.

Curiosamente, esta ordem antissemita modelou-se nos franco-maçons, uma fraternidade filantrópica, que foram acusados de ser um órgão da mítica "conspiração mundial judia". A despeito de serem vítimas de brigas internas, pois vários egos lutavam pelo controle do grupo, a ordem teve um papel significativo ao criar o clima que nutriu o partido nazista. Ainda assim, o elemento de excentricidade também estava em evidência na forma de um exame físico racial que era executado em Berlim pelo frenologista Robert Berger-Villingen e sua máquina patenteada, o "plastômetro". Os pretendentes eram requisitados a submeter-se a uma exaustiva série de medições do crânio para determinar sua pureza racial, após a qual aos candidatos aptos eram permitidos tomar parte de uma cerimônia de iniciação que misturava elementos da Golden Dawn* (um grupo ocultista fundado em 1888), da Franco-Maçonaria e de cenas dos dramas musicais míticos de Wagner.

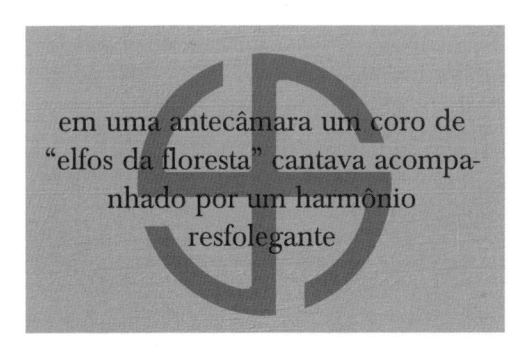

em uma antecâmara um coro de "elfos da floresta" cantava acompanhado por um harmônio resfolegante

Os novatos eram levados, com os olhos vendados, a uma câmara cerimonial iluminada por velas onde o Mestre da Loja, flanqueado por dois membros vestidos em mantos de cavaleiro, esperavam-nos. Os Cavaleiros usavam capacetes com chifres e apoiavam-se em suas espadas, barrando a entrada dos não-iniciados. Na frente deles, o Tesoureiro e o Secretário da Loja sentavam-se a uma mesa usando faixas maçônicas brancas enquanto no centro da sala permanecia um Arauto. No fundo da sala, na área que representava o Bosque do Graal, ficavam o Bardo e o Mestre-de-Cerimônias, o primeiro vestido de manto branco, o segundo, de azul. Em volta do último ficavam os irmãos, formando um semicírculo até a mesa do Tesoureiro. Bem no fundo da sala, em uma antecâmara, um coro de "elfos da floresta" cantava acompanhado por um harmônio resfolegante. Enquanto os novatos esperavam fora, os irmãos irrompiam no "Coro dos peregrinos" da *Tannhäuser* e então cumprimentavam o Mestre-de-Cerimônias, fazendo o sinal da suástica, para o qual ele retornava solenemente. Isso assinalava a entrada dos novatos, que ouviam um discurso do Mestre-de-Cerimônias apresentando os objetivos da ordem e dispondo sua ideologia ariogermânica. O Bardo então acendia a chama sagrada e os novatos tiravam suas vendas e mantos para ficar nus perante seus irmãos. O clímax da cerimônia dava-se com o Mestre apresentando a lança de Wotan aos candidatos prospectivos que respondiam suas invocações enquanto a música de *Lohengrin* erguia-se, acompanhada pelo coro élfico.

---

* N.E.: Sugerimos a leitura de *A Golden Dawn: A Aurora Dourada*, de Israel Regardie, Madras Editora.

Não é de se admirar que Hitler, mais tarde, tenha condenado tais teatralidades como uma postura impotente de pseudomísticos em um discurso ao Congresso do Partido do Reich em 1938:

> *No pináculo de nosso programa não está a premonição misteriosa, mas o conhecimento claro e a declaração aberta. Mas que tragédia se o movimento ou o Estado, por meio da insinuação de elementos místicos obscuros, der ordens pouco claras. E é suficiente se essa falta de clareza estiver contida meramente em palavras. Já há um perigo se forem dadas ordens para a instalação dos assim chamados lugares de culto, porque isso apenas gerará subsequentemente a necessidade de inventar os assim chamados jogos de culto e rituais de culto. Nosso culto é exclusivamente o cultivo daquilo que é natural e, desse modo, da vontade de Deus.*

Da Germanen Order emergiu ainda outro impostor aristocrata, o barão Rudolf von Sebottendorf (nome verdadeiro: Adam Alfred Rudolf Glauer), que teria uma influência insidiosa sobre a ideologia nazista. Sebottendorf, que se afogou no Bósforo em 1945 porque não podia aguentar ver a Alemanha em ruínas, não pedia desculpas por suas visões racistas, que deixou claras na escolha do nome de sua própria facção, a Principal Loja Antissemítica. Os candidatos tinham de provar que a pureza de sangue vinha de três gerações submetendo-se a medições de crânio para confirmar sua conformidade racial. Tais ideias não estavam, como poderia se esperar, na orla da política alemã, mas em seu centro. Afirmar que os nazistas incitaram o antissemitismo alemão é um conceito popular errôneo. O crescimento dessa subcultura oculta *völkisch* demonstra a existência do racismo profundamente enraizado precedente à era nazista. Hitler meramente o explorou.

Na erupção da Grande Guerra havia cerca de cem lojas da Germanen Order por toda a Alemanha. Quando seus membros mais jovens voluntariaram-se ou foram recrutados em 1914, levaram a ideologia racista às trincheiras. No inferno feito pelo homem da terra de ninguém, esses evangelistas demoníacos encontraram solo fértil no qual semearam as sementes amargas do fascismo.

Origem da suástica

Um dos primeiros periódicos a promover o que poderia ser chamado de nacionalismo ocultista foi fundado por Sebottendorf. *Runen* (Runas) apresentava artigos sobre ciência oculta, mistérios da terra, tradição das runas e somatologia racial (um ramo da antropologia que se ocupa das características físicas). Este foi apenas um de uma onda de literatura ocultista publicada nos anos precedentes à Grande Guerra para satisfazer um apetite crescente do público por conhecimento esotérico e filosofias "alternativas". Isso incluiu *Der Wanderer*, *Prana*, *Theosophie* e *Neue Lotusbluten*, bem como uma abundância de periódicos de Astrologia e uma influente série de livros da marca Osiris. Para promover suas crenças e sua revista, Sebottendorf patrocinou um grupo de estudo separado para explorar a base da crença no continente perdido de Thule, a Atlântida nórdica, na qual ele assegurava estar a origem da raça teutônica. O grupo de Thule incluía o futuro "filósofo" nazista Alfred Rosenberg e o mentor de Hitler, Dietrich Eckhart; isto induziu Sebottendorf a proferir: "Os membros de Thule foram as pessoas a quem Hitler se voltou primeiro e que primeiro se alinharam com Hitler", apesar de não haver provas de que Hitler compareceu a alguma de suas reuniões.

A importância do Thule reside quase inteiramente na adoção de três símbolos que mais tarde apareceram nos emblemas nazistas: – uma espada, um ramalhete de folhas de carvalho e a cruz com ganchos mais comumente conhecida como a "suástica".

As origens da suástica são desconhecidas. Tudo que pode se dizer com certeza é que ela era usada há muitos milhares de anos como um símbolo de boa sorte – seu nome sânscrito *svasti* traduz-se como "tudo está bem" – em lugares tão distantes quanto Peru, China, Índia, Tibete e Escandinávia. Acredita-se que Von List possa ter sido o primeiro a se apropriar dela como um símbolo do nacionalismo alemão, depois de vê-la no vitral de uma igreja vienense. Ele sugeriu que a suástica fosse um símbolo sagrado ariano derivado do *Feuerquirl* (batedor de fogo), com o qual o Universo havia sido criado. Mas qualquer que seja sua origem, ela seria familiar para os ocultistas, por toda a Europa, como símbolo da Sociedade Teosófica e para os historiadores como um detalhe heráldico. Durante a era nazista, uma sociedade genealógica com grande júbilo desenterrou o fato esquecido de que a família real prussiana havia utilizado uma suástica em seu brasão de armas. Em 1891,

Suásticas budistas, girando da direita para a esquerda, são símbolos antigos de boa sorte.

Os gurus negros

Adolf Hitler com os "Velhos Lutadores", veteranos do malsucedido Putsch de Munique de 1923, durante a comemoração anual do evento. A runa nas bandeiras significa os que caíram naquele dia.

Edward Hulme, autor de *Symbolism in Christian Art* [Simbolismo na arte cristã], apontara:

> *No uso da* fylfot *(nome heráldico da suástica), os primeiros cristãos meramente adotaram e desviaram para seu próprio propósito um símbolo séculos mais antigo que a era cristã, um símbolo de origem ariana primitiva, encontrado de forma abundante nas artes indiana e chinesa (...) ele representa o relâmpago empunhado pela divindade onipotente, quer a deidade seja Manu, Buda ou Brahma do Oriente, Thor ou Zeus do Ocidente.*

Sua associação com o mal era conhecida bem antes da era nazista, mas mesmo os teosofistas não conseguiam determinar qual sentido denotava a malevolência e qual o contrário. Em uma edição de 1909 da *Theosophical Review*, H. S. Green tentou esclarecer o assunto:

> *A maioria dos leitores estará ciente de que alguma diferença de opinião existe quanto à direção na qual se supõe que a cruz esteja girando (...) qualquer que possa ser considerado o modo correto de desenhar o símbolo, o oposto representará aquilo que é contrário à ordem divina, e assim o mal em geral e a magia negra em particular.*

Green notou que se os braços da suástica fossem retratados como se estivessem girando em sentido anti-horário denotariam a ordem divina, que era a direção mostrada no selo oficial da Sociedade Teosófica. Ainda assim, esta foi a escolhida pelos nazistas. Foi dito que o oposto simbolizaria o martelo de Thor, o deus nórdico do trovão, descendo, e, portanto, o poder destrutivo. Claramente, os nazistas ou não tinham consciência do significado denotado por essa direção ou consideravam a si mesmos como cruzados contra as más, degeneradas e subumanas raças não-arianas e escolheram retratar a *Hakenkreuz* (cruz com ganchos) girando na direção anti-horária intencionalmente. O mais provável é que eles simplesmente não se importavam. Era um símbolo reconhecível instantaneamente – simples, absoluto e forte.

Acredita-se que a suástica tenha chamado a atenção de Hitler pela primeira vez quando era garoto e frequentava a escola em Lambach, Áustria, em 1897. Todos os dias ele tinha de passar pelo arco do monastério beneditino que ostentava o brasão de armas com uma suástica.

Vinte e três anos depois, quando estava procurando um símbolo para a bandeira do partido, apoderou-se da suástica que era central em um desenho feito pelo dentista Friedrich Krohn, um membro da Germanen Order e sua ramificação, a Sociedade de Thule. O desenho continha uma suástica preta em um círculo branco dentro de um campo vermelho – o branco simbolizava a unidade nacional e o vermelho era a imagem do sangue derramado pela causa (apesar de a descrição oficial afirmar que o vermelho representava as aspirações socialistas do partido). A suástica de Krohn girava no sentido horário, e Hitler insistiu que fosse revertido. Curiosamente, nos ensinamentos esotéricos judeus, conhecidos como Cabala, que são a fundação da tradição mágica ocidental, a direção anti-horária da suástica, como usada por Hitler, é entendida como a denotação do mal. Talvez Madame Blavatsky pensasse que o assunto não merecia maior consideração – ou ela tivesse questões mais importantes em mente.

Influências insidiosas

Dificilmente seria ir longe demais dizer que os horrores de Belsen e os fornos de Auschwitz acabaram se originando dos delírios raciais ocultistas de Von Liebenfels e seu pequeno grupo de seguidores que existiram, como larvas em uma maçã, dentro do ambiente tolerante e civilizado do império de Franz Josef.

Francis King, *Satan and Swastika* [Satã e a suástica]

O discípulo mais fervoroso de Von List, Lanz von Liebenfels, foi outro aristocrata falsificado. Seu nome verdadeiro era Adolf Josef Lanz (nascido em 1874), filho de um diretor de escola que, desde uma idade precoce, ansiava por estabelecer uma religião "ariocristã" sobre a qual iria presidir como autoridade suprema e inquestionável. Era obcecado pela pompa e pelo fausto dos rituais religiosos e ardia com uma devoção fanática que era comparável apenas com seu interesse igualmente obsessivo em sexo. Em 1893, aos 19 anos de idade, participou das ordenações sagradas no monastério cisterciense em Heiligenkreuz, mas foi exonerado por transgressões não especificadas seis anos depois. Em um acesso de ressentimento, formou sua própria ordem religiosa, a Ordem dos Novos Templários, que foi construída sobre a crença de que o bem e o mal estavam em guerra no mundo, o primeiro sendo incorporado os arianos, e o último às raças inferiores, os "simianos". Os arianos, disse Liebenfels, adoravam o deus Fraja Christus (um nome gótico para Jesus) que exigia a matança de subumanos como sacrifício para purificar o mundo. Mais uma vez, os paralelos com o nazismo são surpreendentes.

Foi Liebenfels quem cunhou o termo ariosofia, em 1915 – para abranger a concepção filosófica partilhada pelos vários grupos ocultistas *völkisch* que estavam em atividade na época –, e que citou o propósito principal do movimento: o estudo das diferenças entre as raças "loira" e "escura", a primeira sendo a incorporação da energia "pan-psíquica" que animava toda a vida na Terra.

Uma acusação central da perseguição aos templários era sua adoração de Baphomet, acima, uma prática que eles haviam supostamente adquirido dos "sarracenos" no Oriente Médio.

No esquema de Liebenfels, os arianos eram Deus encarnado, cujos ensinamentos esotéricos e domínio das ciências ocultas teriam sido perdidos havia muito tempo pela preocupação de seus descendentes com a tecnologia e as diversões aprazíveis do mundo, especificamente o conhecimento carnal das "raças inferiores", fazendo com que eles perdessem seu lugar de direito na hierarquia natural.

Se o homem ariano quisesse ter uma chance de reclamar seu direito de nascença, Liebenfels declarou, ele deveria procurar pistas, para justificar sua reivindicação de poder, em dispositivos heráldicos e nomes de seus ancestrais, e também no registro psíquico da história impresso no éter (os registros akáshicos) que poderia ser acessado por artes esotéricas, como a quiromancia e a Astrologia.

Como Von List, "Von" Liebenfels era possuidor de uma incansável energia e curiosidade intelectual, mas infelizmente ela era direcionada para um fim improdutivo e perverso. Consequentemente, ele tentou encontrar uma base científica para essas crenças religiosas forçando os fatos a se encaixar em sua teoria, descartando, com um dar de ombros, qualquer evidência que se provasse inconveniente, como se dissesse: "os cientistas nunca entenderão totalmente os mistérios incompreensíveis de Deus e seu universo". Hitler e seus "filósofos" irracionais – Horbiger, Wiligut e Wirth, para nomear apenas três – usariam o mesmo argumento para justificar suas fantasias desvairadas que também fugiam em face dos fatos.

> No esquema de Liebenfels, os arianos eram Deus encarnado, cujos ensinamentos e ciências esotéricas haviam sido perdidos

Mas, enquanto se engrandeciam em êxtase sobre a possibilidade de desenterrar evidência arqueológica para sustentar sua crença em uma raça de super-homens nórdicos pré-históricos, Liebenfels ficava excitado debaixo do colarinho ao pensar em ritos cerimoniais sexuais desenfreados nas florestas da pátria. Ele interpretava a história da queda do homem na Bíblia como um aviso contra a bestialidade que supunha ter sido a ocupação principal do povo escolhido (os arianos) e a razão de sua queda.

Sob esse delírio, ele "decodificou" a Paixão como tentativa de estupro do Cristo pelos insignificantes pigmeus de um culto satânico de homens-bestas que se devotavam a cruzamentos raciais! Essa mistura enganosa de teologia e antropologia sintetizou-se em uma nova e perigosa quase-ciência que se tornou conhecida como "teozoologia". Como profeta dessa nova ordem, naturalmente, coube a Liebenfels escrever sua bíblia.

Ele a chamou *Theozoologie oder die Kunde von den Sodoms-Äfflingen und dem Götter-Elektron* [Teozoologia ou o saber dos simianos de Sodoma e o elétron dos deuses] (1905), uma arenga monomaníaca que denunciava a sexualidade reprimida do autor e sua aversão por mulheres que quase rivalizava com seu ódio por judeus.

Lascívia bestial

Ele condenava as mulheres como fracas por se submeterem de bom grado à lascívia bestial (presumivelmente apenas quando envolvia sexo com "raça inferior") e urgia que fossem recrutadas, como mães, para reprodução em conventos eugênicos (*Zuchtkloster*), onde receberiam os serviços de machos arianos para assegurar a pureza da raça.

Em um esforço para restringir a procriação das raças inferiores, o Estado poderia ordenar que as pessoas fossem esterilizadas à força, escravizadas ou até incineradas. Não é de se admirar que o abade de Heiligenkreuz negou seu último desejo de ser enterrado dentro do terreno do monastério.

Quando Liebenfels ergueu uma bandeira da suástica sobre os parapeitos do castelo de Werfenstein, em 1907, para inaugurar a nova ordem de cavaleiros templários, seus admiradores acreditavam estar testemunhando a aurora de uma nova época na história alemã que conduziria a um renascimento cultural e espiritual.

Como Liebenfels, o "filósofo irracional" Hans Horbiger não estava interessado em fatos.

Se soubessem o que ele escreveria mais tarde para um membro de sua ordem, em 1932, provavelmente não estariam tão ávidos para ver a realização nova:

> *Hitler é um de nossos pupilos. Você um dia passará pela experiência dele, e por meio dele nós também seremos vitoriosos e desenvolveremos um movimento que fará o mundo tremer.*

Na verdade, não há evidência de que Hitler jamais tenha sido membro da ordem, apesar de que é possível que ele e Liebenfels trocaram algumas palavras um dia, em 1909, quando Hitler supostamente ligou para o escritório da *Ostara*, uma revista editada por Liebenfels, para comprar vários números atrasados. Mas a fonte dessa história era o próprio Lanz "von" Liebenfels.

Homem e super-homem: Wagner e Nietzsche

Quem quiser entender a Alemanha nacional-socialista deve primeiro conhecer Wagner.

Adolf Hitler

Nenhuma história do Terceiro Reich, oculta ou não, estaria completa sem pelo menos uma breve menção de dois homens que foram uma influência profunda para Hitler e a ideologia nazista: o compositor Richard Wagner e o filósofo Friedrich Nietzsche.* O primeiro inspirou Hitler com a ideia de que sua guerra contra os comunistas e os judeus era uma cruzada mística, enquanto o último forneceu-lhe a crença de que havia um argumento intelectual para justificar suas ambições globais e uma base lógica para suas crenças fanáticas.

> *A alma alemã tem passagens e galerias em si, há cavernas, esconderijos e masmorras lá dentro; sua desordem tem muito do encanto do misterioso; a Alemanha conhece bem as veredas para o caos.*
>
> Friedrich Nietzsche

No dia em que Hitler nasceu, Nietzsche (1844-1900) havia feito um comentário profético em seu caderno de anotações: "Conheço meu destino. Algum dia meu nome será associado à memória de algo monstruoso".

Ele sentiu que a filosofia complexa delineada em *Homem e super-homem*, *Além do bem e do mal* e *O Anticristo* seria distorcida e corrompida por aqueles que se agarrariam às implicações superficiais do que formulara, em vez

Durante a Grande Guerra, Also Sprach Zarathustra, *de Nietzsche, serviu como acorde para as tropas da linha de frente.*

---
*N.E.: Sugerimos a leitura de *Mito e Música em Wagner e Nietzsche*, de Luiz Claudio Moniz de Aragão Telles, Madras Editora.

Meninos alemães pré-pubescentes praticam manobras de luta durante uma sessão de treinamento da Juventude de Hitler. O filósofo Nietzsche disse que "o mal pode ser muito saudável, desenvolvendo o corpo de forma magnífica".

da substância de seu argumento. No último livro citado, descreveu o cristianismo como "a mais fatal e sedutora mentira que já existiu" por promover a ideia de que a compaixão e a moralidade são superiores à força física. Em contraste, argumentou que a natureza favorece os implacáveis e os poderosos. "A fera e a selva provam que o mal pode ser muito saudável, desenvolvendo o corpo de forma magnífica." Somente "o guerreiro" é verdadeiramente livre. Ele igualava a democracia à mediocridade, à degradação e à diminuição daqueles cuja força de vontade deveria permitir que regessem os fracos e vivessem além das restrições dos conceitos humanos, tais como bem e mal. Entusiasmado com sua visão de autodeterminação desenfreada, descreveu: "a magnífica besta loira [da masculinidade alemã] vagando viçosamente em busca de presa e vitória". Foi uma frase da qual viveu para se arrepender. Outra foi seu clamor pelo fim da democracia e o estabelecimento de uma "nova ordem" sob o comando de um "mestre das massas". "Alguém que dominará e regerá a Europa – uma Vontade individual apavorante (...) [que] colocará um fim à muito prolongada comédia de pequenos Estados (...) bem como à democrática [reunião de] muitas vontades. O tempo da política acabou: o próximo século trará a batalha pela dominação da Terra (...)."

Mas apesar de todo seu ímpeto de juventude para se livrar dos grilhões da submissão, ele temia que o controle estatal ilimitado e o antissemitismo o deixassem fisicamente doente. "É uma questão de honra para mim ser absolutamente limpo e inequívoco em relação ao antissemitismo, a saber: oposto a ele, como sou em meus escritos (...)" Ele também foi intensamente contra o nacionalismo alemão: "Contemple os alemães, a mais baixa, a mais estúpida, mais ordinária raça que existe na terra (...)". Tais sentimentos foram negligenciados pelos voluntários e conscritos que matutavam sobre *Also Sprach Zarathustra* [Assim falou Zaratustra] na lama de Flandres de 1914 a 1918. Uma linha em particular, sem dúvida, escapou da atenção deles. Ao profetizar a aparência do "mestre das massas", Nietzsche havia se referido a ele como "o último homem", porque iniciaria o Armagedo, e esse "último homem" descreveu como "o mais desprezível".

Crepúsculo dos deuses

Quando ouço Wagner parece que ouço ritmos de um mundo antigo. Imagino que um dia a ciência descobrirá nas ondas colocadas em movimento pelo Rheingold *relações mútuas secretas ligadas à ordem do mundo.*

Adolf Hitler, *Mein Kampf (Minha luta)*

Wagner forneceu o cenário musical para a visão de Hitler de uma dominação global alemã. Seus melodramas épicos são um monumento de granito na música à grandeza da superioridade e do sacrifício ariano. Sem a *Sturm und Drang* (tempestade e ímpeto) de Wagner, temperada com interlúdios pastorais, o nazismo não teria adquirido suas nuances míticas.

Tanto Theodor Reuss, praticante da mágica sexual tântrica, quanto Sar Peladan, o escritor francês do ocultismo, acreditam que Wagner foi um mago intuitivo. Ao valer-se da mitologia teutônica e de seus arquétipos arianos, Wagner atribuiu qualidades heroicas à masculinidade e à maternidade alemã, enquanto demonizava seus inimigos. *Parsifal*, por exemplo, que celebrava o misticismo cristão no conto sobre busca de um cavaleiro pelo Cálice Sagrado, foi concebida como uma "peça de mistério" sagrada, um rito musical a ser vivenciado em vez de simplesmente apreciado como arte superior. Wagner destacou a função secundária, ou oculta, da peça insistindo que as apresentações fossem restritas à casa de ópera em Bayreuth, que mais tarde se tornou lugar de peregrinação para os conhecedores de Wagner que desejavam partilhar o sacramento com o compositor.

Hitler reconheceu o elemento mágico na música quando observou: "Para mim Wagner tem algo divino e sua música é minha religião. Vou a seus concertos como outros vão à igreja". Quando ouvia *Parsifal*, Hitler admitia ser "transportado" para um "estado extraordinário, um mundo místico de sonho" no qual podia suportar as tensões de sua natureza turbulenta.

> Em contraste com Nietzsche, Richard Wagner foi um antissemita instintivo, sem base intelectual para suas crenças

Em contraste com Nietzsche, Richard Wagner (1813-83) foi um antissemita instintivo, sem base intelectual para suas crenças – seu antissemitismo irrompeu de inveja profissional. Ele desprezava os contemporâneos Mendelssohn e Meyerbeer porque pensava que a música deles era frívola, mas não

A ópera de Richard Wagner, Parsifal*: as obras de Wagner tornaram-se audição compulsória no Terceiro Reich, porque eram baseadas em mitos alemães que condensavam "as virtudes alemãs".*

era arguto ou sensível o suficiente para criticá-los por isso. Em vez disso, atacava-os com base em sua religião, como se a superficialidade de suas músicas fosse indicativo da raça deles.

Wagner acreditava que podia estabelecer uma identidade cultural nacional, criando a grande arte alemã que seria expressão do espírito nacional e de seus ideais. Pensava que só poderia fazer isso se purgasse a arte alemã de "impurezas" – pelo que queria dizer o elemento judeu. Em um esforço para conseguir isso adotou a retórica de direita e a suspeita "do intruso", arraigada em seus compatriotas, apontando um dedo acusador para os judeus, a quem denunciava como a corporificaçao das forças abstratas da modernidade e a desintegração social, que exemplificavam tudo o que ele considerava estranho à alma alemã.

Seus intermináveis ensaios divagantes sobre raça, política e arte influenciaram profunda e duradouramente Hitler, como teve a sua música, induzindo um comentador a comparar seu pernicioso ensaio "Judaísmo na música" ao fósforo aceso que um incendiário jogaria em uma sala encharcada de petróleo. Wagner tornou socialmente aceitável para alemães educados ser antissemita, e isso por si só o amaldiçoa nas mentes de muitos que não podem ouvir sua música sem se lembrar de associações mais sinistras.

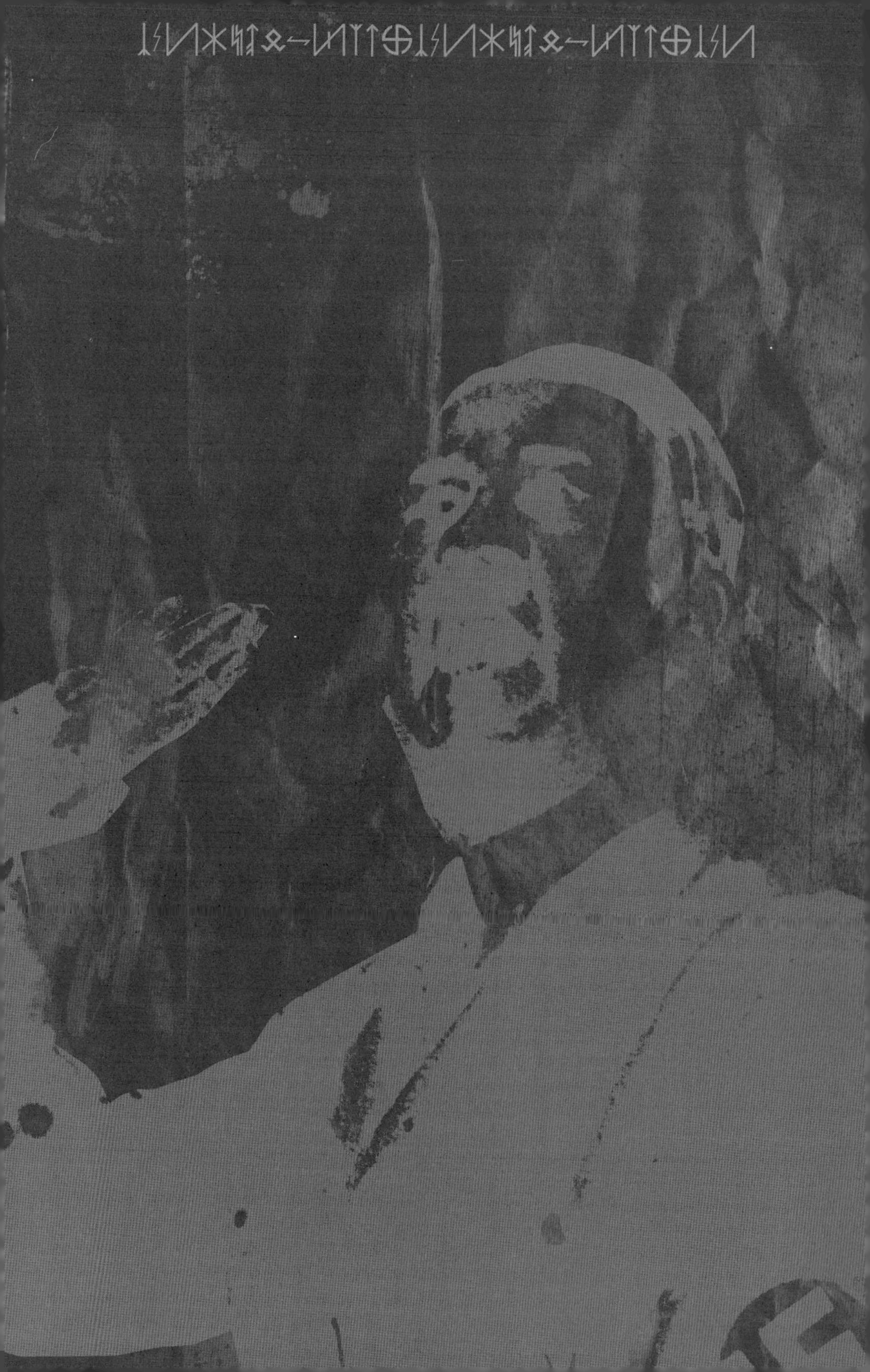

Capítulo Dois

A Lança do Destino

Apesar daquele que se ergueu corajosamente do abismo
Por meio de uma vontade de ferro e astúcia,
Podendo conquistar metade do mundo,
Ainda assim ao abismo ele deve retornar.
Já um terrível medo apoderou-se dele;
Em vão resistirá!
E quem permanecer com ele
Deve perecer em sua queda.

Goethe, *O despertar de Epimênides*, ato II, cena 4

Em uma tarde nublada, no começo do outono de 1913, um jovem de rosto severo e aparência desditosa ficou tremendo do lado de fora do museu Hofburg na histórica Holdenplatz, em Viena, com seu caderno de esboços, observando enquanto as primeiras manchas de chuva borravam sua última aquarela. Naquela época, Adolf Hitler tinha 19 anos, e estava praticamente desamparado e em um estado de desespero quase constante. Havia falhado em obter admissão na prestigiosa Academia de Belas Artes, em Viena, ou na Escola de Arquitetura da cidade e estava limitado a dividir um quarto pobre com um amigo de infância em uma parte miserável da cidade. As economias de sua falecida mãe estavam quase esgotadas e tinha poucas perspectivas de conseguir uma renda vendendo suas pinturas do tamanho de cartões-postais. A burguesia de Viena afastava-se de vendedores ambulantes e, além disso, os esboços de Hitler eram rústicos e sem caráter. Ele foi subitamente forçado a encarar o fato de que suas esperanças de se tornar arquiteto e de ser requisitado para a reconstruir a capital não eram nada mais do que sonhos fantasiosos da juventude. Se quisesse evitar tornar-se mais um vagabundo nas ruas de Viena, precisaria de inspiração e um senso afiado de propósito. Ele encontraria ambos naquela tarde no mais improvável dos lugares.

O museu Hofburg era um mausoléu sombrio dedicado às glórias passadas da dinastia Habsburgo que Hitler desprezava. Para o futuro Führer, elas simbolizavam a velha e degenerada aristocracia que havia negado suas origens germânicas. Quando as nuvens se fecharam e a chuva começou, ele relutantemente buscou refúgio entre as relíquias do passado imperialista da Áustria. De acordo com o cripto-historiador Trevor Ravenscroft, autor do altamente questionável, mas muito citado, *The Spear of Destiny* [A lança do destino] (1972), Hitler prestou pouca atenção nas exibições ao andar pelas galerias mofadas e mal iluminadas, cheias de pinturas a óleo escuras em molduras de ouro ornamentado e com fileiras de artefatos em caixas de vidro. Mas na Schatzkammer, ou casa do tesouro, parou diante de uma mostra de relíquias antigas conhecida coletivamente como as *Reichkleinoden*, inconsciente da importância do que estava vendo, tão mergulhado que estava em seus próprios pensamentos. Somente quando um guia começou a discursar para um grupo de visitantes estrangeiro, que se aglomerou em volta dele, Hitler acordou de seu devaneio.

> (...) *seu guia apontou para uma antiga ponta de Lança (...) e então ouvi as palavras que mudariam toda a minha vida: "Há uma lenda associada a esta lança, quem a reclamar e resolver seus segredos, terá o destino do mundo em suas mãos, para o bem ou para o mal".*

A Lança do Destino

Contra a sua vontade – e declaradamente não qualificado –, Hitler (à direita) foi lutar pelo Império Habsburgo, mudou-se para Munique em 1914, juntou-se a uma unidade da linha de frente bávara, recebeu a Cruz de Ferro e sonhou com um novo futuro alemão.

Frederico Barbarossa deixa cair a Lança do Destino em seu caminho para a Terceira Cruzada e encontra seu fim no rio.

A ponta de Lança, conhecida oficialmente como Espada de São Maurício, tinha rumores de ser a Lança Sagrada de Longino, com a qual um centurião romano havia perfurado a parte lateral do corpo de Jesus antes de ele ser trazido para baixo da cruz após a crucificação. Por essa razão, supunha-se que tinha propriedades mágicas e, desse modo, era conhecida como a Lança do Destino. Dizia-se que Carlos Magno (742-814), o primeiro Sacro Imperador Romano, havia atribuído sua série ininterrupta de vitórias à posse da Lança. Ele morreu pouco depois de ela ter caído de sua mão quando seu cavalo levantou-se, jogando-o ao chão. Um destino similar aconteceu com Frederico Barbarossa, que deixou cair a Lança ao cruzar um rio na Ásia Menor e foi imediatamente abatido e morto. Entrementes, nada menos que 45 imperadores a haviam carregado antes deles assegurando vitória no campo de batalha e no Senado.

Considerando sua história sangrenta e ilustre, a Lança parecia, à primeira vista, ser um objeto pouco notável. A lâmina incrustada de ferrugem, em forma de folha, havia sido cruamente reparada com arame e colocada dentro de uma bainha aberta de couro, em uma plataforma de veludo vermelho. Não fosse pelas pequenas cruzes de ouro embutidas na base, seria indistinguível de centenas de armas similares do período guardadas em museus em todo o mundo. Não havia prova de que a relíquia em exposição no museu Hofburg fosse o artigo genuíno, mas isso não pareceu deter Hitler que mais tarde afirmou ter tido uma revelação quando ficou em sua presença pela primeira vez. Mais tarde escreveu:

> *Soube de imediato que este era um momento importante em minha vida. E ainda assim não podia adivinhar por que um símbolo visivelmente cristão devesse causar tal impressão em mim. Fiquei lá contemplando-a em silêncio por vários minutos, praticamente ignorando a cena na Schatzkammer ao meu redor. Ela parecia carregar algum significado inte-*

> *rior escondido que me escapava, um significado que sentia que sabia interiormente, mas mesmo assim não podia trazer à consciência (...). A Lança parecia ser algum tipo de meio mágico de revelação, pois ela levou o mundo de ideias a uma perspectiva tão próxima e viva que a imaginação humana tornou-se mais real do que o mundo do sentido.*
>
> *Senti como se eu mesmo a tivesse segurado em minhas mãos, antes, em algum século anterior da história – que eu mesmo a tivesse reclamado como meu talismã de poder e detido o destino do mundo em minhas mãos. Ainda assim, como isso seria possível? Que tipo de loucura era essa que estava invadindo minha mente e criando tal confusão em meu peito?*

Se a Lança era o artigo genuíno ou não é quase irrelevante. Claramente, Hitler havia despertado algo dentro de si que lhe daria poder, com um senso de seu próprio destino e infalibilidade.

Hitler traça a história da Lança

Na manhã seguinte, Hitler visitou a biblioteca Hof para aprender tanto quanto pudesse sobre a Lança, sua lenda e sua história. Apesar de ser indolente demais para ler qualquer coisa além de revistas e *Schnulzenromane* (romances sentimentais) na vida adulta, ele havia aparentemente sido um ávido, ainda que indiscriminado, leitor na juventude, isso se acreditarmos em seu amigo de escola August Kubizek.

> *Livros eram todo seu mundo. Em Viena, ele usava a biblioteca Hof tão industriosamente que lhe perguntei uma vez, com toda a seriedade, se ele pretendia ler a biblioteca inteira, o que, é claro, mereceu alguns comentários rudes. Um dia ele me levou à biblioteca e mostrou-me a sala de leitura. Eu fiquei quase esmagado pelas enormes massas de livros e perguntei-lhe como ele fazia para conseguir o que queria. Ele começou a me explicar o uso dos vários catálogos, o que me confundiu ainda mais.*

Para seu desalento, Hitler descobriu que diversos conquistadores reivindicaram a posse da *Heilige*, ou Lança da Vitória, ao mesmo tempo no decorrer dos séculos e que não havia um modo seguro de provar se o artefato na Schatzkammer era autêntico. A primeira referência escrita sobre a Lança do Hofburg apareceu no antigo *Saxon Chronicle*, registrando a batalha de Leck na qual Otto, o Grande, triunfou sobre os mongóis, mas, antes disso, suas origens eram desconhecidas.

De acordo com Ravenscroft, Hitler voltou naquela tarde à Schatzkammer para uma segunda olhada no objeto que agora o obcecava.

> *Lentamente tomei consciência de uma presença poderosa ao seu redor – a mesma presença assombrosa que havia experimentado internamente naquelas raras ocasiões em minha vida quando havia sentido que um destino maior me esperava.*

Ravenscroft falha em fornecer uma fonte para essas citações e força [o leitor] a perguntar se essa cena melodramática, e talvez o grosso do livro, seja puramente ficção especulativa. Contudo, vamos assumir por ora que este relato tenha alguma base factual, como o autor alegou. Em seu estado alterado de percepção, diz-se que Hitler fora privilegiado com a compreensão de que a lança era um portal entre os mundos do espírito e da matéria.

> *O ar tornou-se sufocante de modo que mal podia respirar. A cena barulhenta da Casa do Tesouro pareceu derreter perante meus olhos. Fiquei sozinho e tremendo diante da forma flutuante do Super-homem [Übermensch] – um espírito sublime e atemorizante, um semblante intrépido e cruel. Em reverência sagrada, ofereci minha alma como veículo de sua Vontade (...)*

E então veio a visão que decidiu seu destino:

> *Uma janela no futuro foi aberta para mim pela qual vi, em um único lampejo de iluminação, um evento futuro que soube, além da contradição, que o sangue em minhas veias um dia se tornaria o veículo do espírito comum de meu povo.*

Pensa-se que a revelação a qual Hitler se referiu foi uma visão do futuro: ele se viu entrando em Viena em triunfo no dia que a Áustria foi assimilada ao Reich, em 12 de março de 1938. Em um discurso diante das massas em êxtase, celebrando a *Anschluss* na capital austríaca, ele parecia referir-se àquela mesma visão quando disse: "A providência me incumbiu da missão de reunir os povos germânicos (...) Vivi para isso e acredito que agora a cumpri". E foi nesse dia que ele ordenou a remoção das relíquias dos Habsburgos para a Alemanha a bordo de um trem blindado.

Entra o dr. Stein

A fonte desses episódios íntimos não foi Hermann Rauschning, o suboficial nazista a quem alegam, de modo fraudulento, ter declarado que compartilhou os segredos dos pensamentos mais profundos de Hitler, levando várias gerações de historiadores a caminhos errôneos, mas sim uma figura ainda mais inconspícua, o dr. Walter Johannes Stein (1891-1957) respeitado vienense, doutor em filosofia e antroposofista (um seguidor de Rudolph Steiner), de quem se disse ter sido empregado como conselheiro confidencial de Winston Churchill depois de fugir da Europa ocupada pelos nazistas em 1933 para escapar de ser pressionado ao serviço pelo Departamento Ocultista de Himmler. Como aconteceu com Louis de Wohl, o astrólogo, o dr. Stein aparentemente era considerado de valor para os britânicos ávidos de conhecimentos internos do estado mental do Führer, de modo que pudessem antecipar suas estratégias, mas também curiosos para descobrir que métodos ocultos os nazistas estavam empregando para localizar escoltas aliadas vulneráveis.

De acordo com Ravenscroft, o primeiro-ministro fez Stein jurar sigilo a respeito da extensão do uso pelos britânicos de paranormais na espionagem e na autodefesa, mas, no verão de 1957, Stein concluiu que havia mantido o

De acordo com a versão dos eventos por Ravenscroft, Hitler teve uma visão que decidiu seu destino: "Soube, além da contradição, que o sangue em minhas veias se tornaria o veículo do espírito comum de meu povo".

segredo por tempo suficiente e que era hora de contar a verdade. Três dias depois teve um colapso e morreu. Para a sorte de Ravenscroft, Stein antes lhe confidenciara um segredo, quando o autor havia procurado por ele, inicialmente a respeito de um assunto de interesse mútuo, o Cálice Sagrado. Mas com Stein silenciado, não há como corroborar o relato de Ravenscroft sobre as experiências místicas de Hitler ou o papel que Stein possa ter desempenhado na autodefesa psíquica britânica. Dito isto, vale repetir, pois a verdade é muitas vezes mais estranha que a ficção.

A face na janela

A Besta não vê o que ela é. Ela pode até ter um bigode cômico.
Vladimir Soloviev, *O Anticristo*

No verão de 1912, Walter Stein estava começando seu segundo semestre na Universidade de Viena, onde estudava para um doutorado de ciência. Era um curso intensivo e ele tinha de racionar seu tempo livre. Quando descobria que podia fazer uma pausa, passava pesquisando os sebos de livros antigos no velho quarteirão da cidade, próximo às margens do Danúbio. Nos fundos de uma loja mal iluminada, diz-se que descobriu por acaso uma cópia, com capa de couro, do épico em prosa poética de Wolfram von Eschenbach, *Parzival*, anotada com percepções e comentários por alguém que evidentemente tinha um conhecimento completo do assunto e mais do que uma familiaridade de passagem com a filosofia oculta. Stein estava procurando uma cópia do livro desde que seus pais o levaram para ver a ópera de Wagner baseada na mesma lenda medieval da busca do cavaleiro pelo Cálice Sagrado. Suas pesquisas o levaram a concluir que o Romance do Graal medieval era baseado em figuras históricas do século IX e que a Lança Sagrada não era simbólica, mas uma relíquia física real. Assim, o livro foi um verdadeiro achado. Ele pagou o preço pedido de bom grado e deixou a loja ávido para examinar seu tesouro.

Umas poucas ruas adiante, tomou uma cadeira na janela do badalado café Demel's, com vista para o Kohlmarkt, e leu o delgado livro de capa a capa em uma única sentada. Tornou-se evidente que o autor dos comentários rabiscados com pressa havia descoberto uma chave para decifrar os segredos da lenda do Graal codificados na busca do cavaleiro. Mas enquanto leitores mais iluminados estariam propensos a interpretar os estágios da busca como provas de iniciação, o proprietário anterior o havia tomado como uma confirmação de sua crença na superioridade da raça ariana. As anotações nas margens revelavam que o autor desprezava o ideal cristão e possuía "um conhecimento prático das artes negras". Quando Stein fechou o livro, nos é contado, percebeu que estivera "lendo as notas de rodapé de Satã!".

Mal suspeitava Stein que nessa hora ele se encontraria face a face com seu diabólico autor. Em um momento mais planejado que uma cena de um romance de Mills & Boon, somos requisitados a acreditar que Stein então olhou por cima de seu livro e contemplou a face do autor dos comentários, com olhos loucos e famintos, observando esfomeadamente pela janela os ricos vienenses se empanturrarem de bolos de creme e café!

Uma aquarela da Odeonsplatz de Munique feita pelo jovem e fracassado artista, Adolf Hitler. Ele se descreveu como "artista" até 1920, quando começou a se chamar de "escritor".

Hitler estava vestido com um sobretudo engordurado e esfarrapado de um tamanho grande demais e calças esfiapadas. Seus dedos dos pés podiam ser vistos despontando pelas fendas dos sapatos, como uma caricatura de Charlie Chaplin. Na verdade, suspeita-se que Chaplin forneceu a Ravenscroft a inspiração para essa cena tragicômica, e não Stein. Quando Stein deixou o café, o vagabundo, com alguns cabelos grisalhos e um bigode engraçado, ainda protelava no Kohlmarkt vendendo suas aquarelas do tamanho de cartões-postais. De impulso, Stein enfiou um punhado de marcos na mão do artista e aceitou três esboços, os quais ele só viu depois de voltar para sua residência. Lá, ele os dispôs ao lado do livro que o absorvera tão profundamente no café. Somente então Stein notou que o tema de uma das aquarelas era a *Heilige Lance* como retratada na exposição do Hoſburg. Então, ele viu algo que arrepiou os pelos de sua nuca. A assinatura do artista e o nome do proprietário anterior do *Parzifal* anotado eram o mesmo – Adolf Hitler.

Independentemente das coincidências ridiculamente planejadas que caracterizam o relato de Ravenscroft, há várias anomalias factuais que levantam sérias dúvidas quanto à veracidade dos eventos registrados em *A lança do destino*. Por exemplo, quando o dr. Stein indagou onde poderia encontrar Hitler, o livreiro mencionou que ele havia deixado Viena para reclamar a herança de uma tia recém-falecida. Isso foi supostamente no verão de 1912, mas a única tia recém-falecida na família era Johanna Polzl que tinha morrido na primavera anterior. Em segundo lugar, uma pesquisa recente falhou em encontrar evidências de Ernst Pretzsche ou de sua loja, as quais deviam ter sido preservadas no arquivo da cidade, mantido meticulosamente, apesar de haver a possibilidade de esses registros terem sido destruídos na guerra. No entanto, é mais significativo que as dúvidas foram levantadas pelas similaridades suspeitas entre o relato de Ravenscroft da descoberta de Steiner do panfleto anotado de *Parzifal* e um episódio quase idêntico no romance ocultista de *Sir* Edward Bulwer-Lytton, *Zanoni* (1842), que levanta a questão de se Ravenscroft foi "inspirado" pelo romance, ou se é simplesmente uma coincidência fantástica. Ainda há a suposição altamente duvidosa de que alguém que tivesse anotado um livro com comentários pessoais e pistas para o verdadeiro significado da obra fosse tolo o bastante para se desfazer dele em primeiro lugar! O mais curioso de tudo, contudo, é o fato de que somos levados a acreditar que o dr. Stein, um bem educado judeu de classe média, procurou um antissemita raivoso – cujo ódio pelos judeus era evidente em seus "rudes, vulgares e, em muitos casos, obscenos" comentários escritos nas margens de *Parzifal* – mesmo permitindo a improvável possibilidade de que ele estava desesperado para partilhar sua paixão pela lenda do Graal com um colega "pesquisador".

Longino perfura a parte lateral do corpo de Jesus crucificado com sua lança, criando a mais sagrada das relíquias cristãs.

É claro que essas dúvidas não tiram o crédito da história automaticamente, mas uma vez que falhas na aparência sérias como essas são identificadas, o edifício inteiro começa a parecer pouco sólido. Além disso, há a asserção feita recentemente pelo jornalista alemão Christoph Lindenberg no *Die Drie*, que descobriu diversas inconsistências significativas no relato de Ravenscroft e que afirma: "Em nenhum momento da vida, Hitler viveu em condições de pobreza, pelo contrário, ele sempre teve dinheiro suficiente. No Meldenmann Strasse, um tipo de grande hotel, Hitler pagava um aluguel de 15 *kronen* por mês. Assim, ele podia bancar um quarto bastante caro e não tinha necessidade de vender suas pinturas". Contudo, vamos dar a Ravenscroft o benefício da dúvida e ver até que ponto ele nos pede para suspendermos nossa descrença.

Em busca de Hitler

Nos dias subsequentes, nos é contado, Stein saiu em busca do artista itinerante, mas não conseguiu encontrar nenhum sinal dele. No fim das contas, voltou ao sebo de Ernst Pretzsche e perguntou ao proprietário se poderia lhe dar o endereço de Hitler. Pretzsche, um odioso homem, quase careca, parecido com um sapo, informou-o que Hitler não estivera lá por mais de três semanas, mas acreditava que ele frequentemente ficava em um albergue na Meldenmann Strasse. Vendo o quanto o jovem estudante estava ávido para aprender mais sobre o autor dos comentários das margens, Pretzsche convidou-o a entrar em uma pequena sala nos fundos. Lá contou a Stein que ocasionalmente cozinhava para Hitler que estava sempre passando fome, mas que era orgulhoso demais para aceitar dinheiro. Hitler penhorava seus livros quando estava realmente desesperado e Pretzsche pagava uns poucos *hellers* para evitar que ele dormisse na rua.

Esse é o mito que Hitler criou para si e que outros iriam embelezar; o empobrecido futuro Führer, o incompreendido Messias sofrendo indignidades e dificuldades físicas por seu povo nas ruas da periferia de Viena. É uma autoimagem sintomática, fabricada a partir de uma personalidade paranoica e neurótica, que busca justificar sentimentos de medo e raiva, assumindo o papel de vítima para que os outros corram em sua ajuda e ofereçam apoio. Pode-se imaginar Hitler aprendendo o papel com a mãe coruja, a quem ele recorria toda vez que seu pai autoritário se tornava abusivo. A verdade dos anos de Viena foi muito mais mundana. Uma pesquisa recente sugere que Hitler nunca viu o interior de uma pensão nem dividiu um apartamento infestado de bichos com seu amigo de escola Kubizek. Uma herança de sua tia Johanna Polzl e a modesta pensão do serviço civil de seu pai permitiram-lhe viver em comparativo conforto durante esses "anos perdidos", os quais passou deitado na cama até o meio da manhã, assim como mais tarde faria em Berchtesgaden, na época em que se aventurava a vender aquarelas vestido em roupas que podiam não ser feitas por alfaiates, mas que eram de qualidade suficiente para, pelo menos, desmentir a imagem do vagabundo macilento vienense.

Hitler preservou essa autoimagem mitologizada de maneira tão zelosa que ele até se arriscou a afastar seus partidários nos primeiros anos do partido. Alguns ficaram tão furiosos com a necessidade patológica de sigilo de seu líder que fizeram circular um panfleto entre os membros expressando preocupações e incluindo a suspeita de que ele era patrocinado por parceiros silenciosos que desejavam ditar a política do partido.

> *Ele considera o momento como maduro para trazer dissensão e cisma a nossas fileiras por meio das pessoas sombrias por trás dele (...) Fica cada vez mais claro que seu objetivo é simplesmente usar o Partido Nacional-Socialista para seus próprios propósitos imorais. Um ponto adicional é a questão de sua ocupação e finanças. Se acontece de membros individuais indagarem do que ele vive de fato, qual foi sua ocupação prévia, ele sempre fica nervoso e perde a cabeça.*

Conrad Heiden, um jornalista de Munique e autor de *A história do Nacional-Socialismo* (1932) e *Nascimento do Terceiro Reich* (1934), notou: "O homem é reservado por natureza, sua vida não está aberta a amigos. Questões a respeito de seus assuntos pessoais o ofendem". Incerto e embaraçado por

O quarteirão judeu em Viena próximo da virada do século. A capital austríaca era uma das cidades mais cosmopolitas do mundo, mas foi aqui que Hitler aparentemente se tornou um antissemita convicto.

causa de pessoas intelectualmente superiores e por aqueles que não tinham medo de dizer o que pensavam, Hitler começaria a discursar violentamente em um esforço para disfarçar a insuficiência de seus argumentos, ou ficaria com uma cara fechada, taciturna.

Ao detalhar a segunda visita de Stein ao sebo em Viena, Ravenscroft descreve Pretzsche apontando para uma pilha de livros que Hitler havia penhorado, incluindo obras de Hegel, Schopenhauer e Nietzsche. Mas, novamente, não há prova de que esse evento tenha ocorrido, e há consideráveis testemunhos confiáveis que sugerem que não ocorreu. Como já foi notado, Hitler não tinha interesse em literatura séria. Aqueles que o conheciam pessoalmente afirmaram que ele relia as mesmas histórias de aventura de adolescente, muitas e muitas vezes e que até era dado a citar passagens para impressionar convidados da Chancelaria do Reich e do Berchtesgaden. Seus romances favoritos eram os de Karl May, autor de uma série de histórias de aventura de nativos americanos na linha de Fennimore Cooper e uma série de livros a respeito das aventuras *schmaltzig* de um cavalo chamado Raubautz. Presumivelmente, ele resistia à tentação de recitá-los de memória quando entretinha dignitários estrangeiros bem educados. Quando a conversa à mesa o cansava, satisfazia seu gosto pequeno-burguês entretendo-se com filmes frívolos de comédia romântica fornecidos pelo sempre prestativo Goebbels. Esse quadro fica claramente em contraste absoluto com a imagem de Ravenscroft do ardoroso intelectual, mago novato, aprofundando-se na riqueza mundial da filosofia oculta.

"Sua biblioteca [de Hitler] não continha nenhum clássico e nenhum único livro de valor humano ou intelectual"

Se há qualquer dúvida sobre qual é o retrato mais verdadeiro, deve-se notar que a secretária particular de Hitler, Christa Schroeder, afirmou: "Sua biblioteca não continha nenhum clássico e nenhum único livro de valor humano ou intelectual". Além disso, o próprio Hitler admitiu suas limitações intelectuais quando disse: "Leio para confirmar minhas ideias".

Até seu amigo de escola Kubizek, que dera uma imagem tão heróica do jovem Hitler na biblioteca Hof, mais tarde admitiu em uma carta pessoal ao arquivista de Linz, Franz Jetzinger, que havia apenas dois livros que Hitler verdadeiramente lera com entusiasmo: um guia infantil da mitologia nórdica e uma história da arqueologia alemã na qual descobriu o símbolo que projetaria sua sombra sobre a Europa – a suástica.

Poeta, remador, homem de negócios e leitor das runas, Guido "von" List, fundador da Sociedade Ariosófica.

Iniciação infernal

A lança do destino de Ravenscroft parece pertencer ao mesmo gênero literário que deu origem ao *Código Da Vinci*, obras de ficção altamente especulativas apresentando personagens históricos. Desse modo, temos de encarar os eventos seguintes que ele descreve no sebo de Pretzsche como um cenário possível, embora improvável, em vez de um fato histórico.

Enquanto o proprietário sondava Stein em busca de detalhes pessoais e suas simpatias políticas, o estudante examinava a sala caoticamente apertada que servia de escritório para Pretzsche. Ele notou vários impressos ilustrando processos alquímicos e tabelas astrológicas ao lado de caricaturas antissemitas de natureza pornográfica. Enquanto Pretzsche insistia em suas perguntas, Stein estudava a fotografia de um grupo sobre a mesa, na qual seu interrogador era mostrado ao lado de Guido von List, o místico pan-germânico que havia sido acusado de praticar magia sexual satânica e que Ravenscroft alegou falsamente ter sido expulso de Viena por um populacho revoltado. Na verdade, Von List foi um sonhador, um armanista de carteirinha que defendia o retorno à natureza e a adoração a Wotan. Ele era obcecado pelo significado oculto dos símbolos rúnicos e escreveu longos tratados eruditos sobre o assunto que exerceram profunda influência sobre Himmler, mas ele não foi nenhum Aleister Crowley.

Pretzsche, contudo, considerava-se um adepto das artes negras e ofereceu-se para iniciar Stein nos mistérios arcanos. "Sou considerado, em algumas partes, uma grande autoridade no ocultismo", diz-se que se exultou. "Adolf Hitler não é a única pessoa a quem dou ajuda e conselho sobre essas questões."

Firme, mas polidamente recusando a oferta, Stein correu para fora do sebo e tomou seu rumo em direção ao albergue, onde foi informado que *Herr* Hitler havia deixado a cidade para reclamar uma pequena herança de uma tia que tinha morrido em Spittal-an-der-Drau. O gerente não esperava que Hitler voltasse.

Passariam-se mais dez dias até que Stein visse Hitler pintando do lado de fora do Hofburg e percebesse a notável melhora em sua aparência. Hitler resistiu à desajeitada tentativa do estranho de travar uma conversa. Ele não buscava aprovação de sua arte nem tampouco se comoveu pela asseveração do estudante de que eles partilhavam um interesse comum pela lança. Isto é, até que Stein mencionasse que ele também havia desenterrado uma prova de uma narrativa em Colônia de que a Lança Sagrada era de origem teutônica. Os olhos de Hitler fulguraram de vida. Mal suspeitava que seu colega entusiasta com a clássica aparência ariana fosse, na verdade, judeu.

Juntos entraram na Schatzkammer e ficaram perante a caixa da exposição na qual a lança era abrigada, perdidos em contemplação. Stein, somos solicitados a acreditar, foi sobrepujado por uma visão do Cristo crucificado na presença dessa relíquia sagrada cristã, enquanto seu improvável companheiro ficou possuído por sua promessa de poder.

"Hitler ficou ao seu lado como um homem em transe", escreve Ravenscroft, "um homem sobre quem algum terrível feitiço mágico fora lançado. Sua face estava enrubescida e seus olhos pensativos, com uma emanação estranha". Stein percebeu que a lança estava irradiando uma "luz ectoplásmica fantasmagórica", e Hitler absorveu-a no cerne de seu ser. A transformação foi aterrorizante. Stein temia estar testemunhando a possessão de Hitler pelo Anticristo, apesar de Ravenscroft não explicar como uma relíquia cristã poderia atrair forças satânicas.

A iniciação satânica de Hitler

A lança, conforme foi contado, funcionava como um cetro de adivinhação para as forças negras que estão continuamente buscando entrada em nosso mundo de matéria. No verão de 1912, Adolf Hitler estava claramente pronto para se submeter à sua influência. Então, por que ele continuou a se comportar como neurótico impotente e histérico, mesmo depois de ter se alistado no exército, em 1914, quando sua estrela negra seguramente devia estar em ascensão? A despeito de sua alegação de ter finalmente respondido ao verdadeiro chamado, ele agia de modo tão errático que seus camaradas mantinham distância dele e seus superiores repetidamente o rejeitavam nas promoções, porque sabiam que os homens se recusariam a segui-lo. Como seu colega soldado Hans Mend mais tarde lembrou:

> *[Hitler era considerado] um camarada peculiar. Ele se sentava no canto de nossa bagunça, segurando a cabeça entre as mãos em concentração profunda. Subitamente, levantava-se e, correndo de um lado para o outro com agitação, dizia que apesar de todos os nossos esforços a vitória nos seria negada, pois os adversários invisíveis do povo alemão eram um perigo maior do que o maior canhão do inimigo. Em outras ocasiões, ele se sentava com seu capacete repuxado sobre a cabeça, bastante alheio ao nosso mundo, mergulhado tão profundamente dentro de si que nenhum de nós podia despertá-lo (...) Todos nós o amaldiçoávamos e o achávamos intolerável. Havia este corvo branco entre nós que não se juntava a nós quando condenávamos a guerra.*

Eram essas as ações do Anticristo ou do discípulo do demônio? Se eram, Satã havia feito uma escolha muito ruim. Além disso, se Hitler era o instrumento todo-poderoso de uma força tão diabólica, por que levou mais de 20 anos para abrir seu caminho até a Chancelaria? Não pode haver dúvida de que Hitler estava possuído – aqueles que testemunharam seus poderes de incitar uma multidão atestaram o fato, mas ele foi guiado pelos demônios deste mundo, não do além. Eles eram os espíritos malignos do ressentimento, do medo, da autodepreciação e do ódio absoluto. O fato é que Hitler não precisava da ajuda do lado negro. Ele tinha energia destrutiva suficiente para causar devastação em uma escala inimaginável, mesmo nos dias de Vlad o Empalador, Tamburlaine e Gengis Khan.

No ano anterior, Stein testemunhou a terrível transformação na Schatzkammer; Hitler, conta-se, havia começado o processo de iniciação que culminaria em sua possessão pela Lança. Com Pretzsche como mentor, o Hitler de 22 anos de idade foi apresentado aos mistérios esotéricos da alquimia e do significado do simbolismo codificado na lenda do Graal.

O que estaria passando pela mente de Hitler? Uma foto notável de agosto de 1914 mostra-o em meio à multidão na Odeonsplatz, em Munique, quando a guerra foi anunciada para seu óbvio deleite.

Porém, o seu não seria o caminho da paciência e da autodisciplina, levando-o em última instância à autorrealização e à iluminação, mas o perigoso atalho pelo uso de um estimulante narcótico, o peiote, cujo princípio ativo é a mescalina, a droga preferida dos altos sacerdotes da magia sexual, como Aleister Crowley.

Adolf no País das Maravilhas

Na versão dos eventos de Ravenscroft, o ato final do pacto faustiano de Hitler com Lúcifer tem todas as características de um conto de fadas dos Grimm, quando ele descreve o jovem Adolf se aventurando na floresta de Wachau, próximo a Viena, com Stein a seu lado em busca do *Waldschrat* (*troll* da floresta), que o havia apresentado aos prazeres do peiote.

Era a primavera de 1913, a última antes da deflagração da Grande Guerra, e Hitler havia decidido dizer adeus a um velho amigo, Hans Lodz, antes de partir e tentar a sorte em Munique. Lodz era um herbalista que vivia em uma cabana no campo. Dois anos antes, ele havia literalmente tropeçado em Hitler, que estivera dormindo de modo grosseiro na floresta, e convidou-o para sua rústica casa onde ele preparava uma poção de bruxas com as raízes de peiote que Pretzsche havia fornecido. Agora ele o recebia novamente como um mestre faria com o pupilo favorito, seus olhos brilhando de orgulho através do cabelo branco esvoaçante, um sorriso enrugado e as feições de sua pele retorcida, parecida com cortiça. Enquanto Lodz cozinhava um caldo de vegetais, Hitler detalhava suas experiências com o alucinógeno expansor da mente ao jovem companheiro. Stein prestava atenção enquanto Hitler descrevia o choque de se encontrar à deriva na paisagem de um sonho de sua própria psique, no qual toda aspiração e ansiedade podiam assumir uma forma simbólica. Pode-se apenas imaginar quais visões e sensações manifestaram-se na mente desse homem à beira da inanição, meio louco com ilusões de grandeza, sofrendo de mania de perseguição, mas temos os relatos pessoais de diversos aspirantes a místico para dar uma pista sobre o que o jovem Hitler poderia ter vivenciado, assumindo, é claro, que esse evento de fato aconteceu.

As portas da percepção

Em maio de 1953, o romancista britânico Aldous Huxley ingeriu pequena quantidade de mescalina na esperança de que isso poderia lhe conceder um lampejo da "realidade suprema" e revelar o significado por trás do caos aparentemente aleatório da existência. Huxley fora assegurado pelos cientistas californianos, os quais monitoraram esse experimento, que não haveria efeitos colaterais, uma vez que a droga era derivada do peiote, um alucinógeno natural encontrado em cactos, que os xamãs nativos americanos usaram durante séculos para atingir estados alterados de consciência.

> *Esperava deitar-me de olhos fechados, observando visões de geometrias de muitas cores, de arquiteturas animadas, ricas com gemas e fabulosamente adoráveis, de paisagens com figuras heroicas, de dramas simbólicos, tremendo perpetuamente à beira da revelação suprema. Mas eu não tinha considerado,*

era evidente, as idiossincrasias de minha constituição mental, os fatos de meu temperamento, treinamento e hábitos.

Foi alegado que Hitler tinha "flashbacks" ligados às óperas de Wagner. Verdade ou não, ele sempre manteve relações com a família do compositor. Aqui, está com Verena, neta de Richard Wagner.

Para o espanto de Huxley, a própria composição do mundo físico parecia estar viva. Tudo, de um vaso de flores às dobras de suas calças, tornou-se objeto de admiração, iluminados de dentro e infinitamente interessantes.

> *Um monte de flores brilhando com sua própria luz interior (...) Aquelas dobras – que labirinto de infinita e significativa complexidade! (...) Estava vendo o que Adão vira na manhã de sua própria criação – o milagre, momento a momento, da existência nua.*

Se Hitler partilhou de uma experiência similar ou se, como parece mais provável, passou por uma *bad trip* graças a seu estado psicológico neurótico, ninguém sabe. Mas diz-se que ele confessou a Stein uma surpreendente constatação de sua visão induzida pela droga nessa última noite em que estiveram juntos.

Hitler vangloriou-se de ter involuntariamente tocado na matriz de memórias e impressões mentais no éter, conhecido nos círculos esotéricos como registro akáshico. Lá, vislumbrou imagens de suas vidas passadas, que desfilavam perante seu olho interior como quadros em um filme. Uma delas foi Landulfo de Capua, a inspiração histórica para o personagem central da ópera de Wagner, *Parsifal*. No entanto, ele não era o herói da ópera. Seu papel era o do vilão, Klingsor, a corporificação do mal.

Conversa à mesa

Os cínicos, sem dúvida, divertir-se-ão com o absurdo da cena mencionada acima, mas vale notar que o célebre vício em drogas de Hitler era de conhecimento comum entre eminentes ocultistas durante a vida do ditador. O poeta inglês e teósofo Victor Neuberg uma vez escreveu um relato de uma discussão após o jantar com Aleister Crowley e Aldous Huxley no apartamento de Neuberg, em Berlim, em 1938, durante a qual eles tocaram no assunto.

Aleister Crowley, que alegou que Hitler fora apresentado à droga mescalina por seus mentores místicos, a Ordo Templi.

– Você sabe que Hitler tomou a substância [mescalina], observou Crowley. Ouvi de um amigo confiável na OTO.

– OTO?, perguntou Huxley.

– A Ordo Templi Orientis. [A Ordo Templi Orientis, *fundada por Theodor Reuss, Franz Hartmann e Karl Kellner em 1895, promovia a prática da magia sexual e não deve ser confundida com a mais influente Ordem dos Novos Templários, fundada por Lanz Liebenfels.*] Minha filial local, você poderia dizer. E suas ligações com os nazistas não são da conta de ninguém. Eles quase fundaram o partido, ou pelo menos o subverteram. Você sabe que dois de seus líderes treinaram Adolf Hitler pessoalmente? Antes, ele era um parvo austríaco gaguejante, *um boêmio ordinário e um pervertido chulo. Eles o ensinaram oratória, retórica e, sob a influência dessa droga, meu caro Aldous, que vai subverter sua visão, deram-lhe seu daimon.*

– Então – disse Huxley –, todo o romanticismo divergente que, ao definhar, encontrou expressão no irracional, em cultos secretos, fez seu reino aqui. O fascismo é, afinal de contas, o triunfo da decadência, a loucura final da Boêmia.

– Para que a carnificina de Arimã possa ser completada, precisamente, replicou Crowley.

Mas, novamente, há aqueles que duvidam que essa conversação tenha ocorrido. Eles afirmam categoricamente que Neuberg e Crowley terminaram sua amizade em 1914 e apontam os diários de Crowley que registram o encontro com Aldous Huxley em Berlim como sendo no sábado, dia 4 de outubro de 1930, e não em 1938. A despeito dessas discrepâncias, é quase certo que Crowley foi responsável por apresentar Huxley à mescalina. Hitler, contudo, provavelmente nunca tomou peiote na vida, apesar de que foi certa e fatalmente tolhido por seu vício em drogas prescritas no último ano da guerra, graças a seu médico charlatão, dr. Morell.

A Thule Gesellschaft eram nacionalistas fanáticos e realizavam reuniões no Hotel Quatro Estações em Munique.

Sessão mediúnica em uma tarde chuvosa

Nenhuma de minhas palavras pode descrever a satisfação que senti (...) Não me envergonho de dizer que, levado pela emoção do momento, caí de joelhos e agradeci aos céus do fundo de meu coração pelo favor de ter sido permitido viver nessa época.

Hitler (ao receber seus papéis de convocação em agosto de 1914), Mein Kampf

Ao reimaginar a história, Ravenscroft retorna a uma realidade levemente reconhecível com a reação extática de Hitler à declaração da guerra em

1914 e suas experiências nas trincheiras pelas quais recebeu a Cruz de Ferro Primeira Classe. Mas no fim da guerra, os fatos mais uma vez se envolvem em mito, pois os principais atores deste melodrama sobrenatural reagrupam-se para renovar o pacto faustiano em uma cena digna do escritor de horror barato H. P. Lovecraft.

O ano é 1919 e os adeptos de uma sinistra irmandade oculta estão realizando uma sessão mediúnica, em Munique, na esperança de entrar em contato com seus "mestres ocultos" nos planos mais altos da existência. Eles chamam a si mesmos *Thule Gesellschaft* (em homenagem à lendária civilização pré-histórica nórdica) e seus membros são líderes da comunidade, incluindo juízes, chefes de polícia, professores universitários, industriais, oficiais do exército e a aristocracia. Todos juraram livrar a Alemanha da influência sionista, promovendo o nacionalismo, por meios violentos se necessário. Eles são liderados por um jornalista bávaro de meia-idade, furiosamente antissemita, chamado Dietrich Eckhart, que estava destinado a ser o mentor de Adolf Hitler e o futuro editor-chefe do jornal nazista oficial, o *Völkischer Beobachter*. As ambições frustradas de Eckhart de ser um dramaturgo o levaram ao alcoolismo, ao vício em morfina e a uma temporada em hospício. Ele se considerava intelectual, mas traiu sua verdadeira natureza quando contou em uma assembleia no Brennessel Wine Cellar naquela primavera:

> *Precisamos de um homem no comando que possa suportar o som de uma metralhadora. A ralé precisa sentir o medo nas calças. Não podemos usar um oficial porque o povo não o respeita mais. O melhor homem para o serviço seria um trabalhador que sabe como falar (...) Ele não precisa de muito cérebro (...) Ele deve ser solteiro, então conquistaremos as mulheres.*

No começo da noite na sessão, dois generais imigrantes poloneses interessados em espiritualismo e com forte simpatia pela causa nacionalista alemã juntaram-se a ele, Skoropadski e Bishupski. Sentado com eles ao redor da mesa na sala escurecida estava o fundador do grupo, Rudolph Glauer, o futuro editor das publicações do grupo, Konrad Ritzler, e o protegido de Eckhart, o refugiado russo-alemão Alfred Rosenberg (1893-1946), que se tornaria uma influência formativa na ideologia racista nazista.

Apesar de o grupo de Thule não ser uma ordem mágica nos moldes da Golden Dawn, os membros partilhavam da fascinação de seu congênere pelos fenômenos paranormais, a obsessão por sigilo e a prática de criar histórias exóticas para si mesmos. Glauer, por exemplo, insistia em ser chamado de conde Heinrich von Sebottendorf, apesar de ser, na realidade, o filho de um maquinista de classe operária de Dresden. Ele também professava um conhecimento profundo da tradição esotérica e resmungava de maneira ininteligível sobre ter sido iniciado nos "mistérios" durante uma temporada na Turquia, mas, na verdade, meramente digeriu passagens do texto sagrado da teosofia, a *Doutrina secreta*, regurgitando-o com adornos alemães. O tratado de três volumes sobre a origem e a natureza do Universo havia sido "canalizado" pela excêntrica médium Madame Blavatsky* e continha o gérmen da ideia que os nazistas expandiriam e perverteriam para seus próprios fins – o mito da raça mestre. Glauer simplesmente se apropriou da cosmologia de Blavatsky e de seu conceito das sete raças-raiz do homem para o proveito alemão, sustentando que isso provava que as antigas lendas de Edda nas quais Wagner baseou seu ciclo do *Anel*, tinham uma base de fato. Rosenberg iria um estágio adiante em sua história racista revisionista, *O mito do século XX*, na qual afirmou que a raça ariana superior havia se originado no continente perdido da Atlântida, onde seus navios velejaram para fundar os primeiros centros da civilização. Mas, na noite da sessão, esses homens tinham algo além de política em mente.

    Enquanto observavam, em calada expectativa, a médium nua, uma musculosa russa, esposa de fazendeiro, de faces vermelhas, entrou em transe profundo para se permitir ser tomada por seus espíritos guias. Eram as vozes deles que agora saíam de sua garganta, cada uma distinta e falando em língua materna da qual sua hospedeira não tinha conhecimento. Era uma apresentação impressionante, mais convincente até do que as manifestações de ectoplasma branco-diáfano que ela usualmente produzia. Glauer apavorou-se e tentou abandonar o círculo, mas Eckhart o impediu. Foi então que a aparição fantasmagórica de um antigo membro do grupo formou-se no meio. Todos reconheceram-no como o príncipe Von Thurn und Taxis que fora assassinado havia apenas alguns meses. Sua voz também era inconfundível. Em alto alemão, uma versão da língua com a qual a camponesa russa não tinha familiaridade, a cabeça sem corpo do príncipe declarou que o novo líder da Alemanha reclamaria a Lança Sagrada e embarcaria em uma campanha de conquista do mundo. Um momento depois, sua forma esvaiu-se novamente na escuridão e foi substituída por outro espírito desencarnado – o da condessa Von Westarp. Ela também fora um membro ativo do grupo antes de ser assassinada por comunistas e voltara para anunciar a chegada iminente do Messias por quem eles estavam esperando havia tanto tempo. Entretanto, deu um aviso de que seu novo líder seria exposto como um falso profeta e arrastaria a nação para o abismo.

    Com inspiração precisa, a médium despertou de seu transe e as aparições sumiram. Ninguém se mexeu ou falou durante vários minutos.

Hitler entra em cena

De onde ele vem, ninguém pode dizer. De um palácio de príncipe, talvez, ou da cabana de um diarista. Mas todo

---

*N.E.: Sugerimos a leitura de *Helena Blavatsky*, coletânea de Nicholas Goodrick-Clarke, Madras Editora.

*mundo sabe: ele é o Führer; todos o aclamam e logo um dia
ele se apresentará, pois todos nós estamos esperando, cheios
de ansiedade, [nós] que sentimos o presente sofrimento dos
alemães no fundo de nossos corações, de modo que milhares
e centenas de milhares de cérebros o imaginam, milhões de
vozes chamam por ele, uma única alma alemã busca por ele.*

Kurt Hesse (1922), em *Face of the Third
Reich* (1972), de Joachim Fest

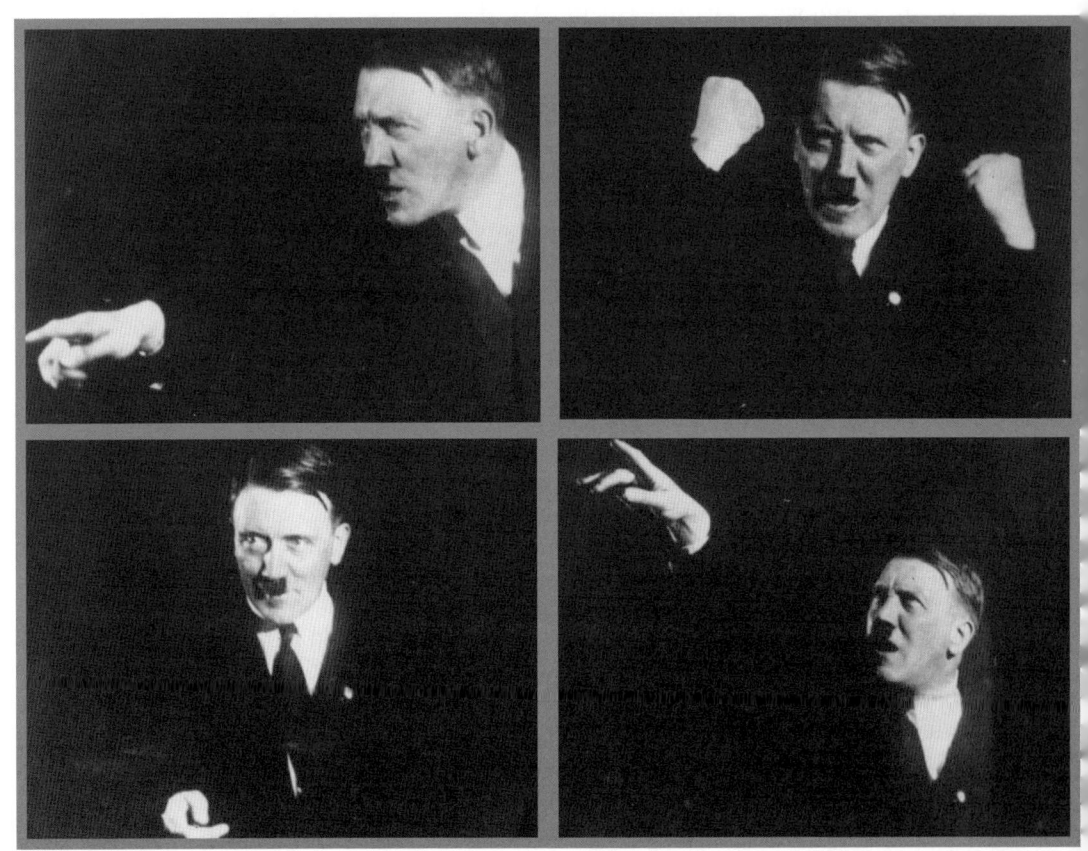

Como todos os grandes atores, Hitler praticava suas falas no espelho para exercer o máximo de controle sobre a audiência. Ele aperfeiçoou seu estilo demagógico em cervejarias antes de lançar sua rede mais amplamente.

Enquanto Eckhart e seus correvolucionários procuravam no escuro por um sinal de seu futuro salvador, Adolf Hitler estava parado nas sombras de uma sala dos fundos na taverna Alte Rosenbad, na Herrenstrasse, observando um grupo de radicais da periferia discutindo sobre sua falta de recursos. Era manhã do dia 13 de setembro de 1919 e ele havia sido enviado lá, para relatar sobre as atividades deles, por seus pagadores do exército que estavam procurando uma organização na qual pudessem se infiltrar e manipulá-la para seus próprios fins – a saber, para se opor à maré crescente de sentimento antinacionalista entre a classe operária. Hitler havia testemunhado anteriormente uma reunião do Partido dos Trabalhadores Alemães ou DAP (o predecessor do Partido Nazista), que na época tinha menos de 60 membros. E ele não se impressionara com a qualidade do debate ou dos pontos de vista expressados por seu orador convidado, um acadêmico bávaro nacionalista. Na verdade, ele tinha voltado meramente para informar ao comitê que havia decidido não se juntar à "organizaçãozinha absurda".

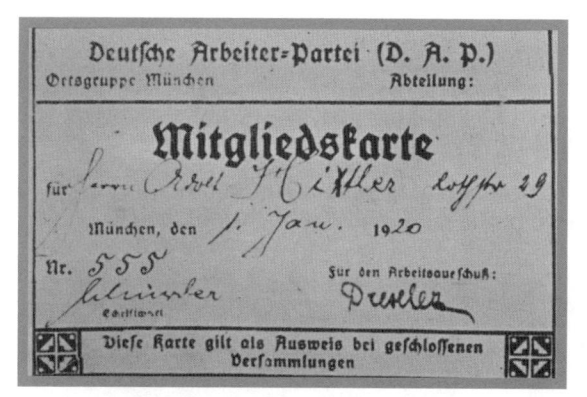

O cartão do DAP de Hitler com seu número original, 555, mais tarde alterado para 7 para sugerir que ele estava lá desde o começo.

Os que estão tentados a romantizar o nazismo fariam bem em lembrar a natureza das personalidades que participaram daquela fatídica reunião, um dois quais foi *Herr* Gutbarrlet (ou Gutberlet), que jurou pela eficácia de seu pêndulo sideral que ele poderia localizar qualquer judeu em uma sala lotada. "Hitler aproveitou-se dos poderes místicos de Gutbarrlet", recordou um auxiliar, "e teve muitas discussões com ele sobre a questão racial". Esse era o caráter dos homens que guiariam o destino de uma nação. Hitler mais tarde recordou aquela remota reunião no *Mein Kampf*:

> Sob a sinistra luz de uma pequena lâmpada a gás, quatro pessoas estavam sentadas à mesa e uma vez me saudaram como membro do Partido dos Trabalhadores Alemães. As minutas da última reunião foram lidas e o secretário deu um voto de confiança. Depois, veio o relatório da tesouraria – em suma o partido possuía 7 marcos e 50 pfennigs – pelo que o tesoureiro recebeu um voto de confiança. Isso também entrou nas minutas (...) Terrível, terrível! Essa era uma vida de associação do pior tipo. Deveria juntar-me a tal organização?

Voltando a seus alojamentos ele considerou seu futuro, que parecia desolador ao extremo.

> Que eu estava pobre e sem recursos parecia-me ser a parte mais suportável, mas era a mais difícil, já que eu estava entre os sem nome, que era um dos milhões a quem a sorte permite viver ou retirar da existência sem que nem mesmo seus vizinhos mais próximos se condescendam a perceber. Além disso, havia a dificuldade que inevitavelmente surgiu de minha falta de escolaridade. Depois de dois dias de agonizante ponderação e reflexão, finalmente cheguei à convicção de que tinha de dar esse passo.

O ar de autopiedade é positivamente sufocante.

O mito de Munique

Esse era o mito pessoal que Hitler tinha intenção de criar, embora, na verdade, não tivesse escolha na questão. Ele havia sido incumbido de se encar-

Os discursos incitadores de Hitler tornaram-se o primeiro recurso dos nazistas. Esta fotografia rara é de 1925.

regar do partido nascente pela Inteligência do Exército, que lhe prometeu um apoio financeiro praticamente ilimitado e um influxo leal de novos membros, todos com ordem de se associar.

Com o apoio financeiro do exército e uma audiência contratada para aplaudir seus discursos, a confiança de Hitler como orador público cresceu em conjunto com a prosperidade do partido. Relatos de seus primeiros discursos revelam que ele ainda demonstraria o estilo carismático e expressivo que atrairia as massas aduladoras, mas os temas principais já estavam em evidência – um ódio patológico pelos judeus e uma crença de que eles haviam golpeado a Alemanha nas costas para pôr um fim prematuro à guerra. Um jornalista contemporâneo escreveu:

> *O conferencista [Hitler] fez uma palestra sobre os judeus, mostrando que para onde quer que se olhe judeus são vistos. Toda a Alemanha é governada por judeus. É um escândalo que os trabalhadores alemães, seja com a mão ou com o cérebro, deixem-se ser explorados pelos judeus, pois eles têm dinheiro. Os impostores judeus dominam o governo. Quando o judeu enche os bolsos à custa das verbas públicas até levar o pobre trabalhador alemão à confusão, mantém para si o controle das coisas. O conferencista também falou sobre a Rússia e a responsabilidade pelo que aconteceu lá [a Revolução de Outubro]. Os judeus fizeram a revolução. Portanto, os alemães precisam se unir e lutar contra os judeus ou eles devorarão as últimas migalhas da mesa nacional. As palavras de conclusão do conferencista foram: "Devemos continuar na luta até que o último judeu tenha sido removido do Reich – mesmo se isso levar a uma insurreição ou mesmo a uma revolução". O conferencista recebeu muitos aplausos.*

Inevitavelmente, essas críticas violentas atraíram a atenção de Dietrich Eckhart e de seus nacionalistas thulistas, que, desconhecidos de Hitler, eram os titereiros por trás do partido que haviam criado para servir às suas ambições nacionalistas. Quando Eckhart testemunhou Hitler em ação, soube imediatamente que havia encontrado seu Messias e que logo o dirigente nominal do DAP, o engenheiro ferroviário Anton Drexler, e seu cofundador, Karl Harrer, seriam forçados a conceder o controle até seu último recruta. "Aqui está aquele do qual fui apenas o profeta e precursor", Eckhart declarou aludindo a João Batista e Jesus de Nazaré.

Hitler parecia estar igualmente entusiasmado, vendo em Eckhart um homem que poderia ser tanto seu mentor quanto seu irmão espiritual. "Este Dietrich Eckhart é um homem que posso admirar", Hitler disse a um amigo. "Ele parece conhecer o significado do ódio e como aplicá-lo."

Ele referia-se às táticas de gângster de Eckhart ao tumultuar a cerimônia pela memória de um comunista assassinado, fazendo que atirassem sacos de sangue de cadelas nos pôsteres do morto, para atrair a atenção de um bando de cães machos da cidade, que urinariam neles. Foi alegado que o assassino não era outro senão o próprio Eckhart.

Um "pequeno palhaço louco"

Presumivelmente, essas atividades extracurriculares eram desconhecidas dos patronos dos dramaturgos, banqueiros, homens de negócio e intelectuais da alta sociedade bávara, a quem ele avidamente apresentou o cabo austríaco desalinhado nos meses subsequentes. Alguns dos mais caros amigos

O jornal nazista, o Völkischer Beobachter, adquirido para o partido pelo editor Dietrich Eckhart.

de Eckhart eram condescendentes, outros meramente curiosos, ao observar a surpreendente semelhança entre Hitler e o comediante mais famoso da tela no período, Charlie Chaplin. (Até Mussolini fez um comentário sobre a similaridade quando se referiu a Hitler como "um pequeno palhaço louco".) Alguns devem ter imaginado se isso era uma brincadeira. Poucos estavam genuinamente impressionados com o último protegido de seu amigo, mas eles de bom grado concordaram em contribuir com a cruzada antijudaica. Em retorno, a cada um foi prometido o que quer que o astuto agitador político adivinhasse que quisesse ouvir – uma garantia de menores taxas de juro, um compromisso de dispersar as uniões, uma promessa de voltar aos valores familiares e assim por diante. Nem os intelectuais estavam imunes ao encanto nazista.

Talvez fosse o *frisson* de estar na proximidade do perigo (ou poder primordial) que os atraísse. Alguns fugiram para o exterior enquanto ainda havia tempo. Outros, como o escritor Hans Heinz Ewers, sucumbiram completamente. Ewers, que prosseguiu e escreveu o hino nazista, a canção "Horst Wessel", não tinha ilusões quanto à natureza do partido ao qual havia se juntado, sentindo nele "a mais forte expressão dos poderes das trevas". Aqueles que permaneceram enfeitiçados pelo poder e pompa devem ter tido um rude despertar em 10 de maio de 1933, quando os nazistas queimaram em 30 cidades por todo o Reich os livros de escritores cujas ideias temiam. Esses intelectuais que flertaram com o fascismo deviam ter lembrado das palavras de Thomas Mann que avisou: "Quando alguém começa a queimar livros, seres humanos serão os próximos". Esses ritos eram a evidência mais clara até então de que o nazismo não era um movimento político, mas um culto satânico no verdadeiro sentido da palavra. O instinto primitivo de destruir o que tememos porque não entendemos e não podemos controlar.

Dez anos antes, Hitler já estava no caminho para o poder e sua popularidade estava ganhando força. Era apenas uma questão de tempo antes que os fatores socioeconômicos criassem condições suficientemente favoráveis para sua ascensão.

Eckhart não viveu para ver Hitler tomar o poder. No outono de 1923 ele deitava moribundo, extinguindo-se por causa de uma vida de vício em álcool e morfina. Com seu último suspiro, invocou os velhos deuses por meio de sua estimada "Pedra de Meca", um meteorito negro que ele acreditava servir como portal entre os mundos do espírito e da matéria. Suas últimas palavras supostamente foram: "Siga Hitler. Ele dançará, mas fui eu que pedi a melodia. Eu o iniciei na Doutrina Secreta, abri seus centros de visão e lhe dei os meios para se comunicar com os Poderes. Não guardem luto por mim, pois eu terei influenciado a história mais do que qualquer outro alemão".

Uma trindade profana

Cuidado, cães. Quando o Diabo estiver solto em mim, vocês não o frearão novamente.
Joseph Goebbels

Quando a reputação de Hitler como orador público cresceu no início dos anos 1920, ele começou a atrair espíritos aparentados que acreditavam que o destino os havia levado ao homem que restauraria a Alemanha à sua glória passada. Rudolph Hess e Martin Bormann eram os típicos "homens-capacho", aduladores, anônimos, de quem Hitler se cercou, mas o verdadeiro círculo interior que assumiu um papel ativo para influenciar a orientação política e determinar quem viveria e quem morreria foram Himmler, Goering e Goebbels.

O primeiro desta trindade profana a jurar fidelidade foi o homem que seus rivais chamaram de "o anão veneno". Joseph Goebbels ouviu Hitler falar pela primeira vez em um debate do partido, em Bamberg, e fora tão abalado pela força do argumento de seu líder que imediatamente concedeu a derrota, jurando lealdade eterna antes de a reunião se encerrar – a primeira e última vez que o futuro ministro da desinformação admitiu, em público, estar errado sobre qualquer assunto.

"O anão veneno": Goebbels foi membro-chave do círculo interior com poder sobre a vida e a morte.

Goebbels foi o arquipropagandista do regime nazista, mas parece que ele também possuía um dom para a profecia. Em uma ocasião, e somente uma, previra seu primeiro encontro fatídico com seu futuro Führer, que se provaria misteriosamente similar à cena que se revelaria na vida real. Foi no verão de 1918, e Goebbels era então um estudante na Universidade de Friburgo. Ele fez a previsão em um romance chamado *Michael,* no qual o idealista, um jovem herói, desespera-se para livrar sua pátria da influência judia até que encontra um salvador messiânico cujo poder de oratória desperta a nação dormente. Podemos assumir que seu autor partilhou das emoções de seu herói ao ouvir Hitler falar pela primeira vez.

> *(...) subitamente, o fluxo de seu discurso foi liberado (...) Estou cativado. Honra! Trabalho! A Bandeira! Há ainda essas coisas neste povo de quem Deus tirou Sua mão abençoada.*
>
> *A audiência está resplandecente. A esperança brilha em suas faces cinzas. Alguém aperta os punhos. Outro limpa o suor de suas sobrancelhas. Um velho oficial chora como uma criança. Estou ficando com calor e frio. Não sei o que aconteceu comigo (...) E o homem lá na frente fala, e o que quer que estivesse brotando em mim toma forma. Um milagre! Aqueles ao meu redor não são mais estranhos. Eles são irmãos. Aproximo-me da tribuna e olho na face do homem. Ele não é um orador! Mas, sim, um profeta! O suor escorre de sua face. Um par de olhos brilha na pálida face. Seus punhos estão apertados. E como no juízo final, palavra após palavra está trovejando, frase após frase.*
>
> *Não sei o que fazer. Pareço demente. Começo a aplaudir e ninguém parece impressionado. Da tribuna ele olha para mim por um instante. Aqueles olhos azuis me queimam como uma chama, isto é, uma ordem.*
>
> *Sinto como se tivesse renascido. Agora sei aonde meu caminho me leva. O caminho do destino. Pareço estar intoxicado. Tudo de que me lembro é da mão do homem apertando a minha. Um juramento vitalício e meus olhos encontram duas grandes estrelas azuis.*

Muitos anos depois, Goebbels lembrou-se de suas impressões iniciais do homem a quem devotaria sua vida e consideráveis energias.

> *Agradeço ao destino que exista tal homem! (...) Ele é o instrumento criativo do destino e da divindade. Fico ao seu lado profundamente abalado (...) É assim que é (...) Reconheço-o como meu líder bastante incondicionalmente [...] Ele é tão profundo e místico. Ele sabe como expressar a verdade infinita (...) Ele parece um profeta antigo. E no céu uma grande nuvem branca parece tomar a forma de uma suástica. É este um sinal do destino? Quanta força elementar há neste homem comparada aos intelectuais. Acima de tudo, sua personalidade irresistível (...) Com tal homem pode-se conquistar o mundo. Sinto-me profundamente ligado a ele. Minhas dúvidas se esvaem (...) Não posso suportar ter duvidado deste homem. A Alemanha viverá. Heil Hitler!*

Goering

As palavras de Hitler foram proferidas palavra por palavra como se [viessem] de minha própria alma.

Hermann Goering

É improvável que Hermann Goering partilhasse com Goebbels a imagem idealista de Hitler como "profundo e místico" ou o instrumento da "verdade infinita". Um ex-ás da aviação da Grande Guerra, com o famoso esquadrão Richthofen (cujos camaradas o acusaram de exagerar em sua contagem de mortes), e um pavonesco egotista de primeira grandeza, ele não se julgava inferior a homem algum – com exceção de seu Führer. "Não tenho consciência", uma vez declarou. "Minha consciência é Adolf Hitler." Mas ele via Hitler como um líder, não como um místico. "Juntei-me ao partido porque era um revolucionário", declarou, "não por causa de qualquer contrassenso ideológico". Ele não tinha outras crenças além do direito divino de a aristocracia reger e se considerava "um homem da Renascença", presumivelmente nos moldes de Cesare Borgia. Tinha uma paixão pela boa comida, pelos melhores charutos, pela caça e pelas belas-artes, mas desprezava a "cultura", ou seja, qualquer coisa que procurasse educar ou edificar. Isso, se nada mais, partilhava com Goebbels, famoso por ter dito: "Quando ouço a palavra 'cultura', pego meu revólver".

Goering crescera em uma magnífica propriedade e estava acostumado a ter todas as coisas a seu modo. Sua própria mãe tinha a medida dele quando predisse que ele seria ou um "grande homem ou um grande criminoso". Mas faltava-lhe o propósito, até que o encontrou no Führer. Em troca, ele agia como uma influência estabilizadora quando Hitler sucumbia a um de seus periódicos ataques de pânico. O ferozmente aristocrático Goering estava evidentemente sob o domínio do antigo cabo e curiosamente despreocupado pela desigualdade de suas origens, mas era intimidado com a imprevisibilidade e pelos violentos ataques irracionais de Hitler. Ele admitiu: "Na presença de Hitler, meu coração afundava até minhas calças".

Havia o rumor de que Goering tinha um padrinho judeu com quem sua mãe havia tido um romance e foi isso que o amargurou com os judeus em geral. Em seus esforços para retratá-lo como o jovial senhor da mansão, os historiadores tendem a esquecer que foi Goering, e não Himmler, quem implementou o programa de construção dos campos de concentração e também quem estabeleceu a temida Gestapo. Ele saboreava seu papel como uma genial figura avuncular, mas era uma fachada escondendo uma tendência viciosa e vingativa que podia golpear a qualquer momento. Ele celebrou seu casamento ordenando uma execução e mantinha um pequeno caderno preto no qual registrava os nomes daqueles que pretendia eliminar na próxima oportunidade, dando origem ao dito: "Em qualquer outro país você tem de se justificar por ter uma arma; na Alemanha de Goering você tem de se justificar por que não usa uma".

Acima de tudo, Goering admirava Hitler como um homem de ação, apesar da disparidade de suas origens.

Sua origem e reputação aristocrática como herói de guerra emprestaram uma respeitabilidade ao partido que ajudou a atrair fundos de influentes industrialistas e da nobreza.

Perseguido por demônios

Hitler é um despertador de almas, o veículo de poderes messiânicos. Aqui está o novo líder enviado por Deus ao povo alemão em sua hora de mais necessidade.

Houston Stewart Chamberlain

É uma das grandes ironias da história do mundo que o homem que comprovadamente teve a influência mais profunda na definição da ideologia nazista foi um inglês. Houston Stewart Chamberlain (1855-1927) era filho de um almirante inglês que se tornou cidadão alemão naturalizado depois de se casar com a filha de Richard Wagner, com quem partilhou uma paixão exaustiva pelo lado negro do romantismo alemão. Como com a maioria dos convertidos, ele se tornou mais zeloso do que aqueles nascidos sob a causa, levando-o a afirmar que "Deus edifica hoje somente sobre os alemães". Ele era, de acordo com a opinião geral, hipersensível e dado a imaginar que estava sendo perseguido pelas criaturas míticas das quais seu famoso sogro recebia inspiração. Até o equilibrado jornalista americano William L. Shirer, autor da história definitiva do período, *The Rise and Fall of the Third Reich* [Ascensão e queda do Terceiro Reich], levou as arengas de Chamberlain a sério.

> *Chamberlain era dado a ver demônios que, de acordo com seu próprio relato, levavam-no implacavelmente a buscar novos campos de estudo. Uma vez, em 1896, quando estava voltando da Itália, a presença de um sonho tornou-se tão vigorosa que ele saiu do trem em Gardone, trancou-se em um quarto de hotel por oito dias e (...) escreveu agitadamente uma tese biológica até que teve o gérmen do tema que dominaria todos os seus trabalhos posteriores: raça e história (...) Visto que se sentia incitado por demônios, seus livros foram escritos sob o domínio de uma febre terrível, um verdadeiro transe, um estado de intoxicação autoinduzida, de modo que (...) ele era muitas vezes incapaz de reconhecê-los como sua própria obra.*

Racista inglês, Houston Stewart Chamberlain, cuja obra teve pesada influência sobre a ideologia nazista.

Assim, é uma tragédia que tanto de sua produção fosse indigna de um homem de suas energias e suposto intelecto. Foi argumentação de Chamberlain que a raça branca era superior em todos os aspectos, mas que ela também estava degenerada. Apenas os teutões eram dignos de ser chamados cultivados e deveriam receber os créditos por moldar as fundações da civilização ocidental. Até os arquitetos italianos da Renascença eram de ascendência teutônica. Desnecessário dizer, ele acusava os judeus de "infectar os indo-europeus" com sangue impuro e alertava que, se os casamentos mistos continuassem, todos os não-judeus com o tempo se tornariam "uma multidão de mestiços pseudo-hebraicos, um povo, sem sombra de dúvida, degenerado física, mental e moralmente".

Em 1899, ele publicou suas vis teorias que se tornariam o "evangelho do movimento nazista". Ninguém duvidou dele quando declarou que *Foundations of the Nineteenth Century* [Fundações do século XIX] fora ditado a ele por demônios.

Foi Chamberlain quem primeiro propagou a mentira ridícula que Jesus foi um ariano de olhos azuis e cabelos loiros e que apenas a Alemanha era digna da bênção de um novo Messias. Nos anos anteriores à eclosão da Grande Guerra, Chamberlain pensou ter identificado seu salvador na improvável forma do Kaiser Wilhelm II. Ele se tornou confidente e conselheiro espiritual do Kaiser ao mesmo tempo que Rasputin estava realizando um papel similar nos palácios de poder da Rússia. Mas enquanto Rasputin aconselhava o comedimento, Chamberlain incitava o pomposo e impetuoso monarca alemão a agir em defesa da honra de seu país. Chamberlain queria a guerra para ver sua pátria adotada tomar o lugar de direito como mestra da Europa. Ele ficaria amargamente desapontado.

Depois, em 1923, encontrou Adolf Hitler e declarou que o salvador da raça ariana estava próximo. No dia seguinte, escreveu ao líder nazista dando sua bênção – e revelando ingenuidade.

> *Você tem coisas imensas a fazer, mas a despeito de sua força de vontade não o considero um homem violento (...) Há uma violência que sai do, e leva de volta ao, caos, e há uma violência cuja natureza é formar um cosmos. É nesse sentido de construção do cosmos que desejo contá-lo entre os construtores, não entre os homens violentos (...) Nada pode ser feito enquanto o sistema parlamentarista reger: Deus sabe que os alemães não têm nenhuma fagulha de talento por esse sistema. Considero sua prevalência como o maior infortúnio, pois ele só pode levar repetidamente a um lamaçal, conduzindo a nada todos os planos para restaurar a pátria e erguê-la (...) Minha fé nos alemães nunca se abalou em momento algum, mas minha esperança, devo confessar, havia afundado em uma maré baixa. Em um golpe, você restaurou o estado de minha alma. Que na hora de sua maior necessidade a Alemanha tenha dado à luz um Hitler prova sua vitalidade; como o fazem as influências que emanam dele, pois essas duas coisas, personalidade e influência, andam juntas (...) Que Deus o proteja!*

Hitler levou a sério as palavras do velho. Em um ano, ele tomaria medidas drásticas para contornar o "sistema parlamentarista" e estar dispensado da democracia enquanto perdurou.

Hitler e seus partidários adoravam reinterpretar o Putsch *de Munique de 1923, que servia para transformar em mitologia o passado recente e para glorificar o que tinha sido, na verdade, uma humilhação para todos aqueles que haviam participado.*

Falso alvorecer

A história é feita nas ruas.

Joseph Goebbels

A história do *Putsch* da Cervejaria de Munique, abortado em novembro de 1924, tem sido documentada com detalhe em diversos relatos da ascensão e queda do Reich de Hitler, a maioria dos quais concorda que foi um embaraçoso fracasso para o impaciente e desorganizado partido nazista nascente. Hitler havia irrompido no salão com seus capangas de camisas marrom da SA, interrompendo uma reunião de revolucionários rivais liderados por Wilhelm Frick e tomando vários oficiais como reféns. Mas ele não conseguiu ordenar a captura de postos-chave estratégicos pela cidade e depois de tolamente permitir que seus reféns fossem embora sem nada, a não ser sua palavra de honra de que iriam para casa em silêncio, eles naturalmente ativaram o alarme.

Quando os nazistas saíram às ruas, havia um destacamento armado esperando na praça principal para recebê-los com uma mirrada salva de tiros de rifle. Ao general Ludendorff, herói da Primeira Guerra Mundial, a quem Hitler havia persuadido a agir como autoridade simbólica, foi permitido manter sua dignidade, oferecida passagem segura pelo cordão de baionetas eriçadas, enquanto os pretensos revolucionários espalharam-se por todas as direções. Goering foi ferido gravemente, mas conseguiu cambalear até um médico local que se recusou a tratá-lo. Ironicamente, foi uma família judia em um apartamento adjacente que deu abrigo ao ex-ás da aviação da Primeira Guerra Mundial e fez um curativo em seu ferimento até que pudesse ser levado clandestinamente ao exílio temporário na Itália, onde entorpeceria a dor e seu ego ferido com doses cada vez maiores de morfina. Pode ter sido esse ato de bondade que tenha influenciado Goering a mais tarde agir em defesa de certos judeus e declarar: "Eu vou decidir quem é judeu e quem não é". Hitler, enquanto isso, fugira procurando segurança em um carro que o esperava, deixando que seus camaradas, sem líder, encarassem as tropas que avançavam. Quando a fumaça clareou, só restava Himmler. Aparentemente, ele era uma figura que não impressionava, de tal forma que as tropas simplesmente o ignoraram, assim ele foi capaz de andar até a estação mais próxima onde tomou o último trem para casa.

As tropas de choque de Hitler saem às ruas de Munique em novembro de 1923. Seu golpe fracassou lugubremente.

O julgamento de Adolf Hitler

Em seu julgamento, Hitler encarou uma lista de jurados que eram claramente simpáticos à sua causa, ou pelo menos partilhavam de sua desconfiança na antimonarquista República de Weimar, que acreditavam estar minando os valores alemães tradicionais. Foi permitido a ele apossar-se do banco dos réus como seu tribunal pessoal de onde representou para a audiência repleta de membros da imprensa, com toda a bazófia e bravata de um ator exagerado.

> *O homem que nasceu para ser um ditador não é compelido. Ele o quer. Ele não é conduzido para a frente, mas conduz a si mesmo. O homem que se sente chamado para governar um povo não tem o direito de dizer: "Se vocês me querem, convoquem-me, irei cooperar". Não! É seu dever dar um passo à frente.*

E concluiu sua defesa com um ardente apelo à Providência.

> *Não são vocês, cavalheiros, que nos julgarão.*
>
> *Vocês podem nos declarar culpados mais de mil vezes; mas a deusa da corte eterna da história sorrirá e fará em pedaços o depoimento do promotor público e a sentença desta corte. Pois ela nos absolve.*

Hitler foi sentenciado a cinco anos nominais no comparativo conforto da prisão de Landsberg, com uma vista panorâmica do rio Lech. Até permitiram que ele mantivesse seu suplente, o obstinadamente devotado Rudolf Hess, para agir como servo e secretário.

Servo de Lúcifer

Hess era um introvertido taciturno e carrancudo que, como Hitler, tinha vivido sob a sombra de um pai dominador. Quando viu Hitler falar em 1921, reconheceu as qualidades que faltavam em si e ficou eufórico ao descobrir que o Führer respondia à devoção heroica submissa. Se fosse possível dizer que Hess possuía uma qualidade, era a da obediência não questionadora. "(...) Um homem permanece além de toda a crítica", disse a uma audiência calada em Nuremberg em 1934, "esse é o Führer. Isso é porque todos sentem e sabem: ele está sempre certo e ele estará sempre certo".

Em 1945, quando ficou no banco dos réus no julgamento internacional de crimes de guerra, realizado nessa mesma cidade, a fé inesgotável em seu Führer continuava sem diminuição.

Hitler na prisão de Landsberg após o golpe fracassado de novembro de 1923. Seu futuro suplente, Rudolph Hess, a quem ditou o Mein Kampf, *está de pé diretamente atrás dele.*

> *Foi-me permitido, por muitos anos de minha vida, viver e trabalhar sob [as ordens do] maior filho que minha nação já produziu (...) Não me arrependo de nada.*

Mas nem todos no regime achavam-no agradável. Ele foi descrito por seu professor Karl Haushofer como uma presença perturbadora:

> *Ele era um estudante entre outros, não particularmente talentoso, de lenta compreensão intelectual e inerte em seu trabalho. Ele era muito dependente de emoções e gostava apaixonadamente de perseguir ideias fantásticas. Ele só foi influenciado por argumentos sem importância, bem no limite do conhecimento humano e da superstição; também acreditava na influência das estrelas sobre sua vida pessoal e política (...) Sempre fiquei desconcertado com a expressão de seus olhos claros, que tinha algo de sonâmbulo a seu respeito.*

As "ideias fantásticas" às quais Haushofer se referiu incluíam Astrologia, clarividência e medicina alternativa, que não eram estranhas em si, mas foi a maneira que Hess aplicava às artes esotéricas, o que levou muitos no partido a rotulá-lo de excêntrico. Em uma ocasião, ele escreveu para cada *Gauleiter* (governador de distrito) do país, requisitando uma amostra de solo de sua região para que pudesse polvilhar sob o berço de seu bebê, como parte de um antigo rito mágico de "bênção". Goebbels respondeu tipicamente em seu modo chistoso oferecendo-se a enviar uma placa do pavimento de Berlim.

Mein Kampf

Enquanto Hess guardasse suas ideias periféricas para si, Hitler estava contente em empregá-lo. Foi Hess quem registrou o confuso fluxo de invectiva racista do líder, editado com algum aspecto de ordem por Max Amann, que o publicou como *Mein Kampf* [Minha luta]. O título original – *Viereinhalb Jahre des Kampfes gegen Lüge, Dummheit und Feigheit* [Quatro anos e meio de lutas contra mentiras, estupidez e covardia] – dá uma indicação clara do estado mental agitado de Hitler nessa época, e o que Gerald Suster, autor de *Hitler and the Age of Horus* [Hitler e a Era de Hórus], chamou de "a pobreza do intelecto de Hitler". É revelador que a primeira parte do livro seja uma arenga muito pouco original, altamente incoerente, salpicada com mentiras grosseiras, enquanto a última parte mostra pelo menos um entendimento superficial dos princípios de geopolítica e os usos para os quais a propaganda pode ser apresentada. A primeira parte evidencia a influência de Eckhart, enquanto a última mostra a influência de um respeitado acadêmico que visitava regularmente as salas de Hitler em Landsberg a convite de seu antigo pupilo, Rudolph Hess.

O professor Karl Haushofer (1869-1945) havia servido com distinção na Grande Guerra e ascendido ao posto de general. Corriam rumores de que ele possuía clarividência e fora capaz de predizer a hora e a localização precisas das ofensivas e bombardeios inimigos, o que ajudou a impedir vários avanços aliados. Não é surpreendente,

Hitler transformou o Mein Kampf *na bíblia dos nazistas. Dez milhões de cópias haviam sido vendidos ou dados até o fim da guerra. Cada soldado da linha de frente recebeu uma cópia para ter inspiração.*

talvez, que suas experiências militares infundissem seu ensino com uma agressiva perspectiva pró-nacionalista. Ele havia dito a Hess e seus colegas:

Tenho a intenção de ensinar geografia política como uma arma a fim de redespertar a Alemanha para consumar sua destinada grandeza. Devo reeducar toda a nação com uma consciência do papel da geografia na história, de modo que todo jovem alemão deixará de pensar em seu próprio umbigo para, em vez disso, pensar em termos continentais.

Foi Haushofer quem concebeu a ideia de *Lebensraum*, ou espaço vital, com a qual Hitler buscou desculpar seu insaciável apetite pela conquista. Também foi Haushofer quem pode ser creditado por moldar as divagações sem foco de Hitler em um argumento razoável que tirou o nacionalismo dos porões cervejeiros, levando-o aos lares e locais de trabalho dos alemães comuns.

Haushofer defendia sua parte em moldar a doutrina racial nazista, argumentando que era meramente um entre vários "intelectuais" a ter influenciado o pensamento de Hitler, mas até seu próprio filho Albrecht não foi enganado pela pretensa inocência do pai. Enquanto esperava a execução de sua parte na trama da bomba de julho de 1944, Albrecht escreveu um poema que terminava com os seguintes versos:

*Meu pai quebrou o selo –
Ele não sentiu a respiração do Ser do Mal
Mas libertou-o para vagar pelo mundo.*

O advogado do Diabo

De acordo com Trevor Ravenscroft, a influência do professor foi ainda mais insidiosa do que a história validou. "Haushofer despertou Hitler para os verdadeiros motivos do Principado Luciférico que o possuía, de modo que pôde se tornar o veículo cônscio de sua intenção maligna no século XX." Tornou-se costumeiro para os cripto-historiadores refigurar Haushofer como um satanista enrustido, que havia assumido o papel de Mefistófeles para instruir Hitler em uma doutrina esotérica secreta, derivada em parte da teosofia baseada em Atlântida de Madame Blavatsky e das irmandades adoradoras de Wotan dos ocultistas *völkisch* alemães. Mas no *Mein Kampf*, Hitler despreza os revivalistas pseudopagãos, como Von List, cuja única cerimônia "satânica" se estendia a enterrar garrafas de vinho vazias no formato de uma suástica no topo de uma montanha, enquanto fazia um juramento de lealdade aos deuses antigos.

Aviso repetidas vezes contra aqueles divagantes estudiosos völkisch *cuja realização positiva é sempre nada, mas cuja presunção não pode ser igualada (...) A característica de muitos dessa natureza é que eles se empanturram do velho heroísmo alemão, que eles se deleitam no passado turvo, machados de pedra, lanças e escudos, mas que em sua própria*

Hitler favorecia a ação nas ruas da Alemanha mais do que as reflexões místicas sobre o passado. Aqui o companheiro nazista Ernst Röhm desfila em frente a uma guarda de honra de tropas de assalto, do lado de fora da Embaixada Turca, em Berlim.

essência são os maiores covardes que se pode imaginar. Pois as mesmas pessoas que brandem espadas de brinquedo, cuidadosamente manufaturadas à imitação do velho estilo germânico, e usam uma pele de urso preparada com chifres de touro para cobrir suas cabeças barbadas, sempre pregam para o tempo presente uma batalha espiritual e, em seguida, fogem à vista de um cassetete comunista (...) Cheguei a conhecer essas pessoas bem demais para não sentir desgosto por essa comédia miserável. Eles causam uma impressão ridícula nas grandes massas e o judeu tem toda razão de ter consideração por esses comediantes völkisch, *de preferi-los aos verdadeiros lutadores pelo Reich vindouro. A despeito de todas as provas de sua total inabilidade, essas pessoas fingem entender tudo melhor que todo mundo (...) Especialmente em respeito aos assim chamados reformadores religiosos do tipo germânico antigo, sinto que são enviados por forças negras que não desejam o renascimento de nosso povo. Pois sua atividade inteira leva o* Volk *para longe de sua luta contra o inimigo comum, o judeu, para que possa gastar sua energia em conflitos religiosos internos.*

Chá e simpatia

É duvidoso que Haushofer tenha iniciado Hitler em uma irmandade ocultista como vários autores alegaram. A extensão de sua influência era limitada pelo quanto conseguia fazer Hitler abrir os olhos para a aplicação prática da geopolítica e pelo fato de que introduziu o ditador a servir ao conceito de *Lebensraum*. Presumiu-se que o professor era um satanista secreto simplesmente porque Hitler saiu da prisão em Landsberg, no outono de 1924, com um apetite renovado pela política e no comando total de forças que antes estavam dispersas. Porém, isso somente ocorreu em consequência da sóbria influência de Haushofer ao persuadi-lo a canalizar suas energias em uma mudança efetiva por meios não violentos. Durante suas frequentes visitas, o professor falara em voz baixa sobre a necessidade de minar as fundações da república pela força do argumento em vez da força das armas. Ele explicou que, em vez de matar sua sede com cerveja depois de um discurso inflamador e arriscar a se tornar agressivo, seria melhor

> [O professor] explicou que, em vez de matar sua sede com cerveja... seria melhor se Hitler tomasse chá doce

Hitler tomar chá doce e permanecer sob controle. Daquele momento em diante, Hitler recusou-se a tocar em álcool e tornou-se vegetariano. Ele também ensinou a Hitler como se apresentar como figura autoritária, abandonando o chicote de montaria, sua marca registrada, e adotando uma postura de estadista. Além de demonstrar a eficácia de pausar para formular os pensamentos em vez de falar de improviso. Na prática, Haushofer preparou Hitler para o cargo público. O quanto foi eficiente em transformar o áspero agitador em líder elegível pode ser examinado pela parcela dos votos que os nazistas acumularam em eleições subsequentes até 30 de janeiro de 1933, quando irromperam no poder e Hitler se tornou um ator-chave no palco mundial.

Removendo uma maldição

A ascensão de Hitler não foi meteórica nem sem problemas. A popularidade de seu partido subiu e desceu nos anos 1920 por causa das taxas de desemprego e inflação. Quando a economia alemã se recuperou no meio da década, o apoio a extremistas de ambos os lados diminuiu e os nazistas perderam um número significativo de assentos no Reichstag, o Parlamento alemão. Quando as ondas de choque da Depressão atingiram a Europa em 1929, o ressentimento público contra os "judeus capitalistas" e o medo de uma revolução comunista levaram grandes quantidades de indignados e receosos eleitores a protestar, ajudando assim os nazistas a consolidar seu sucesso anterior. Mas, às vésperas da eleição de 1932, havia todas as razões para se prever outra derrota de Hitler. O presidente Hindenburg, o convicto estadista veterano da Alemanha pré-guerra, estava perdendo a paciência com os extremistas e tinha o poder de suspender o Parlamento se acreditasse que a estabilidade da república estivesse ameaçada. Ele não fez nenhum esforço para esconder seu desdém por Hitler, a quem considerava um novo rico indisciplinado e incitador da raiva, e os próprios nazistas haviam lhe dado razões suficientes para agir. Eles levaram suas táticas de cervejaria aos corredores do poder, onde oradores da oposição fizeram discursos bombásticos, organizaram passeatas de massa e se envolveram em ataques físicos a membros rivais. No entanto, as rachaduras estavam começando a aparecer dentro de suas fileiras, ameaçando dividir o partido em facções antagônicas e piores – oficiais seniores do Estado alemão haviam confessado seus temores a Hindenburg em relação ao crescimento da SA, que havia se tornado um grande e incontrolável exército particular.

Para coroar isso tudo, em 30 de outubro, a amante de Hitler, Eva Braun, tentou suicídio por razões que nunca foram reveladas, apesar de não haver dúvidas que as bizarras e humilhantes exigências sexuais de Hitler e seu ciúme sufocante tiveram papel nisso. Assim, foi um líder nazista, confuso e desmoralizado, que entrou na arena política na semana seguinte, e, como resultado, o partido perdeu mais assentos para seus rivais comunistas. Em desespero, Hitler convocou um velho amigo de seus dias em Viena, o astrólogo e praticante de ocultismo Erik Jan Hanussen. Foi este (nome verdadeiro Herschel Stein-Schneider), um judeu, que havia ensinado ao líder nazista como projetar a voz e usar as mãos para enfatizar suas emoções, e mantendo a audiência sob domínio. Com seu cabelo loiro tingido e feições aristocráticas, o antigo artista de feiras itinerantes imprimiu uma figura imponente na cena social de Berlim, onde fazia horóscopos e demonstrava maestria em sua última obsessão, a hipnose. Foi na qualidade anterior que Hitler chamou Hanussen a seu lado naquele gélido dia de inverno.

Os presságios eram ruins. O horóscopo de Hitler revelava que ele havia sido amaldiçoado, mas por quem e por qual razão nem Hanussen podia dizer. A maldição pode ter sido encomendada por um político rival, ou uma rancorosa admiradora rejeitada. Ou pode ter sido autoinfligida, uma aura sufocante de depressão trazida pela tentativa de suicídio de Eva ou por suas próprias emoções agitadas. Qualquer que fosse sua origem, Hanussen tinha a resposta. Era necessário que alguém viajasse até a cidade natal de Hitler e lá encontrasse uma raiz de mandrágora que crescesse no quintal de um açougueiro. A mandrágora era tradicionalmente um potente afrodisíaco e amuleto de proteção. Dizia-se que o tubérculo em forma de homem emitia um grito repulsivo quando arrancado do chão e, por essa razão,

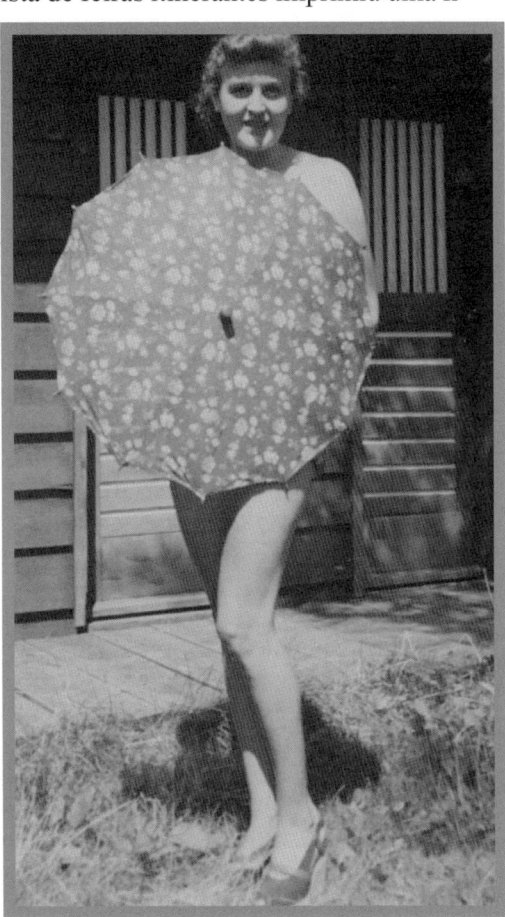

Eva Braun, a amante de Hitler, tentou o suicídio por razões que nunca foram revelados.

o bruxo ou mago tinha que proteger suas orelhas com algodão ou usar um "familiar" (um cão ou gato) para arrancá-lo pelas raízes. A reação de Hitler a esse pronunciamento não está registrada, mas Hanussen se ofereceu como voluntário para viajar até a Áustria e à meia-noite em uma noite de Lua cheia arrancou a mandrágora de um local adequado. Quando voltou a Berlim no dia de Ano-Novo em 1933, foi capaz de anunciar que a maldição havia sido removida e a ascensão de Hitler prosseguiria de imediato. Em 30 dias, Adolf Hitler era chanceler da Alemanha. Em 27 de fevereiro, tornou-se ditador do novo Estado nazista depois de persuadir Hindenburg a aprovar a Lei Habilitante, concedendo poderes de emergência aos nazistas. O pretexto foi o incêndio no Reichstag, o qual foi atribuído aos comunistas, mas que foi, sem dúvida, cometido por um partido impaciente por poder.

Hanussen havia previsto o fogo na noite anterior durante uma sessão mediúnica em seu "Palácio de Ocultismo", mas não conseguiu antever sua própria morte apenas seis semanas depois por uma mão desconhecida em uma floresta do lado de fora de Berlim.

Hitler reclama a Lança

Um tempo de brutalidade se aproxima, do qual nós mesmos não podemos ter absolutamente nenhuma noção. Na verdade, nós já estamos no meio dele. Só alcançaremos nosso objetivo se tivermos coragem suficiente para destruir, para estilhaçar sorrindo o que uma vez tivemos como sagrado, (coisas) tais como a tradição, a formação, a amizade e o amor humano (...)

Joseph Goebbels

Em 12 de março de 1938, enquanto Hitler preparava-se para entrar em Viena para anunciar formalmente a anexação da Áustria, seus acólitos acreditavam que o tempo do Messias havia chegado, mas Hitler sabia que, até que empunhasse a Lança Sagrada em mãos, seu controle do poder poderia ser afrouxado a qualquer momento. A história o havia ensinado que todos os que tomavam a autoridade à força tinham razões para acreditar que ela poderia ser arrancada de seu domínio, e a experiência havia confirmado seus temores. Apenas quatro anos antes, um assassino tinha tentado matá-lo no terreno da propriedade de Goering, fora de Berlim, mas conseguira apenas ferir Himmler. O Reichsführer SS estava a seu lado, agradecendo a Providência por ter permitido que ele derramasse sangue por seu Führer, e depois disso lembrava a todos que encontrasse que Hitler era agora seu "irmão de sangue". A culpa pelo incidente havia sido colocada em facções insatisfeitas dentro da SA, que acusavam Hitler de ter quebrado sua promessa de conceder-lhes os mesmos pagamento e posição do exército regular.

A resposta de Hitler ao prospecto de um golpe foi rápida e terrível – um acerto de velhas contas que durou quatro dias, conhecido como "a noite das facas longas". Foi em antecipação a uma tentativa similar que Hitler

Culto do líder: Adolf Hitler saúda a multidão de pé, à frente de sua Mercedes blindada de três eixos na Parada da Vitória em Viena, junho de 1938, três meses depois do Anschluss.

escolheu postergar sua entrada triunfante na capital do Império Habsburgo, pois, apesar de a ameaça de uma contrarrevolução ter passado há muito tempo, havia rumores de que um grupo de oficiais do exército pudesse fazer um ataque preventivo para decapitar a ditadura, assim evitando a guerra. Desse modo, enquanto Hitler esperava a garantia de seu "leal Heinrich" de que uma varredura de segurança havia sido completada, visitou seu local de nascimento perto de Linz e colocou flores sobre o túmulo da mãe.

Quando o comboio do Führer finalmente chegou à capital imperial, abrindo caminho entre a multidão em delírio em ambos os lados da Ringstrasse e seguindo à Heldenplatz, Hitler teve a satisfação agridoce de retornar ao ponto onde estivera 30 anos antes como um artista faminto e pobre.

O mar de rostos repartia-se perante ele conforme andava a passos largos para dentro do Palácio Imperial e até a sacada da qual faria uma proclamação histórica aceitando sua terra natal no Reich maior. Mas enquanto a multidão lançava-se para a frente, aclamando-o com gritos de *Sieg Heil* e a saudação nazista, o objeto de adoração tinha algo mais urgente em mente – a necessidade de tomar posse da Lança do Destino.

Desde aquele dia no Hofburg em 1913, quando Hitler havia sentido uma força inexplicável fluindo por seu corpo, ela havia deitado inerte na almofada de veludo vermelho desbotado atrás de um estojo de vidro, esperando o próximo líder corajoso o suficiente para invocar seu poder. Agora que Hitler estava a minutos apenas de possuí-la, ele deve ter queimado de febre como um viciado que se prepara para sua próxima dose.

Em sua pressa de segurar a Lança que havia sido empunhada ao longo das eras pelos maiores conquistadores da Europa, ele bruscamente recusou um convite para um *tour* pela cidade e um jantar com dignitários citadinos. Nem o prospecto de agir com superioridade às pessoas que haviam se recusado a reconhecer sua existência por todos esses anos lhe atraía agora. Ele tinha um, e somente um, pensamento – possuir a Lança. A espera deve ter sido intolerável, mas pelo menos ele sabia que a preciosa relíquia havia sido protegida por um destacamento da SS, supervisionado pessoalmente por Himmler – um em apenas um punhado de homens em toda a Alemanha, além dele mesmo, compreendia o verdadeiro valor da Lança.

Essa noite, enquanto os nazistas austríacos saíram às ruas em celebração ruidosa de seu sucesso, e os cidadãos da cidade das valsas abandonavam-se em uma inundação de troças de judeu que estarreceu até seus mestres nazistas, Hitler e seu bando deixaram a suíte no Hotel Imperial a caminho do Hofburg. Do lado de dentro, esperando para cumprimentá-los estava Ernst Kaltenbrunner, Führer da Áustria, o major Walter Buch, que iria assegurar a transferência legal dos aparatos da realeza para o Reich, e Wolfram von Sievers, chefe do departamento ocultista nazista.

O séquito esperava do lado de fora, enquanto Hitler e Himmler subiam as escadarias até a casa do tesouro onde a lança estava em exposição. Minutos depois, Himmler voltou sozinho deixando o Führer cumprir a promessa que havia feito a si próprio naquela mesma sala 25 anos antes – voltar e reclamar a Lança Sagrada para sua própria cruzada diabólica. Ao postar-se perante os troféus do passado imperialista, Hitler sabia que agora detinha mais do que a história nas mãos – ele tinha o mundo inteiro a seu alcance.

Invocando uma jurisprudência de um século de idade para a remoção dos aparatos para a Alemanha, a Lança Sagrada e as joias da coroa imperial foram removidas de suas caixas, empacotadas em contêineres e transportadas em um trem blindado sob a guarda da SS até Nuremberg onde foram colocadas em exibição pública na cripta da igreja de Sta. Catarina – o lugar das disputas medievais imortalizado em *Die Meistersinger von Nürnberg*, de Wagner. A relíquia mais sagrada de todo o mundo cristão estava agora no coração negro do império maligno de Hitler.

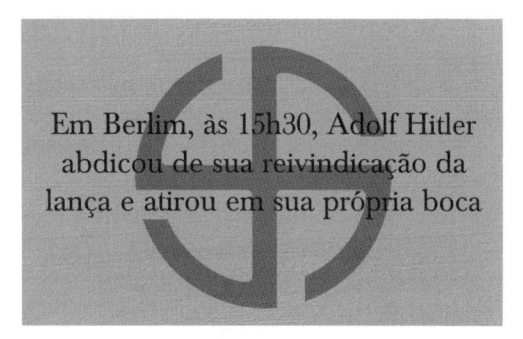

Em Berlim, às 15h30, Adolf Hitler abdicou de sua reivindicação da lança e atirou em sua própria boca

O acerto de contas

Os bombardeios aliados nos últimos anos da guerra impeliram Kaltenbrunner a ordenar que a Lança e os aparatos fossem removidos para o cofre principal no banco de Kohn na Königstrasse. Mas depois que esse prédio também foi danificado em um ataque aéreo, Himmler decidiu colocar a lança fora de perigo. Ele decidiu pôr em prática um plano ambicioso de reabrir um labirinto de túneis vários metros abaixo do castelo que estava selado desde a Idade Média. Foram trazidos engenheiros que juraram sigilo antes de serem permitidos a trabalhar no projeto, ampliando e estendendo as antigas galerias, cavando uma casamata de concreto na qual eles instalariam ar-condicionado antes de selar o complexo atrás de um par de portas de aço maciças. Mas conforme os Aliados se aproximavam, em março de 1945, Himmler ordenou que os tesouros roubados fossem levados clandestinamente para fora da cidade à noite depois que um comboio de isca havia sido mostrado carregando contêineres de madeira e conduzindo-os para fora da cidade à luz do dia, com as sirenes soando. A história oficial que circulou entre a população curiosa era que o tesouro dos Habsburgos seria jogado sem cerimônias no lago Zell, perto de Salzburgo.

Na verdade, a insígnia imperial havia ficado na cidade, não muito longe de seu lugar de repouso original, escondida nos subterrâneos em um cofre na Panier Platz. A ideia era que permaneceriam lá como símbolo de um movimento de resistência da retaguarda, com o codinome "Lobisomen", que afinal falhou em se materializar. Em vez disso, o *Wehrmacht* exausto da guerra rendeu-se em massa, enquanto os altos oficiais e criminosos de guerra fugiram para a América do Sul com passaportes falsos, onde eles e seus espólios roubados foram recebidos de braços abertos por seus irmãos em brutalidade. Somente a fanática SS ofereceu uma última resistência em defesa de suas terras centrais, 20 mil homens sacrificando-se para honrar seu juramento ao Führer, um grupo repelindo nove assaltos da 45ª Divisão americana em uma tentativa vã de negar o salão do congresso nazista ao inimigo, cena de tantos discursos grandiloquentes. Quando a luta finalmente cessou, em 20 de abril, restavam apenas o esqueleto da cidade histórica, seus escombros espalhados e nada mais.

Dez dias depois, um pelotão de soldados americanos movendo-se pela Oberen Schmied Gasse, uma rua abaixo do castelo, descobriu por acidente o lugar do esconderijo original dos aparatos que haviam sido expostos à luz do dia por um recente fogo de barragem de artilharia. Eles colocaram um guarda na frente das portas de aço do cofre e voltaram ao castelo que agora servia como quartel-general do 7º Exército americano para reportar a descoberta.

Eram 14 horas. Uma hora e meia depois, os americanos entraram no cofre e ficaram sem fôlego, assombrados com as pilhas de espólios nazistas que se derramavam pelo chão, cujas alturas davam nos ombros. No centro estava o altar que havia sido trazido da igreja de Sta. Catarina para o depósito, e sobre ele repousava um estreito caixão de madeira. Alguém evidentemente havia fracassado em reconhecer a importância da Lança e transferira apenas as joias da coroa imperial para o segundo local debaixo da Panier Platz. Os americanos conquistaram a Lança Sagrada.

A muitas centenas de quilômetros em Berlim, às 15h30, Adolf Hitler abdicou de sua reivindicação da Lança e atirou em sua própria boca. Sua amante, Eva Braun, deitava sem vida a seu lado. Ela tinha engolido cianeto. Em contraste com seu sonho de um funeral estatal wagneriano, Hitler e sua amante foram levados para fora da casamata da Chancelaria do Reich e cremados no buraco das ruínas mais próximo, enquanto Goebbels serviu como única testemunha. Depois de apenas 12 anos, o Reich de mil anos de Hitler havia chegado a um fim humilhante.

J B
M

Capítulo Três

Hitler – médium ou mago?

O poder que sempre iniciou as maiores religiões e avalanches políticas na história em progresso tem sido, desde tempo imemorial, o poder mágico da palavra falada. As grandes massas só podem ser movidas pelo poder do discurso. Se abordo as massas com argumentos razoáveis, elas não irão me entender. No encontro da massa, seu poder de raciocínio é paralisado. O que digo é como uma ordem dada por hipnose.

Adolf Hitler, *Mein Kampf*

É evidente, pelas próprias palavras de Hitler, que ele não reconhece a existência do mal ou do diabo, apesar de ter sido criado como católico, mas, como tantos indivíduos psicologicamente deficientes, acreditava que sua *Weltanschauung* (visão de mundo) era inabalável e que ele era incapaz de estar errado. Ele era, para usar um termo psicológico moderno, o típico "homem certo" que cortaria seu próprio nariz para contrariar seu rosto.*

Como um líder de gangue em Chicago, Hitler mantinha sua indisciplinada turba unida, como fez com seu país, por meio dos pilares gêmeos do poder totalitário – medo e adoração. Sua estratégia simples de dividir e conquistar garantia que seus ministros estivessem ocupados demais disputando posições, defendendo seu próprio território e competindo por seus favores para conspirar a sua retirada. Ele conseguiu isso dando as mesmas responsabilidades a mais de um ministro, o que gerava inimizade e desconfiança pessoal. Goering não gostava de Speer, de Ribbentrop, de Goebbels e Bormann; Goebbels odiava Goering, Ribbentrop e Bormann; Ribbentrop não tolerava nenhum deles e em retorno todos o desprezavam. Era a fórmula perfeita para assegurar obediência inquestionável, mas significava que o sistema estava podre por dentro e destinado a falhar. A única questão era quando isso aconteceria. Os que tinham coragem para agir, fizeram-no tarde demais e de modo ineficaz. O fracassado atentado da bomba de julho de 1944 apenas endureceu a resolução do soldado comum de lutar até o amargo fim. Ele presumia que a vida do Führer fosse salva novamente pela intervenção divina.

Em Nuremberg, Speer expôs o controle hipnótico de Hitler sobre todo o povo alemão de modo puramente racional.

> *A ditadura de Hitler diferenciou-se em um ponto fundamental de todas as suas predecessoras na história. A dele foi a primeira ditadura no período presente de desenvolvimento técnico, uma ditadura que fez uso completo de todos os meios técnicos para a dominação de seu próprio país. Por meios técnicos como o rádio e o alto-falante, 80 milhões de pessoas foram destituídas de pensamento independente. Dessa maneira, foi possível subjugá-las à vontade de um homem.*

Mas o filósofo racionalista francês Denis de Rougemont estava preparado para aceitar uma explicação sobrenatural.

> *Algumas pessoas acreditam, por terem vivenciado uma sensação de horror e uma impressão de poder sobrenatural, que ele é a morada de (...) espíritos hierárquicos que podem*

---

* N.T.: Do inglês *cut off his own nose to spite his face*, expressão idiomática que significa causar um dano a si mesmo na tentativa de prejudicar outrem.

descer em qualquer mortal comum e ocupá-lo (...) De onde vêm os poderes sobre-humanos que ele mostra nessas ocasiões? É óbvio que uma força desse tipo não pertence ao indivíduo e, de fato, nem poderia se manifestar a menos que o indivíduo não tivesse importância, exceto como veículo de uma força para a qual a nossa psicologia não tem explicação (...) O que estou dizendo seria a forma mais barata de disparate romântico, não fosse por aquilo que foi estabelecido por esse homem, ou melhor – por meio dele – ser uma realidade que é uma das maravilhas do século.

Triunvirato de poder por trás de Hitler: (da esquerda para a direita) Goebbels, Goering e Hess no comício do partido.

Hitler faz um dos primeiros discursos políticos no Marsfeld, em Munique, em cerca de 1920. Mesmo nesse estágio inicial de sua carreira política, Hitler era um orador magnético e sua fama se espalhou rapidamente pelo boca a boca.

Os "poderes sobre-humanos" a que Rougemont se refere não são, contudo, estranhos à natureza nem devem ser creditados à influência de uma entidade desencarnada. A capacidade de Hitler de revitalizar seus aliados e subordinados foi reproduzida por místicos verdadeiros, tais como Gurdjieff, que desenvolveu a habilidade que Hitler parece ter gerado inconscientemente.

Em uma ocasião, um aluno procurou o guru reclamando de exaustão e foi revitalizado por uma infusão de energia direcionada conscientemente do mentor ao pupilo, como alguém conduziria eletricidade de um carregador a uma bateria gasta. O aluno notou, contudo, que Gurdjieff ficou visivelmente esgotado com o processo e teve de se retirar para recarregar a si mesmo usando a meditação.

Historiadores são, hoje, extremamente relutantes em usar Rauschning como referência, mas ele é útil como fonte de evidência em depoimentos; o caso seguinte é apropriado. Ele escreveu:

> *Uma pessoa próxima a mim contou-me que [Hitler] acorda à noite gritando e em convulsões. Ele chama ajuda e parece estar meio paralisado. Ele é tomado por um pânico que o faz tremer tanto que a cama balança. Pronuncia sons confusos e ininteligíveis, arfando como se estivesse a ponto de sufocar. A mesma pessoa me descreveu um desses ataques com detalhes, os quais me recusaria a acreditar se não tivesse confiança completa em meu informante.*
>
> *Hitler estava de pé em seu quarto, oscilando, e olhando por toda a sua volta como se estivesse perdido. "É ele, é ele", gemeu; "ele veio me buscar!" Seus lábios estavam brancos, ele suava às bicas. Subitamente pronunciou cifras sem sentido, depois palavras e pedaços de sentenças. Foi horripilante. Ele usou expressões estranhas amarradas em uma desordem bizarra. Depois recaiu novamente no silêncio, mas seus lábios ainda continuaram a se mover. Então, fizeram-lhe uma massagem e lhe deram algo para beber. Então subitamente gritou: "Ali! Ali! Ali no canto! Ele está ali!" – o tempo todo batendo os pés e gritando. Para aquietá-lo, asseguraram-no de que nada de extraordinário havia acontecido e, enfim, ele gradualmente se acalmou.*

Dada a natureza das alegações contra Rauschning, temos de supor que este seja mais um exemplo da construção do mito nazista. Certamente, as alusões a "sons ininteligíveis", "cifras sem sentido" e "pedaços de sentenças" soam como uma tentativa pobre de comunicar as "palavras de poder" por meio de alguém que claramente não tem ideia do que um mago verdadeiro diria ou faria. Quanto às exortações sugestivas de uma presença demoníaca – "Ele está ali!" –, é evidente que é algo digno de pena, completamente não convincente, de transmitir o horror. Infelizmente, essas tentativas transparentes de transformar as pessoas medíocres do regime nazista em figuras mais exóticas servem apenas para distrair a fonte verdadeira de seu poder.

O poder da palavra

Certamente não foi coincidência que Winston Churchill servira como primeiro-ministro britânico ao mesmo tempo que sua nêmesis incitava o povo alemão à dominação do mundo. Churchill era a antítese do bombástico brigão austríaco. Enquanto Hitler cuspia bílis, o versado e erudito neto do 7º duque de Marlborough expressava o clima do momento de modo tão eloquente quanto os maiores poetas da Inglaterra, elevando o moral de uma nação e endurecendo seus tendões para o conflito adiante.

Em contraste, Hitler manejava a palavra falada como um instrumento cego, forçando seus inimigos à submissão. Ele partilhava da crença de Goebbels de que se alguém contasse uma mentira muitas e suficientes vezes, e com convicção, o público com o tempo aceitaria isso como verdade. Mas como ele conseguiu desafiar o famoso truísmo do presidente Lincoln e enganar o seu povo o tempo todo?

Muitos que testemunharam seus discursos calorosos em primeira mão convenceram-se de que ele se permitia ser possuído por um poder maior que ele próprio. Rauschning, observador astuto do caráter de Hitler, apesar de ter reconhecidamente fabricado suas conversações íntimas com o líder, escreveu:

> *Não se pode evitar pensar nele como um médium. Na maior parte do tempo, médiuns são pessoas comuns, insignificantes. De repente, são providos com o que parecem ser poderes sobrenaturais, o que os separa do resto da humanidade. Esses poderes são algo que está fora de sua verdadeira personalidade (...) O médium é possuído. Uma vez tendo passado a crise, eles recaem na mediocridade. Foi dessa forma, sem nenhuma sombra de dúvida, que Hitler foi possuído por forças externas a ele – forças quase demoníacas das quais o indivíduo, Hitler, era apenas um veículo temporário. A mistura do banal com o sobrenatural criou essa dualidade insuportável, cujo poder era consciente em sua presença (...) Era como olhar uma face bizarra, cuja expressão parecia refletir um estado mental desequilibrado ligado a uma impressão inquietante de poder escondido.*

Essa habilidade aparente de canalizar outra voz, seja de seu subconsciente ou de fonte externa, foi evidentemente algo que Hitler desenvolvera desde uma idade precoce. Seu amigo de infância August Kubizek ficava chocado com a transformação que ocorria quando Adolf estava inspirado.

> *Era como se outro ser falasse a partir de seu corpo e isso mexia tanto com ele quanto comigo. Não era absolutamente*

> *o caso de um orador levado por suas próprias palavras. Ao contrário; em vez disso sentia como se ele mesmo escutasse, com estupefação e emoção, o que saía dele com força elementar (...) como águas de enchente quebrando seus diques, suas palavras irrompiam dele. Ele evocou em grandiosas figuras inspiradoras seu próprio futuro e o de seu povo. Ele estava falando de um mandato que, um dia, receberia do povo para liderá-lo da servidão até os cimos da liberdade – uma missão especial que um dia seria encarregada a ele.*

Gregor Strasser, um camarada dos dias de cervejaria, também ficou chocado com a transformação física que se apoderava de Hitler quando ele falava:

> *Ao ouvir Hitler, subitamente tem-se uma visão de alguém que guiará a humanidade à glória. Uma luz aparece em uma janela escura. Um cavalheiro com um bigode cômico transforma-se em um arcanjo. Então o arcanjo voa e vai embora, e lá está Hitler sentado e banhado de suor, com os olhos vidrados.*

"Uma luz aparece em uma janela escura": os primeiros dias na Casa Marrom em Munique – em primeiro plano à direita está o parlamentar nazista Gregor Strasser, assassinado durante a "noite das facas longas".

O irmão mais novo de Gregor, Otto, estava mais perto do alvo quando observou:

> *Ele põe o dedo em cada ferida particular, liberando o inconsciente da massa, expressando suas aspirações mais íntimas, dizendo a ela o que ela quer ouvir.*

O efeito de Hitler nas audiências adoradoras tem sido bem documentado. Kurt Ludecke ouviu-o falar em 1922:

> *Estudei esse homem frágil e pálido, seu cabelo castanho repartido de um lado e caindo repetidamente sobre sua testa suada. Ameaçador e suplicante, com pequenas mãos a implorar e flamejantes olhos azuis de aço, ele tinha a aparência de um fanático. Imediatamente minha faculdade crítica foi levada embora – ele estava preparando a massa, e eu com ela, sob um feitiço hipnótico por meio da força absoluta de sua convicção.*

A teóloga britânica Ernestine Amy Buller testemunhou em primeira mão o efeito do Führer sobre os seguidores. Em sua autobiografia, *Darkness Over Germany* [Trevas sobre a Alemanha] (1943), ela recordou as impressões dos comícios de Nuremberg:

> *Estava sentada, cercada por milhares de homens da SA, e enquanto Hitler falava eu estava mais interessada nos gritos e com mais frequência nas exclamações resmungadas dos homens ao meu redor, que eram principalmente trabalhadores ou tipos da classe média baixa. "Ele fala por mim, ele fala por mim." "Ach Gott, ele sabe como eu me sinto." Muitos deles pareciam alheios ao mundo ao seu redor e provavelmente não tinham consciência do que estavam dizendo. Um homem, em particular, me chocou, ao se inclinar para a frente com a cabeça em suas mãos, e com um tipo de soluço convulsivo disse: "Gott sei Dank, ele compreende".*

> *Minha atenção foi atraída pela face de um jovem que estava liderando os gritos. Seus braços estavam esticados e sua face branca, conforme se entregava a um frenesi. Quando o Führer chegou havia êxtase em sua face tal como nunca vi e nunca deveria esperar ver fora de um hospício. Ao correr de volta para o hotel, ouvi um soluçar descontrolado ao meu lado e vi que era uma mulher de meia-idade em uma cadeira de rodas: "Agora você pode me levar embora, vou morrer feliz – eu vi a face do Führer – a Alemanha viverá".*

A secretária particular de Hitler, Traudl Junge, reconheceu o misterioso encanto do Fuhrer sobre as mulheres:

> *Como homem, ele não tinha uma aparência de modo algum atraente. Era mais, ele personificava o poder – essa era sua fascinação. E também sua presença. Ele tinha um jeito de olhar para você com aqueles olhos, que realmente podia deixá-la admirada. E de algum modo ele era uma figura mítica para as mulheres. Era um salvador; e emitia uma aura de poder; e isso impressionava as mulheres. Como um Messias, talvez.*

O mistério do encanto da massa torna-se evidente quando se conhecem as circunstâncias de sua neurose de infância, que se centrava no ódio contra seu pai sádico e autoritário e identificação excessiva com sua mãe permissiva e masoquista.

"*[Hitler] era uma figura mítica para as mulheres*": em 1938, o Wilhelm Gustloff *foi atracado em Tilbury, Inglaterra, e usado como local de votação flutuante para residentes alemães, que, parece, votaram com entusiasmo.*

Hitler com Albert Speer, o responsável por moldar sua visão germânica imperial em pedra.

    O psicanalista americano Walter Lang, que foi contratado para escrever uma análise profunda da natureza de Hitler para o departamento de guerra psicológica da OSS (mais tarde, CIA), concluiu que o lider cortejava a audiência recorrendo inconscientemente à sua natureza feminina.

> *Ao estimar sua audiência como fundamentalmente feminina em caráter, seu apelo é dirigido a uma parte reprimida de suas personalidades. Em muitos dos alemães parece haver uma forte tendência feminino-masoquista, usualmente coberta por características mais viris, mas que encontram gratificação parcial em comportamento submisso, disciplina, sacrifício, etc. Todavia, isso parece perturbá-los e eles tentam compensar isso indo a outros extremos de coragem, pugnacidade, determinação, etc. A maioria dos alemães não tem consciência dessa parte oculta de suas personalidades e negaria sua existência com veemência se tal insinuação fosse feita. Hitler, contudo, recorre a ela diretamente e está em uma posição excelente para saber o que se passa nessa região, porque nele esse lado de sua personalidade não foi apenas consciente, mas dominante durante o começo de sua vida.*

Lang faz outra observação perceptiva quando aponta que a sexualidade reprimida de Hitler teve o efeito de direcionar sua energia vital e sensualidade a seus olhos.

> *Quando ocorre uma regressão desse tipo, o instinto sexual normalmente torna-se difuso e muitos órgãos que propiciaram algum estímulo sexual no passado tornam-se permanentemente dotados de importância sexual. Isso parece ter acontecido no caso de Hitler, pois vários informantes comentaram sobre seu deleite em testemunhar números de strip tease e dançarinas nuas no palco (...) A partir de tudo isso, é evidente que ver tem uma importância sexual especial para ele. Isso provavelmente é responsável por seu "olhar hipnótico", que tem sido comentado por tantos autores. Alguns relataram que em seu primeiro encontro Hitler fixou-os com seus olhos como se "sondasse através deles". Também é interessante que quando a outra pessoa encontra seu olhar, Hitler volta seus olhos para o teto e os mantém lá durante a entrevista. Depois, também, não devemos esquecer que no momento da crise [ao ouvir sobre a rendição da Alemanha em 1918] seu ataque histérico manifestou-se em cegueira.*

Mas falar sobre magia, mediunidade e uma aura messiânica serve apenas para desviar a atenção da verdadeira fonte de poder de Hitler – um dom genuíno para a oratória instigadora de raiva que vinha de dentro dele. O autor francês Robert Bouchez aludiu a isso, recordando:

> *Olhei em seus olhos – os olhos de um médium em transe (...) Algumas vezes parecia haver um tipo de ectoplasma; o corpo do orador parecia estar habitado por algo (...) fluido. Depois*

ele encolhia novamente em insignificância, parecendo pequeno e até vulgar. Ele parecia exausto, suas baterias, gastas.

> "Eles estavam todos sob o feitiço de Hitler, cegamente obedientes (...) estar em sua presença me deixava cansado, exausto e vazio"

Isso sugere que a fonte do magnetismo pessoal de Hitler era sua própria força vital dinâmica e não o resultado de uma possessão malévola. Ele havia inconscientemente liberado a energia vital que todos possuímos, a que os chineses chamam de *chi*, os hindus *prana* e os ocultistas nazistas *vril*. Mas em vez de focar nela e centrá-la em si, como um praticante de *yoga* faria, ele a liberou em uma torrente sobre aqueles que desejava subjugar ou influenciar, drenando a si mesmo no processo. Sem o conhecimento do adepto que entende como regenerar suas células de poder interiores, os centros sutis a que os hindus chamam de *chakras* ("rodas"), Hitler foi exaurido – uma força gasta. Nos anos iniciais ele podia valer-se de suas audiências e admiradores para restaurar energia, mas depois de 1942 fez poucas aparições públicas e a crença em sua própria infalibilidade foi desafiada por várias tentativas de assassinato e pelas significativas derrotas estratégicas na Rússia, que o levaram a refugiar-se mais e mais da realidade. Depois do atentado da bomba em julho de 1944, suas energias voltaram-se para dentro e ele foi literalmente consumido por seus próprios demônios – ódio, autodepreciação e histeria paranoica. Com efeito, as leis naturais e seu próprio temperamento ditavam que Hitler estava condenado ao fracasso.

Albert Speer testemunhou a habilidade de Hitler em subjugar seus subordinados por meio de pura força de vontade.

> *Eles estavam todos sob seu feitiço, cegamente obedientes e sem vontade própria – qualquer que seja o termo médico para esse fenômeno. Notei durante minhas atividades como arquiteto que estar em sua presença por qualquer período deixava-me cansado, exausto e vazio.*

O almirante Donitz também estava ciente da capacidade inata do Führer de drenar a vitalidade das pessoas e por essa razão distanciava-se fisicamente de seu líder.

> *De propósito, eu ia muito raramente a seu quartel-general, pois tinha a sensação que assim preservaria melhor meu poder de iniciativa e também porque depois de vários dias no quartel-general sempre tinha a sensação de que tinha de me desconectar de seus poderes de sugestão. Estou lhe contando isso porque nessa relação eu era, com certeza, mais afortuna-*

> do que sua equipe, que estava constantemente exposta a seu poder e à sua personalidade.

Mas Hitler era igualmente capaz de infundir outros com sua energia quando isso servia a seu propósito. Ele foi bem-sucedido em reviver Il Duce, [que estava] desanimado e desvitalizado.

> Ao pôr cada grama de energia nervosa no esforço, fui bem-sucedido em empurrar Mussolini de volta aos trilhos. Naqueles quatro dias o Duce passou por uma mudança completa. Quando saiu do trem em sua chegada parecia um velho acabado. Quando foi embora estava em alta forma, pronto para qualquer coisa.

Mesmo depois da tentativa de assassinato de 1944, que o deixara muito abalado, a capacidade de Hitler para dominar aqueles à sua volta por meio de pura força de personalidade continuava sem diminuição. Karl Boehm Tettelbach, oficial geral do comando militar no QG Toca do Lobo, disse:

> Ele me impressionava e me deixava tenso (...) Mas o talento que Hitler tinha era incomum. Ele podia reviver alguém que estava quase pronto para o suicídio e fazê-lo sentir que podia carregar a bandeira e morrer na batalha. Muito estranho.

Um povo, um líder, uma fé

> *É inacreditável até que ponto alguém precisa enganar um povo para governá-lo.*
> Adolf Hitler, *Mein Kampf*

Orgulhamo-nos de ser indivíduos, mas como a era nazista demonstrou, qualquer um pode ser levado por uma onda de emoção coletiva se permitir que os instintos prevaleçam sobre o intelecto. É difícil resistir a essa necessidade primitiva de ser parte da tribo ou do grupo, já que esta ligada a nosso instinto de sobrevivência; além disso, reter o senso de individualidade quando o grupo está agindo como um só requer esforço concentrado. O fenômeno não foi exclusivo da Alemanha nazista. Ele pode ser visto hoje no comportamento da multidão em eventos de esportes e *shows* de rock, em tempos de crise nacional, na devoção irracional de cultos religiosos e na mentalidade da turba. Quando os indivíduos abdicam de seu livre-arbítrio e submetem-se à vontade coletiva, comportam-se como um rebanho de animais ou um bando de pássaros que age como um, sem qualquer sinal ou instrução aparente.

Outro perigo revelado pela experiência nazista foi a tendência de uma sociedade projetar suas forças e fraquezas sobre um indivíduo que assume o papel de mãe ou pai de uma nação. Dessa forma, um líder carismático como Hitler recebe poderes para atuar como um foco para a neurose de sua nação, ou – para expressar em termos mágicos – para agir como médium, para canalizar a energia psíquica de seus seguidores. Hitler pode não ter sido um mago ritualístico no sentido tradicional da palavra, mas é isso que foi efetivamente, como explorava conscientemente o preconceito da nação contra os judeus, sabendo que os alemães consentiriam em seu plano de fazer uma oferenda sacrificial do bode expiatório nacional a fim de exorcizar uma ansiedade coletiva.

Os franco-maçons

A obsessão paranoica de Hitler com a Franco-Maçonaria originou-se de sua crença equivocada de que ela era primariamente uma sociedade esotérica judaica, que possuía segredos arcanos que poderiam minar o Estado, se permitissem que seus membros se infiltrassem nos corredores do poder.

Símbolos maçônicos: sociedades nacionalistas alemãs eram frequentemente modeladas aos franco-maçons.

Todas as supostas abominações, os esqueletos e as caveiras, os caixões e os mistérios, são apenas coisas para assustar crianças. Mas há um elemento perigoso, e esse é o elemento que copiei deles. Eles formam um tipo de nobreza clerical. Eles desenvolveram uma doutrina esotérica não apenas formulada, mas comunicada por meio dos símbolos e mistérios nos graus de iniciação. A organização hierárquica e a iniciação por meio de ritos simbólicos, quer dizer, sem importunar o cérebro, mas trabalhando a imaginação por meio de magia e símbolos de um culto, tudo isso é o elemento perigoso de que me apossei. Você não vê que nosso partido precisa ter esse caráter (...)? Uma ordem, é isso que precisa ser – uma ordem, a ordem hierárquica de um sacerdócio secular (...) Nós mesmos ou os franco-maçons ou a Igreja – só há lugar para um dos três e nada mais (...) Somos o mais forte dos três e vamos nos livrar dos outros dois.

A manipulação das massas

Como a história mostrou, raramente são as qualidades femininas passivas que se manifestam na alma do grupo. Notáveis exceções ocorreram sob a influência benigna de Mahatma Ghandi, cuja revolução passiva forçou os ingleses a sair da Índia e, mais recentemente, o extravasamento da tristeza nacional que marcou a morte de Diana, princesa de Gales. Sua morte súbita e inesperada tocou as qualidades femininas na psique britânica, há muito desprezadas. Muitas pessoas ficaram desconcertadas com seus próprios sentimentos – não reconhecidos por tanto tempo.

A opinião de Hitler sobre o assunto da manipulação de massa é reveladora, apesar de que precisamos questionar se ele se expressou nesses termos precisos, uma vez que a fonte das seguintes citações é do desacreditado Rauschning. No entanto Rauschning era conhecido por ter parafraseado passagens dos discursos e discussões informais após o jantar, ou "conversas à mesa", de Hitler, assim parece razoável assumir que a substância deste trecho extraído de *Voice of Destruction* [Voz da destruição] é pelo menos acurada.

> *Meus inimigos torceram o nariz para mim. Eles perguntaram, cheios de inveja: "Por que este homem tem tanto sucesso com as massas?" [...] Isso foi apenas um golpe de sorte, foi graças à mente não crítica das massas? Não, foi graças a nós, à nossa assiduidade e à técnica que aperfeiçoamos.*
>
> *É verdade que as massas não são críticas, mas não da maneira que esses idiotas marxistas e reacionários imaginam. As massas têm suas faculdades críticas também, mas elas funcionam de modo diferente no indivíduo particular. As massas são como um animal que obedece a seus instintos. Elas não chegam a conclusões por raciocínio. Meu sucesso em iniciar o maior movimento de pessoas de todos os tempos deve-se ao fato de eu nunca ter feito nada que violasse as leis vitais e os sentimentos da massa. Esses sentimentos podem ser primitivos, mas têm a resistência e indestrutibilidade das qualidades naturais. Uma experiência sentida intensamente uma vez na vida das massas, como cartões de racionamento e inflação, nunca será retirada de novo de seu sangue. As massas têm um sistema simples de pensar e sentir, e qualquer coisa que não possa ser encaixada nele as perturba. É só porque levo suas leis vitais em consideração que posso governá-las.*
>
> *Fui repreendido por tornar as massas fanáticas e extasiadas (...) Posso liderar as massas somente se as retirar de sua apatia. Somente a massa fanática pode ser manejada. Uma massa apática e embotada é a maior ameaça à unidade.*

Rauschning notou:

> *Ele deixava as massas fanáticas, explicou, para moldá-las aos instrumentos de sua política. Ele havia despertado as massas. Ele havia elevado de si mesmas, dado significado e função. Ele fora repreendido por apelar aos seus instintos mais baixos. Na verdade, ele estava fazendo algo bem diferente. Se fosse até às massas com deliberações racionais, elas não o entenderiam. Mas se despertasse sentimentos correspondentes nelas, seguiriam os* slogans *simples apresentados a elas.*

Hitler novamente:

> *Em um encontro de massa o pensamento é eliminado. E como esse é o estado mental de que preciso, porque assegura o melhor meio de divulgação para meus discursos, ordeno a todos que compareçam aos encontros, onde se tornam parte da massa, gostem ou não: "intelectuais", burgueses, bem como trabalhadores. Eu misturo as pessoas. Eu falo a elas somente como massa (...)*
>
> *Tenho consciência de que não há ninguém igual a mim na arte de manipular as massas, nem mesmo Goebbels. Tudo que pode ser aprendido com inteligência, tudo que pode ser conseguido com a ajuda de ideias inteligentes, Goebbels pode fazer, mas a liderança verdadeira das massas não pode ser aprendida. E lembre-se disso: quanto maior a multidão, mais fácil é manipulá-la. Também, quanto mais você misturar as classes – camponeses, trabalhadores, trabalhadores engravatados – mais seguramente conseguirá o típico caráter de massa.*
>
> *Não desperdice tempo em reuniões "intelectuais" e grupos formados por interesses mútuos. Qualquer coisa que você possa conseguir com tais pessoas hoje, por meio de uma explicação racional, pode ser apagado amanhã por uma explicação oposta. Mas o que você disser às pessoas na massa, em um estado receptivo de devoção fanática, permanecerá como palavras recebidas sob uma influência hipnótica, inextirpável e impermeável a toda explicação razoável. Mas, assim como o indivíduo tem neuroses que não devem ser perturba-*

> Em um encontro de massa o pensamento é eliminado (...) Tenho consciência de que não há ninguém igual a mim na arte de manipular as massas

das, também a massa tem seus complexos que não devem ser despertados [...] O peso todo das massas repousa no partido, e o partido é em si uma parte constituinte da massa (...) O domínio sempre significa a transmissão de uma vontade forte sobre uma fraca. Como imprimirei minha vontade sobre meu oponente? Primeiro, dividindo e paralisando sua vontade, colocando-o em desacordo consigo mesmo, atirando-o à confusão.

A liderança nazista no comício de Nuremberg, 1936, o destaque do ano para os fiéis do partido.

É bom para o governo que as massas não pensem, de outro modo a sociedade humana como a conhecemos poderia deixar de existir.

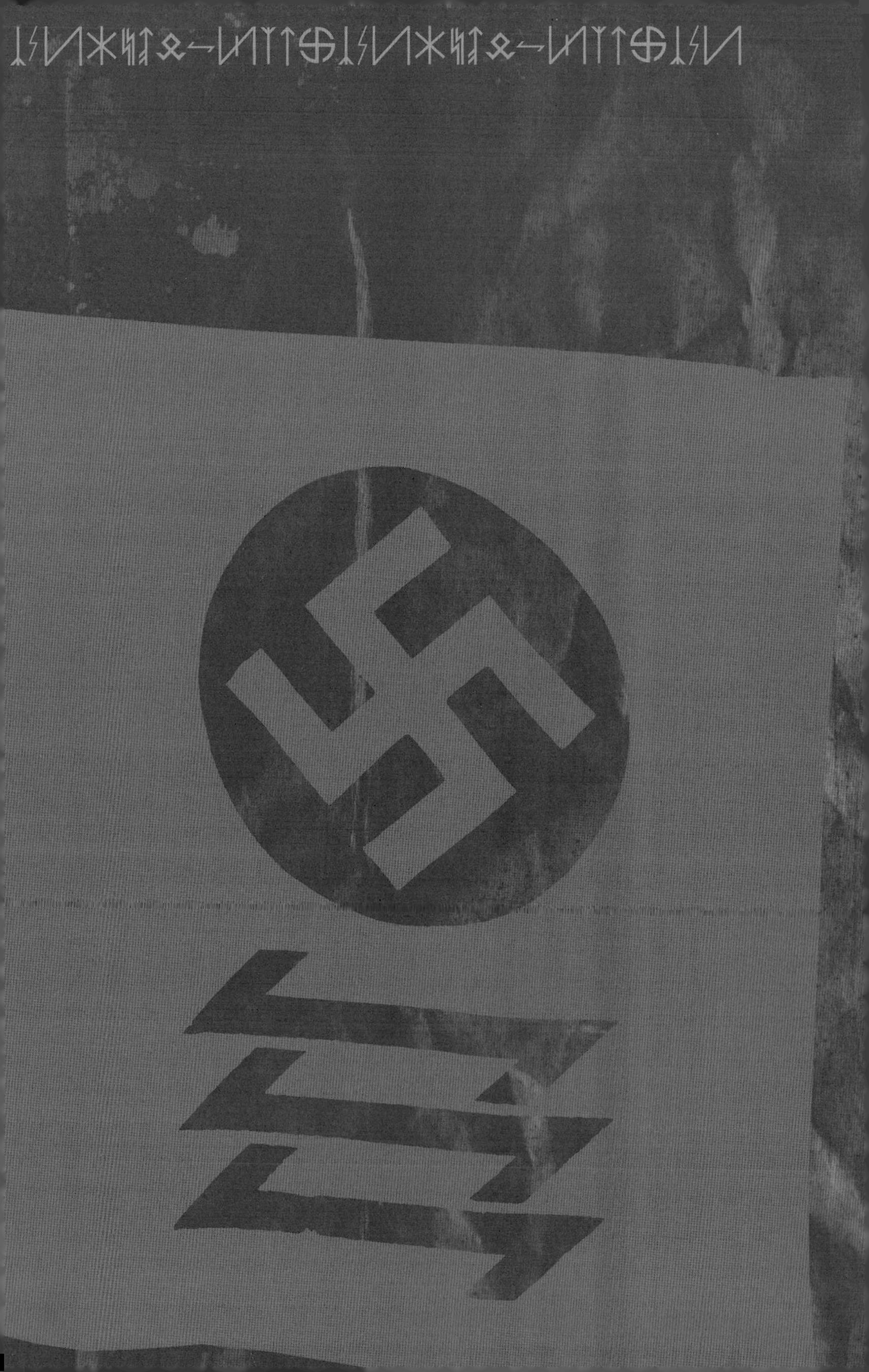

Capítulo Quatro

Astrologia no Terceiro Reich

> Ninguém acredita na Astrologia mais do que *Herr* Hitler. Os melhores clientes do Instituto Internacional em Londres são astrólogos particulares em Berchtesgaden. Todo mês eles pedem novos documentos astrológicos. Isso é porque *Herr* Hitler acredita na Astrologia. E ele a prova. Não foi por acidente que todos os seus golpes tenham sido dados no mês de março. Antes de atacar ele escolhe a época mais favorável indicada pelas estrelas. E março é asseguradamente seu melhor mês(...)
>
> *Gazette de Lausanne*, 5 de abril de 1939[1]

---

1. Francis king, Satan and Swastika, London, Gramada, 1976, p.10.

Os Nazistas e o Ocultismo

Na primavera de 1923, a principal astróloga da Alemanha, *Frau* Elsbeth Ebertin, recebeu uma carta de uma admiradora da Baváira pedindo-lhe para fazer o horóscopo de um homem que acabara de assumir o controle de um partido político pequeno em Munique. A autora havia se convencido de que o novo líder do Partido dos Trabalhadores Alemães estava destinado a grandes coisas e ela queria que o resto da nação, que se recuperava da Grande Guerra, partilhasse de suas esperanças para o futuro. Ela forneceu a *Frau* Ebertin a data e o local do nascimento do homem, 20 de abril de 1889, em Braunau am Inn, Áustria, mas omitiu seu nome.

Aceitando o desafio, a vidente de Gorlitz, como era conhecida, desenhou o mapa devidamente, o qual publicou com um comentário na edição de 1924 de seu popular almanaque, *Ein Blick in die Zukunft* [Um vislumbre do futuro]. Apesar de *Frau* Ebertin não ter recebido a hora do nascimento de seu sujeito (detalhe essencial para fazer um mapa astral), ela fez uma previsão assustadoramente acurada, presumindo que ele havia nascido de manhã e produzindo o que é conhecido como um "horóscopo progressivo", que vai além de um perfil psicológico para prever as perspectivas do sujeito para um período específico de sua vida. Seu mapa sugeria que esse ativista político radical não precisava se aliar a forças negras, mas apenas tinha que agarrar as oportunidades predeterminadas que se apresentariam no tempo devido para assegurar que a previsão seria completada. Ela concluiu:

> *Um homem de ação, nascido em 20 de abril de 1889, com o Sol no 28º grau de Áries no momento de seu nascimento, pode se expor a perigo pessoal por uma ação descuidada, podendo muito provavelmente desencadear uma crise desconfortável. Suas constelações mostram que esse homem deve ser, de fato, levado muito a sério; ele está destinado a cumprir um papel de Führer em batalhas futuras. O homem que tenho em mente, com sua forte Influência em Áries, está destinado a se sacrificar pela nação alemã e a enfrentar todas as circunstâncias com audácia e coragem, mesmo quando for uma questão de vida e morte, e a dar um impulso que se irromperá subitamente para um movimento de liberdade alemã. Mas não anteciparei seu destino – o tempo mostrará, mas o estado presente dos assuntos no momento em que escrevo não poderá durar.*

O sujeito da previsão era, é claro, Adolf Hitler, que cumpriu a primeira parte da profecia ao tentar um golpe na capital bávara não muito depois da publicação do almanaque de Ebertin. Apesar de o levante armado ter sido um fracasso humilhante, Hitler encontrou um ouvido simpático entre os juízes da corte e foi capaz de se apoderar dos procedimentos para fins de propaganda.

Os acusados no julgamento do Putsch de Munique. *Os principais atores estão todos na fileira da frente (da esquerda para a direita): Erich von Ludendorff, Adolf Hitler, Ernst Röhm e Wilhelm Frick (pouco visível).*

    Frau Ebertin foi mais tarde recompensada com uma audiência particular com o líder nazista, a quem descreveu como tímido e inseguro em contraste com a sua *persona* pública de orador, quando testemunhou a apresentação de "um homem possuído".
    Ela subsequentemente fez um segundo horóscopo, mais detalhado, baseado na suposição de que Hitler teria nascido às 18h22, o que consi-

derou mais provável, já que isso se encaixava em sua personalidade. Ela concluiu seu segundo relatório com palavras proféticas: "Revelar-se-á que os eventos recentes [querendo dizer o *putsch* fracassado] não apenas darão a este movimento força interna, mas força externa também, de modo que darão um ímpeto poderoso ao pêndulo da história mundial".

O horóscopo de Hitler

O novo mapa astral revelou que o nascimento de Hitler ocorreu na cúspide de Áries e Touro, o que significa que ele poderia ser levado por uma ambição incontrolada. Seu ascendente (o grau do zodíaco imediatamente no horizonte leste no momento do nascimento) era o 25º de Libra, e seu Sol natal estava no primeiro grau de Touro. Isso indicaria alguém para quem a autoexpressão é uma paixão exaustiva, seja pelas artes, pela atuação ou pelo discurso público. Netuno fornece a habilidade de inspirar, mas também pode acabar na arenga inútil dos espectadores. Apesar de *Frau* Ebertin não ter dito isso, seria provável que este perfil produzisse um político evangélico ou líder de culto, alguém que fosse autossuficiente. Mas houve outras influências que prognosticavam o mal para esse indivíduo, a saber: uma conjunção Vênus-Marte que sugeria tendência para reprimir um desejo de reconhecimento por medo de rejeição. Vênus e Marte também estavam em Touro, com Mercúrio em Áries, o que enfatizava um aspecto teimoso e autocentrado de sua personalidade, assegurando que ele não seria facilmente detido por atrasos ou obstruções; nem seria desencorajado pela opinião de outras pessoas ou dominado por suas objeções.

Outra fase influente no mapa era Capricórnio, outro signo de terra. No mapa de Hitler, tanto a Lua quanto Júpiter estavam nesse signo, o que significava que esse aspecto pragmático e cabeça-dura de sua personalidade seria reforçado. Mas o reverso dessa qualidade é a intolerância, pois sob certas condições as virtudes ordenadas pelas estrelas podem facilmente tornar-se vícios. Astrólogos sérios concordam que as estrelas esboçam um projeto para nossas vidas, mas o livre-arbítrio, não o destino, determina o fado de cada pessoa e também o das nações.

Dos planetas reminiscentes, Saturno se encontrava no 13º de Leão (um signo de fogo), Urano estava no 20º de Libra, enquanto Netuno e Plutão achavam-se em Gêmeos (ambos signos de ar), originando assim um conflito de emoção e intelecto que levaria a ações espontâneas, mal ponderadas ou, inversamente, prevaricação surgida do medo de ser responsável pelas consequências de suas ações.

Apesar de o signo do Sol ser o fator mais significativo em determinar os temas principais da vida de uma pessoa, é uma falácia popular que o futuro de alguém seja determinado somente por esse aspecto. Ele é, com efeito, mediado pelo que é conhecido como quadruplicidades ou qualidades – os signos cardinais (criação), fixos (preservação) e mutáveis (ajustamento). A força de Touro, Capricórnio e Libra no horóscopo de Hitler significava que havia uma tendência de força incomum para a dominação e agressão se suas ações fossem questionadas ou seus planos frustrados. Como uma criatura de hábitos, ele acharia quase impossível aceitar a mudança ou até considerar que outra pessoa pudesse ter a solução que buscava.

Essas personalidades, quando recebem oposição, inevitavelmente minam seus próprios esforços e em última instância têm uma tendência de puxar para baixo tudo ao redor delas porque não podem admitir nem a si mesmas que elas possam estar erradas.

Outro fator que determina perspectivas e ações futuras de um indivíduo são as posições entre os planetas no momento de seu nascimento. No mapa de Hitler, Saturno estava em ângulo reto (90°) com Marte, o que indica uma natureza desconfiada e suspeita. Saturno também estava em ângulo reto com Vênus em seu mapa astral, o que sugere uma personalidade emocionalmente confusa que evita relações íntimas, podendo expressar sua natureza sexual de modos não naturais. Esse aspecto revela um idealista licencioso que pode levar o dever ao extremo. Esses indivíduos podem imaginar que nasceram para carregar um fardo ou estão destinados a sofrer porque são mal compreendidos – uma reclamação comum dos falsos messias que buscam seguidores e levam cultos religiosos fanáticos à autodestruição. Mercúrio em oposição a Vênus aumenta o problema ao assegurar que o indivíduo seja totalmente autocentrado, não possua compaixão verdadeira e prefira canalizar sua afeição àqueles que não o rejeitarão, tais como animais e crianças.

O sextil (a 60°) de Saturno com Urano nutre uma personalidade autoritária, enquanto Netuno em conjunção com Plutão pode inclinar um indivíduo fraco a refugiar-se em autoengano. Vênus em conjunção com Marte enfatiza a autoconfiança robusta, mas também certa inflexibilidade.

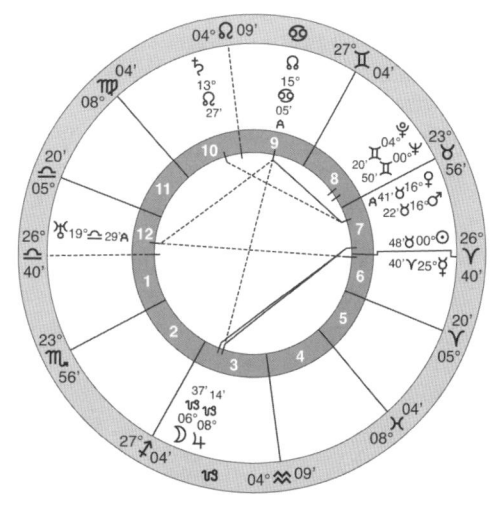

O horóscopo de Adolf Hitler: nascido às 18h22, em 20 de abril de 1889, em Braunau am Inn, Áustria. Astrólogos concordam que esse é o horóscopo de um homem dotado de expressão pública, porém, alguém que terá dificuldades em ouvir as ideias dos outros.

Pessoas com esse aspecto tendem a ver tudo em total preto e branco e a guardar ressentimento por anos, muito depois do evento que originou esses sentimentos.

O trígono (a 120°) do Sol com a Lua e Júpiter que estava em conjunção parecia prefigurar o sucesso, mas indicava que esse sujeito em particular tinha fome de *status* e aprovação pública. Na verdade, a necessidade de aprovação e aceitação será um vício, principalmente por aquelas pessoas que ele considera socialmente superiores; e se fosse suprimido, o amor pelas pessoas poderia se transformar em ódio, pois o capricho delas seria visto como uma traição da confiança. A conjunção Lua-Júpiter muitas vezes cria personalidades imaturas e imperfeitas que anseiam por atenção, podendo exibir ataques de temperamento infantis se privadas da apreciação que acreditam merecer.

Concluindo, o mapa revela uma personalidade emocionalmente conflitante, instável, neurótica, manipuladora e autocentrada, cuja necessidade predominante de livrar-se de sentimentos de fracasso emerge para superar uma falta de autoestima. Essa seria a avaliação de um astrólogo moderno

Hitler lançou seu blitzkrieg *por conselho astrológico? Aqui, cidadãos de Varsóvia fogem das chamas, 1939.*

com uma compreensão básica de psicologia, mas, desnecessário dizer, *Frau* Ebertin foi altamente seletiva em sua leitura do mapa do Führer. Outros astrólogos alemães contemporâneos que desenharam o mapa de Hitler ficaram perturbados pelo que viram e alguns até tentaram comunicar seus maus presságios àqueles que poderiam fazer alguma coisa antes que fosse tarde demais.

Com o mapa desenhado e as numerosas influências planetárias reconhecidas, seria possível para um astrólogo competente desenhar um segundo mapa para uma data específica no futuro, quando alinhamentos como aqueles no momento do nascimento poderiam ser esperados novamente. Essa data seria vista como excepcionalmente favorável para tomar decisões cruciais e, se agido de acordo, certamente garantiriam o sucesso. No caso de Hitler, acredita-se que tal posicionamento tenha ocorrido novamente no começo de 1940, 10 de maio sendo a data que ele lançou sua invasão contra a França, a Bélgica e a Holanda. Historiadores militares tendem a descartar o aspecto astrológico completamente, citando o desejo de Hitler de dar a suas tropas um tempo seco tão longo quanto possível, uma vez que era assombrado pela possibilidade de seu exército atolar nos campos lamacentos de Flandres, como fora o exército alemão durante seu serviço na Primeira Guerra Mundial. No evento, sua vitória em 1940 foi tão rápida e devastadora que originou um novo termo estratégico, *blitzkrieg* (guerra relâmpago); e isso convenceu muitas pessoas na Alemanha e no exterior, as quais tinham familiaridade com a influência que as estrelas podem exercer sobre nosso destino, que Hitler fora aconselhado por um astrólogo.

O destino de *Frau* Ebertin acrescenta um curioso pós-escrito às suas previsões. Ela faleceu em um ataque aéreo aliado em 1944, tendo se recusado a deixar sua casa porque as pessoas da cidade acreditavam que enquanto permanecesse nenhum mal lhes ocorreria. De acordo com seu filho, ela havia previsto a data de sua própria morte e também sabia quais vizinhos teriam o mesmo destino naquele dia, porque uma vez ou outra ela fizera seus mapas, chegando à conclusão de que eles morreriam todos juntos.

O argumento para a Astrologia

Aqueles que não acreditam que os alinhamentos planetários possam influenciar nossas vidas argumentarão que Hitler foi o produto de sua formação – especificamente, um pai dominante e uma mãe excessivamente tolerante –, em vez das pressões sutis das marés cósmicas. Mas astrólogos sérios, que operam dentro de uma tradição espiritual, veem mais os efeitos externos notados pelos adivinhos que fazem horóscopos para a imprensa popular. Eles terão uma percepção aguçada do mecanismo invisível por trás do universo que determina a configuração psicológica peculiar de cada pessoa, que é literalmente um(a) filho(a) de seu tempo. Hitler estava fadado a assumir o papel que teve apenas no sentido de que gravitava para o centro da tempestade política que se formava na Alemanha naquela época, em razão de sua constituição psicológica. Ele respondeu ao chamado da nação por um líder com seu temperamento, mas se não tivesse dado um passo à frente, um indivíduo similar poderia ter cumprido o papel planejado para ele. Em suma, os fatores aleatórios do nascimento de Hitler asseguraram que ele estivesse no lugar certo, na hora certa, para oferecer à Alemanha o líder que desejava e, pode-se dizer, merecia.

Nostradamus e os nazistas

De acordo com muitos especialistas da antiga arte da adivinhação, *Frau* Ebertin não foi a primeira astróloga a prever a ascensão de Hitler e de seu partido nazista. Diz-se que Nostradamus, o "vidente de Salon" do século XVI, codificou suas previsões em uma coleção de versos crípticos, conhecidos como as *Centúrias,* que têm sido assunto de um acalorado debate nos últimos 400 anos.

Pensa-se que esse "príncipe dos profetas" obscureceu o verdadeiro significado de suas visões porque temia ser acusado de praticar feitiçaria, mas ele também pode tê-las deixado abertas à interpretação, pois tinha a intenção de que seus versos fossem avaliados por estudiosos, e não por uma população amplamente analfabeta que temeria não ter influência sobre sua própria vida, caso os versos provassem a existência da predestinação. Ele deixou isso claro em um aviso para aqueles que buscam conhecer o futuro sem ter primeiro adquirido o conhecimento da arte secreta da adivinhação.

> *Que os que lerem estes versos ponderem sobre seu significado*
> *Que o populacho comum e os ignorantes os deixem em paz*
> *Todos eles – astrólogos idiotas e bárbaros – mantenham distância*
> *Aquele que faz a outra coisa, deixe-o ser um sacerdote do rito.*

É tentador interpretar em retrospecto vários quartetos como predizendo a ascensão de Hitler e a eclosão da Segunda Guerra Mundial.

> *Nas profundezas mais longinquas da Europa Ocidental*
> *Uma criança nascerá de uma família pobre*
> *Que por seus discursos seduzirá grandes números*
> *Sua reputação crescerá ainda mais no domínio Oriental.*

Tanto a anexação da Áustria por Hitler em 1938 quanto sua adoção da suástica também parecem ter sido antevistas.

> *O grande sacerdote do partido de Marte*
> *Que subjugará o Danúbio*
> *A cruz pilhada pelo escroque.*

E seus sucessos militares iniciais são previstos com precisão.

> *Ele transformará na Grande Alemanha*
> *Brabante, Flandres, Gante, Bruges e Bolonha.*

Depois há estes versos muito citados:

Talvez o mais celebrado de todos os videntes, o francês Nostradamus: algumas pessoas dão-lhe o crédito da previsão, entre muitas outras coisas, da ascensão de Hitler e do partido nazista na Alemanha.

> Bestas enlouquecidas de fome farão córregos tremer
> A maioria da terra estará sob Hister
> Em uma jaula de ferro o grande será arrastado
> Quando o filho da Alemanha nada observa.

Isso poderia ser lido como uma imagem do *blitzkrieg* de 1940, quando tanques alemães varreram a fronteira franco-belga para ocupar os Países Baixos. Hitler era tido na época como um homem que repetidamente falhou em honrar acordos e tratados, fazendo dele "o filho da Alemanha que nada observa", apesar de a referência do grande na "jaula de ferro" continuar obscura. "Hister", contudo, é mais provável que se refira a Ister, um nome clássico para o Danúbio, tornando a previsão, "a maioria da terra estará sob Hister", uma referência a enchente e não a uma invasão militar.

Para os que duvidam da possibilidade de que o homem possa antever o futuro, vale recordar a história contada muitas vezes sobre a última previsão de Nostradamus. Pouco antes de sua morte, em 1566, ele pediu a um gravador que inscrevesse uma data em uma chapa de metal para ser colocada dentro do caixão, ao lado de seus restos mortais. Essa data era 1700 – o ano que previu que seria finalmente posto para descansar. O gravador não entendeu como o vidente poderia ser sepultado 134 anos após ser enterrado, mas fez como pedido. Exatamente 134 anos depois, o caixão foi exumado pelas autoridades francesas que precisavam se convencer de que esse era de fato o caixão do Nostradamus. Assim, abriram o caixão para identificar o esqueleto e lá, apertada aos dedos ossudos, estava a placa de metal gravada com o ano de sua exumação – 1700.

Profecia e propaganda

O inimigo agora está fazendo uso de horóscopos na forma de panfletos jogados de aviões, nos quais um futuro terrível é profetizado para o povo alemão. Mas nós mesmos sabemos algo sobre isso! Estou trabalhando em contra-horóscopos, os quais vamos distribuir, especialmente nas áreas ocupadas.

Diário de Goebbels, 16 de março de 1942

Durante os primeiros meses da Segunda Guerra Mundial, antes da invasão da França, os nazistas realizaram uma campanha psicológica rústica, mas evidentemente eficaz, contra a população civil dos Países Baixos que estava então vivendo sob a ameaça de ataque iminente. Foram jogados panfletos que continham interpretações pró-nazistas das profecias feitas por Nostradamus, bem como revistas astrológicas falsas em holandês, francês e flamengo que continham previsões falsificadas de futuras vitórias alemãs.

Os historiadores atribuem a derrota esmagadora da França, Bélgica e Holanda na ofensiva de maio de 1940 a fatores puramente práticos – o derrotismo arraigado dos franceses, a superioridade das forças alemãs, sua velocidade e o elemento surpresa obtido por sua estratégia audaciosa de atacar pelas Ardenas para contornar as inexpugnáveis defesas francesas conhecidas como Linha Maginot. No entanto, há aqueles que acreditam que foi o emprego da guerra psicológica pelos nazistas que se provou altamente eficaz em amaciar a oposição, convencendo os defensores que a resistência era fútil. A estratégia foi considerada tão bem-sucedida, sendo copiada pelos Aliados mais tarde no mesmo ano.

A ideia havia se originado com *Frau* Goebbels, esposa de Joseph Goebbels, o ministro da propaganda e esclarecimento, que havia se deparado com um livro chamado *Mistérios do Sol e da alma* no qual o autor fazia uma justificativa convincente para interpretar um dos quartetos de 400 anos de idade, antevendo uma expansão do Reich alemão depois de um conflito sangrento com a França, a Grã-Bretanha e a Polônia. Mais espantosa era a citação nominal do ano em que esse conflito ocorreria – 1939 – no qual se havia chegado ao calcular a data a partir da qual a Inglaterra veria a monarquia mudar sete vezes em um período de 290 anos. De acordo com o autor, dr. Kritzinger, isso só poderia se referir ao período seguinte à execução de Charles I, em 30 de janeiro de 1649. Consequentemente, dr. Kritzinger foi convocado ao gabinete de Goebbels, em 4 de dezembro de 1939, e convidado a identificar outros versos que pudessem ser adotados para apoiar a política nazista. Kritzinger ficou consternado com a perspectiva de ser recrutado por um regime que desprezava e então escapou fazendo o papel do acadêmico distraído, conseguindo finalmente que o sempre impaciente Goebbels terminasse a entrevista.

Frustrado, mas não desencorajado, o *Reichsminister*, conhecido por inimigos como o "anão veneno" por conta de sua estatura diminuta e língua vitriólica, pediu ajuda a um antissemita paranoico, com quem sabia que podia contar para abrir mão de seus princípios em favor dos interesses do nacional-socialismo.

Krafft

Karl Ernst Krafft (1900-45) foi um astrólogo suíço, cujos talentos vieram à luz em 2 de novembro de 1939, quando escreveu um relatório para seu pagador da Gestapo, dr. Fesel, informando-o de um atentado à vida do Führer que ocorreria na semana seguinte. Antes disso, fora lucrativamente empregado para desenhar os mapas astrais de Winston Churchill e dos líderes dos países com os quais a Alemanha esperava estar em guerra nos meses seguintes em uma tentativa de prever a reação deles e expor suas fraquezas.

Fesel desprezou o aviso, considerando-o delírio de um excêntrico, mas foi forçado a reexaminá-lo quando o assassinato fracassado ocorreu como previsto, em 8 de novembro. Uma bomba-relógio colocada em um pilar em uma cervejaria de Munique explodiu poucos minutos após o líder nazista ter deixado o prédio. Sete membros do partido que comemoranvam o *Putsch* da Cervejaria de 1923 morreram e muitos outros foram seriamente feridos. Foi sugerido que os nazistas plantaram a bomba para acusar seus vizinhos de uma tentativa de golpe, dando assim a Hitler uma desculpa para a invasão. Certamente eles não pensariam duas vezes antes de sacrificar vários deles se isso trouxesse o resultado desejado, mas bombas-relógio não eram confiáveis, o que torna altamente improvável que a liderança tivesse arriscado, pois o dispositivo poderia explodir prematuramente.

A liderança da SS suspeitava de elementos desleais dentro do partido, mas era incapaz de descobrir qualquer evidência física. Diz-se que, em desespero, Himmler consultou um paranormal austríaco que entrou em transe em seu sofá e descreveu três estrangeiros conspirando com Otto Strasser, que era conhecido por ter simpatias soviéticas.

Joseph Goebbels, mentor da propaganda do Terceiro Reich: um seguidor completamente devotado a Hitler, cometeria suicídio, com a família, pouco depois de seu líder na casamata em Berlim.

destruição da cervejaria de Munique, onde Hitler esteve em 8 de novembro de 1939. Pouco depois a saída de Hitler, uma bomba plantada pelo antinazista Georg Elser explodiu o local.

Vozes interiores

A escapada por pouco de Hitler tem sido citada como outro exemplo das muitas ocasiões nas quais o Führer foi salvo da morte certa pelas forças negras a que havia jurado servir, enquanto historiadores convencionais reduzem o incidente à pura sorte. Contudo, há ainda outra explicação, mais plausível, para a extraordinária série de boa sorte nos primeiros anos de sua liderança, bem como para o sonho precognitivo que teve nas trincheiras (ver página 157).

Naqueles anos, como Joana d'Arc, ele prestava atenção à voz interior a qual havia dado crédito por tê-lo despertado para seu destino no hospital militar de Pasewalk, perto de Berlim, em 1918, quando estava sofrendo os efeitos do gás mostarda.

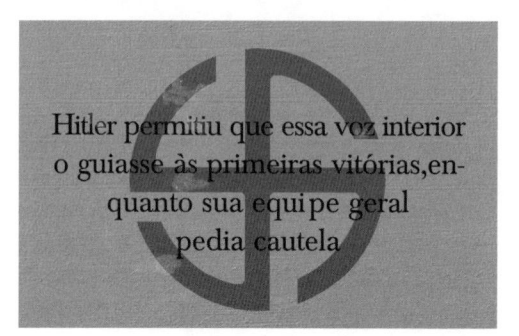

Ele permitiu que essa voz interior o guiasse às primeiras vitórias de 1939 a 1941, enquanto sua equipe geral pedia cautela. Novamente, historiadores ortodoxos simplesmente atribuiriam as vitórias iniciais de Hitler à sua fantástica habilidade de ler a situação política e de antecipar as reações de seus oponentes.

> Hitler permitiu que essa voz interior o guiasse às primeiras vitórias, enquanto sua equipe geral pedia cautela

Quanto à "revelação" que vivenciou em Pasewalk, parece provável que sua alegada cegueira tenha sido psicossomática, e não causada pelo gás. Sua natureza histérica simplesmente não podia aceitar a derrota da Alemanha, de modo que ele literalmente se recusou a "ver" a verdade.

> *No dia 13 de outubro de 1918, fui pego em um pesado ataque britânico de gás em Ypres. Tropecei para trás, com os olhos queimando, levando comigo meu último relatório de guerra. Umas poucas horas depois, meus olhos haviam se tornado carvões em brasa e tudo havia ficado escuro à minha volta.*

Foi no hospital, enquanto se recuperava de seu ordálio, que soube da rendição da Alemanha.

> *Tudo ficou preto diante dos meus olhos; voltei à enfermaria cambaleando e tateando, joguei-me em minha cama, e enterrei minha cabeça, que ardia em meu cobertor e travesseiro. Então tudo havia sido em vão. Em vão todos os sacrifícios e privações; em vão as horas nas quais, com o medo mortal apertando nossos corações, todavia cumprimos nosso dever; em vão a morte dos 2 milhões que morreram. Eles morreram por isso? Tudo isso aconteceu só para que um bando de criminosos desprezíveis pudesse pôr as mãos na pátria.*
>
> *Sabia que tudo estava perdido. Só os tolos, mentirosos e criminosos poderiam esperar misericórdia do inimigo. Nessas noites, o ódio cresceu em mim, ódio pelos responsáveis por esse feito. Criminosos miseráveis e degenerados! Quanto mais eu tentava alcançar a clareza sobre os eventos monstruosos nessa hora, mais a vergonha da indignação e desgraça queimava minha fronte.*
>
> Adolf Hitler, *Mein Kampf*

Fesel recusou-se a informar Hitler da previsão de Krafft, temendo que ele pudesse partilhar do destino do assassino Georg Elser por ter falhado em avisar o Führer. Mas Krafft não estava preparado para ser ignorado. Ele mandou um telegrama a Rudolph Hess gabando-se de sua previsão e oferecendo seus serviços e sua lealdade inabalável ao Reich.

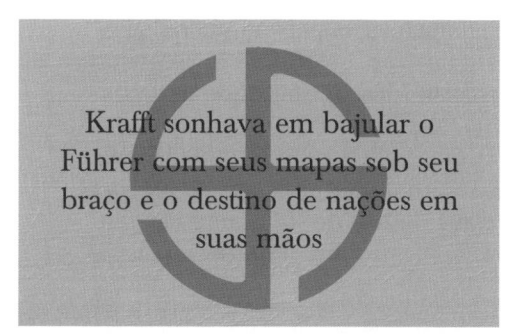

> Krafft sonhava em bajular o Führer com seus mapas sob seu braço e o destino de nações em suas mãos

Enquanto Krafft sonhava em bajular o Führer com seus mapas sob seu braço e o destino das nações em suas mãos, membros da Gestapo já estavam a caminho de sua porta da frente. Eles o prenderam sob suspeita de ser um dos conspiradores no atentado da bomba de novembro, mas depois de muitas horas desconfortáveis de interrogatório ele conseguiu persuadi-los de que havia meramente antevisto o incidente no horóscopo de Hitler. Goebbels era cético quanto à precognição a princípio, mas ficou apropriadamente impressionado pelo conhecimento de Krafft sobre o assunto. Ele alistou o astrólogo em sua campanha de desinformação e derrotismo, que culminou com a publicação, em 1941, de *Como Nostradamus previu o futuro da Europa*, que dava uma interpretação pró-nazista das *Centúrias*.

Krafft subsequentemente foi elevado ao papel de astrólogo de Hitler por historiadores que presumiram que sua influência fosse bem maior do que na realidade, tendo sido enganados pelas asseverações exageradas da sensacionalista autobiografia de Louis de Wohl, *The Stars in War and Peace* [As estrelas na guerra e paz] (1952), bem como pelos artigos mal informados em várias publicações ocultistas.

Na verdade, Krafft parece ter sido pouco mais do que um consultor *freelancer*, que foi desfavorecido depois de 1941 quando falhou em repetir seu sucesso inicial. Tendo sobrevivido mais do que sua utilidade, Krafft foi deportado para um campo de concentração em 1942, onde morreu em 1945, pouco antes do fim da guerra.

O império contra-ataca

Nos Estados Unidos, astrólogos estão trabalhando para profetizar um fim precoce para o Führer. Conhecemos esse tipo de trabalho, pois nós mesmos já o fizemos muitas vezes. Devemos retomar nossa propaganda astrológica novamente tão cedo quanto possível. Espero um bom tanto disso, especialmente nos Estados Unidos e na Inglaterra.

Diário de Goebbels, 28 de abril de 1942

Em 1940, a guerra ia mal para os britânicos, sitiados em sua ilha cercada pelo ar pela Luftwaffe de Goering, enquanto os suprimentos eram afundados pela frota de submarinos que espreitava as traiçoeiras águas do Atlântico. O grosso do exército britânico ainda se recuperava, depois de sua milagrosa retirada de Dunkirk, contudo havia algumas boas notícias do "segundo *front*" na África, onde os britânicos estavam descobrindo que os italianos não tinham o espírito de voo de seus aliados alemães. Desesperados para virar a mesa, os britânicos tiraram uma folha do livro de Goebbels e estabeleceram um grupo de operações secretas para promover sua própria propaganda de guerra. Recrutaram a ajuda do imigrante húngaro e astrólogo Louis de Wohl (Ludwig von Wohl-Musciny, 1903-61), uma fi-

Sitiados e cercados: a catedral de S. Paulo fica milagrosamente intocada em meio à fumaça e chamas após um ataque da Luftwaffe logo depois do Natal, em 1940, quando as coisas pareciam sinistras para a Grã-Bretanha.

gura pitoresca e controversa. Ele obteve o grau de capitão depois de tê-los convencido de que podia antecipar o conselho que Hitler receberia de seu astrólogo pessoal Karl Krafft, com quem declarava ter entrado em choque antes de fugir da Alemanha. Um fantasista impenitente, Wohl inventara um passado exótico para si, que envolvia um encontro dramático com o dr. Goebbels que, afirmava, havia lhe oferecido uma posição no Ministério da Propaganda como astrólogo residente – uma oferta que pôs Wohl em conflito com Krafft, um obcecado pela conspiração.

Ao chegar à Inglaterra, Wohl foi colocado para trabalhar como escritor de previsões enganosas para cópias falsificadas de uma popular revista astrológica alemã, *Der Zenit*, que era impressa na Inglaterra e contrabandeada para a Alemanha e para os países ocupados. O plano era convencer os alemães de que o profeta da revista era excepcionalmente preciso, pelo simples recurso de imprimir as "previsões" vários meses depois de os eventos terem ocorrido. A esperança era que aqueles que fossem levados a acreditar que a revista era genuína seriam então desmoralizados por outras previsões fictícias de derrotas esmagadoras para as forças do Eixo, antevistas para os meses vindouros. Infelizmente, vários contêineres da publicação falsa foram interceptados pela Gestapo, que notou que o autor que levava os créditos da última edição, dr. Korsch, estava morto havia vários anos.

Wohl foi então mandado para os Estados Unidos no começo de 1941 onde passou pelas redes de notícia americanas, oferecendo um perfil psicológico condenatório do líder nazista que culminava em uma previsão da morte iminente de Hitler, na esperança de que essas "notícias" se infiltrassem de volta em Berlim.

Em retrospecto, a leitura de Wohl do horóscopo de Hitler foi surpreendentemente perceptiva. Comparando o mapa de Hitler com o de Napoleão, Wohl concluiu que eles partilhavam do mesmo alinhamento de Saturno, sugerindo que Hitler morreria ou seria subjugado dentro de poucos anos. Ele também previu a morte violenta da amante de Hitler, ainda que na época ninguém soubesse de sua existência fora do círculo interno nazista. Além de antever a derrota para o exército alemão no *front* oriental, embora a campanha russa houvesse apenas começado, parecia pressagiar outra vitória relâmpago para o *Wehrmacht*.

Os britânicos claramente valorizaram suas contribuições para a campanha e, em 1943, sob a proteção do chefe do serviço secreto da propaganda falsa, Sefton Delmer, Wohl passou meses em reclusão compilando um livro de 124 páginas, intitulado *Nostradamus prophezeit den Kriegsverlauf* [Nostradamus previu o curso da guerra], que incluía 50 versos escritos por ele mesmo, mas atribuídos ao vidente de Salon, com notas de comentários críticos prevendo a derrota para o Reich.

"O Louis de Wohl que conheci"

A reputação de Wohl como ocultista formidável e sua própria recordação do papel que teve na "guerra psíquica" da Grã-Bretanha contra os nazistas são tão fantasiosas quanto um dos romances populares com o qual ele fez seu nome depois que as hostilidades terminaram. É claro que ele se deleitava com um mito de sua própria criação. Para uma visão mais objetiva, vale ler as recordações de seu amigo e colega astrólogo, dr. Felix Jay, cuja avaliação de Wohl apareceu originalmente na revista *Traditional Astrologer* (1998), pouco antes da morte de Wohl. Dr. Jay recordou um encontro no apartamento de Wohl, em Park Lane, Londres, nos anos 1950, durante o qual o pretenso aventureiro explicou a extensão de seu papel nas operações secretas britânicas.

> *Ele me explicou que graças a seu conhecimento profundo do trabalho dos astrólogos de Hitler e de seus métodos, as autoridades britânicas o haviam encarregado de ler suas mentes e descobrir que conselho eles dariam ao Führer, que, disse, era totalmente dominado por adivinhos. Ele mencionou um astrólogo em particular, Karl Ernst Krafft, de quem nunca tinha ouvido falar na época. A impressão que ele me transmitiu foi que ele [Krafft] tinha relações amigáveis com a equipe geral. Maiores questionamentos eram evitados, bem apropriadamente, por referência ao Ato dos Segredos Oficiais. Sempre houve rumores infundados da pré-ocupação de Hitler com o ocultismo. Uma história dessas dizia respeito a um clarividente de Berlim chamado Hannussen, badalado já anos antes da ascensão de Hitler ao poder, que em 1933 ou 1934 desapareceu misteriosamente. Wohl foi acusado de fabricar um mito: o fato é que ele não o criou, mas, como o fez em muitos outros aspectos, provavelmente reconheceu suas possibilidades materiais e explorou-as por completo (...) Ciente da atitude geral em relação à Astrologia, achei cada vez mais difícil acreditar que o alto comando britânico consultaria um astrólogo inimigo estranho. Cheguei à conclusão de que seu trabalho situava-se em uma direção diferente. Do ponto de vista*

Louis de Wohl, autor e astrólogo, que alegava ter contribuído significativamente com o esforço britânico de guerra.

astrológico também parecia haver uma falha no argumento de Wohl, em que os métodos de Astrologia não são tão definidos quanto os das ciências físicas: presumindo que Hitler consultava astrólogos, Louis sabia quais métodos eles aplicavam? Horóscopos pessoais dos principais chefes militares e navais envolvidos no conflito eram suscetíveis a algo como uma interpretação comum, mas e quanto aos mapas mundanos [mapas astrais das nações]?

(...) em 1952 apareceu seu último livro com conteúdo astrológico, The Stars of War and Peace, *no qual pintou um retrato sensacional de sua contribuição astrológica à vitória britânica. Esse livro foi a culminação de um esforço concentrado de sua parte para transformar qualquer que tenha sido seu trabalho secreto durante a guerra em uma lenda; um esforço que, ouvi muito depois, começou com um grande número de artigos distribuídos por todo o mundo. Essa lenda, que se provou muito lucrativa, desde então foi reconhecida pelo que é: um mito cuidadosamente cultivado, e não história (...)*

Depois há o embaraçoso fato do uso da Astrologia para propósitos de propaganda durante a Segunda Guerra Mundial, a exploração do fantasma da crença de Hitler nas estrelas, a criação da imagem do Krafft "maligno" – todos assuntos conhecidos por mim somente anos depois. Se a prostituição de uma ciência ou de uma crença, o uso de previsões falsificadas, a adulteração de material antigo, como as Centúrias *de Nostradamus, é justificável na guerra, isto é uma questão ética que o praticante deve responder por si mesmo. Louis de Wohl acreditava em Astrologia? Ele a considerava uma disciplina científica ou esotérica? Devo confessar que, após o fim da guerra, comecei a duvidar disso.*

Um aviso aos curiosos

Ao tentar interpretar o simbolismo obscuro das *Centúrias*, vale ter em mente que a quinta lei da profecia – a lei da precisão decrescente –, como definida pelo autor de *The Armageddon Script* [O roteiro do Armagedon], Peter Lemesurier, afirma que a precisão de uma previsão diminuirá com o tempo. Em resumo, um profeta genuíno que se limita a prognosticar eventos em sua própria época tem mais chances de que suas previsões sejam realizadas do que um vidente que perscruta o futuro distante, porque este não entenderá o que está vendo.

Também é um erro aceitar as visões de um simbolista, tal como Nostradamus, pelo significado visível, pois elas são abertas a um número de interpretações igualmente plausíveis. Lemesurier sustenta que se alguém que não seja místico tentar interpretar essas imagens encontrará a segunda lei da profecia, a da expectativa frustrada, que afirma que uma pessoa de visão inferior chegará às conclusões óbvias e que essas serão inevitavelmente erradas.

Finalmente, qualquer um que tente interpretar as previsões feitas por outro indivíduo, ou que deseje tirar conclusões de um mapa astral, precisa ter ciência da terceira lei, a da interferência prejudicial, que deixa claro que previsões e ideias preconcebidas não se misturam.

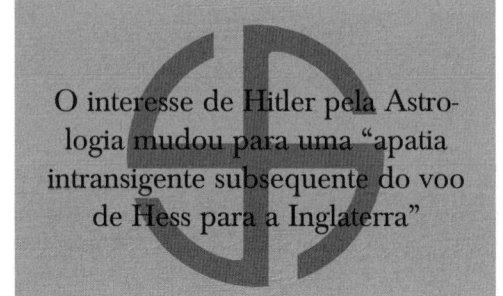

> O interesse de Hitler pela Astrologia mudou para uma "apatia intransigente subsequente do voo de Hess para a Inglaterra"

Voo de fantasia

A postura de Hitler em relação à Astrologia evidentemente se endureceu após a missão de paz de Hess na Escócia, em maio de 1941, que viu o vice-líder do partido nazista ser ignominiosamente encarcerado em uma prisão britânica, como se fosse prisioneiro de guerra comum. Como o SS *Brigadeführer* Walter Schellenberg observou em suas memórias: "O grande interesse que Hitler havia mostrado anteriormente na Astrologia mudou para uma apatia intransigente", subsequente ao voo de Hess. Este foi claramente enganado e poderia estar sofrendo de uma desordem mental não diagnosticada, uma vez que não pode haver outra razão para ele enfiar em sua cabeça que fora encarregado de uma missão divina para trazer a paz entre a Grã-Bretanha e a Alemanha bem no momento em que a primeira estava se reforçando para uma luta pela própria sobrevivência.

A reação inicial de Hitler às notícias foi se enfurecer por seu herdeiro aparentemente ter "ficado louco", mas, quando se acalmou, atribuiu o embaraçoso episódio ao conselho dado a Hess por astrólogos suspeitos de se opor ao regime nazista. A explicação oficial para o comportamento irracional de Hess vazou para um correspondente suíço do *The Times*, que publicou uma nota na edição datada de 14 de maio:

> Alguns dos amigos mais íntimos de Hess esclareceram alguns pontos interessantes sobre o assunto. Dizem que Hess sempre foi o astrólogo de Hitler em segredo. Até março, ele havia sempre previsto boa sorte e sempre esteve certo. Desde então, não obstante as vitórias que a Alemanha obteve, declarou que as estrelas mostravam que a meteórica carreira de Hitler se aproximava do auge.

Hess não foi, como afirmou o relatório, astrólogo de Hitler, mas era conhecido por ter se cercado de pessoas na orla do ocultismo, aspirantes mais do que adeptos verdadeiros. É provável que a ideia para a malfadada missão originou-se com um antigo mentor, professor Karl Haushofer, do qual se diz ter tido uma visão de seu pupilo "dando largos passos pelos salões atapetados dos castelos ingleses, trazendo a paz entre as duas grandes nações nórdicas". O filho de Karl, Albrecht, foi um adepto autoproclamado da "ciência astral", um astrólogo com reputação de precisão e firme crença de que a ascensão de Hitler tinha sido prevista por Nostradamus. Mas ele era moral e politicamente oposto ao regime e pode ter sido seu desejo desacreditar a hierarquia nazista que o incitou, ou a seu pai, sugerindo a Hess que ele deveria arriscar um acordo enquanto os alinhamentos planetários eram favoráveis. Ironicamente, pode ter sido a habilidade de Albrecht de dar uma interpretação pró-nazista a essas mesmas profecias que salvou seu pescoço quando ele e seu pai foram presos pela Gestapo, poucos dias depois da captura do vice-líder nazista, já que eles foram liberados após intensivo interrogatório.

O ressentimento latente de Hitler em relação à traição de Hess estimulou o substituto do último, Martin Bormann, a lançar um decreto em 9 de junho de 1941, banindo todas as formas de ocultismo não-ariano. A *Aktion-Hess*, como foi chamada, viu centenas de livreiros ocultistas, adivinhos, terapeutas complementares, teósofos sendo arrastados de suas camas de madrugada e interrogados pela Gestapo, que considerava essas pessoas subversivas e uma ameaça à estabilidade do Estado. Muitos tiveram livros, arquivos e parafernália paranormal confiscados, mas foram liberados depois de prometerem parar com suas práticas "pagãs". Contudo, havia aqueles cujas respostas não satisfaziam seus interrogadores ou que eram suspeitos de ter aconselhado o traidor, e foram subsequentemente aprisionados ou mandados a um campo de concentração do qual nunca saíram.

James Bond e a Besta

A história do voo de Rudolf Hess à Escócia é lida como um capítulo de suspense de guerra, e isso pode ser atribuído ao fato de que ela foi produzida por um mestre do romance moderno de espionagem, Ian Fleming, criador do James Bond.

Na primavera de 1941, Fleming trabalhava para a Inteligência Naval Britânica, que estava tramando um plano para atrair um alto oficial nazista à Grã-Bretanha sob falsos pretextos para cutucar o inflado ego coletivo nazista. Foi decidido que o suplente de Hitler, Rudolf Hess, era o candidato mais provável a morder a isca, pois era conhecido por ser obcecado por Astrologia e poderia ser um sujeito sugestionável. Fleming e sua unidade de operações secretas usaram uma rede sigilosa de agentes e simpatizantes para que a mentira de que o duque de Hamilton e um grupo de aristocratas britânicos estavam conspirando um golpe contra Churchill, mas que antes

O jornal escocês Daily Record *anuncia a chegada do vice-Führer de Hitler, Rudolf Hess, na Escócia, em maio de 1941. Os motivos por trás do voo de Hess para o cativeiro nunca foram claros.*

precisavam negociar um acordo de paz secreto com a Alemanha, ressoasse em Berlim. A isca foi adoçada com a promessa de que 11 de maio de 1941 era a data mais auspiciosa para negociações, pois haveria a conjunção de seis planetas na constelação de Touro com propícia influência adicional de uma Lua cheia. Hess teria de agir enquanto os céus sinalizavam, ou perderia a oportunidade de assegurar seu lugar na História.

Inacreditavelmente, Hess engoliu o anzol, a linha e o chumbo da história. Infelizmente para os britânicos, contudo, eles haviam pego um peixe de fato muito estranho, e decidiram não explorar seu grande golpe de propaganda tanto quanto podiam. Hess, parecia, era *non compos mentis*, ou como seus captores escoceses diriam: "tinha duas fatias a menos de um pão inteiro".* Exibir esse agitado preso em frente às câmeras do telejornal parecia equivalente a pôr um lunático em um *show*. O exército pegou uns poucos fotogramas para provar que haviam mesmo capturado o nazista número dois, então trancaram-no enquanto o interrogavam.

Durante o interrogatório, no qual Ian Fleming esteve, diz-se que Hess falou em uma língua ininteligível, que seus inquisidores suspeitaram ser de natureza esotérica. De acordo com o biógrafo de Fleming, John Pearson, em *The Life of Ian Fleming* [A vida de Ian Fleming] (1966), o futuro autor aproximou-se de seu superior imediato, o contra-almirante John Godfrey, e sugeriu que "Crowley deveria ser autorizado a entrevistar Hess sobre o papel do ocultismo no nazismo". Fleming acreditava que Crowley poderia pressionar Hess a revelar o quanto a hierarquia nazista estava sob a influência da Astrologia, mas parece que outros envolvidos no esquema, em especial o amigo de Fleming, Maxwell Knight, não estavam felizes em ter um autopublicitário sem-vergonha desses no jogo. Pearson destacou:

> Por muitos anos [Fleming] foi fascinado pela lenda de iniquidade que havia se anexado ao nome de Aleister Crowley, necromante, mago negro e a Grande Besta 666. Esse velho diabolista imensamente feio e publicitário de si mesmo havia se jogado em certas áreas mais impalatáveis do ocultismo, com um gosto que deve ter agradado Fleming, e quando os interrogadores da Inteligência Britânica começaram a tentar compreender o neurótico e altamente supersticioso Hess, ele teve a ideia de que Crowley poderia ser capaz de ajudar e o localizou em um lugar perto de Torquay, onde estava vivendo inofensivamente sozinho e escrevendo poesia patriótica para encorajar o esforço de guerra. Ele parece não ter tido dificuldades em persuadir o velho cavalheiro a pôr seus dons à disposição da nação.

---

* N.T.: O equivalente ao nosso "tinha um parafuso a menos".

Crowley correspondeu-se com Fleming sobre o assunto:

Senhor:

Se é verdade que Herr *Hess é muito influenciado por Astrologia e mágica, meus serviços poderiam ser do uso do departamento no caso de ele não estar disposto a fazer o que você deseja.*

Tenho a honra de ser, senhor, seu servo obediente.

Aleister Crowley

A pretensa "Besta" anexou uma cópia de seu último poema patriótico, "A Inglaterra fica firme", que segundo todos os relatos fez os garotos da Inteligência Naval rir durante dias. Por razões nunca reveladas, esse episódio em particular foi omitido da edição americana da biografia de Fleming. Sem se intimidar com a recusa de Knight em autorizá-lo a se aproximar de Hess, o notório mago ofereceu-se para colaborar com a Inteligência para produzir profecias falsas e outra "literatura ocultista" para lançar atrás das linhas inimigas e desmoralizar a, na época, invicta *Wehrmacht*. Sua oferta nunca foi aceita.

Incidentalmente, Crowley também reclamou o crédito por criar o sinal do "V" da vitória que foi adotado por Churchill e imitado por milhões de soldados e civis durante a guerra, como símbolo da oposição britânica. Crowley explicou que o pegou do sinal mágico para os deuses "Apófis e Tifon", enquanto o igualmente popular sinal de aprovação com o polegar, que também alcgava ter introduzido, era simbolico mágico para o deus "Khem". Crowley também se deliciava em impressionar convidados para o jantar com sua asseveração de que a fascista "saudação a Hitler", com o braço esticado, também tinha associações mágicas, sendo tirada de um ritual da Golden Dawn, no qual representava o reconhecimento pelo adepto da energia da terra.

Diz-se que quando Fleming estava procurando criar um vilão apropriado para seu primeiro livro de Bond, *Casino Royale* (1952), recordou seu encontro com Crowley. No romance finalizado, o personagem de Crowley, Le Chiffre [A Cifra], é descrito como "muito pálido ou branco, gordo, parecido com uma lesma, com impulsos sádicos, constantemente usando um inalador de benzedrina, com um apetite insaciável por mulheres. Ele também tinha uma boca bastante feminina". Imagina-se que um imenso megalomaníaco como Crowley ficaria lisonjeado por ter sido imortalizado em termos tão exuberantes.

Hitler e "a Besta"

> *Depois de cinco anos de insensatez e fraqueza, erroneamente chamada polidez, tato, discrição, cuidado com o sentimento dos outros, estou farto disso. Digo hoje: para o inferno com o cristianismo, o racionalismo, o budismo, toda a sucata dos séculos. Trago-lhes um fato positivo e primevo, magia pelo nome; e com isso construirei para mim um novo céu e uma nova Terra. Não quero nada de sua débil aprovação ou de sua débil censura; quero blasfêmia, assassinato, estupro, revolução, qualquer coisa, boa ou má, mas forte.*
>
> Aleister Crowley

Sabe-se que um discípulo alemão do notório mago negro Aleister Crowley enviou uma cópia de sua infame bíblia negra, *O livro da lei*, para Hitler, em 1925 ou 1926, com uma carta incitando o futuro Führer a adotar seu credo. Como acólito leal da "Besta", Marthe Kuntzel acreditava que o culto de mágica sexual de Crowley oferecia os meios para a autorrealização e o despertar do Santo Anjo Guardião, ou Ser Verdadeiro, em contraste com a religião ortodoxa que Crowley e seus seguidores rejeitavam por considerar constritiva e dogmática. Isso explica a postura aparentemente contraditória de Kuntzel em relação à magia satânica em seu conselho a Hitler, como registrado pelo nazista reformado, Hermann Rauschning, em suas memórias, *Hitler Speaks* [Hitler disse-me...].

> *Meu Führer, não toque na magia negra! Por enquanto, tanto a magia branca como a negra estão abertas para você. Mas uma vez que embarque na magia negra ela dominará seu destino e o manterá cativo. Não escolha os sucessos rápidos e fáceis. Perante você, reside o poder de uma esfera sobre espíritos puros. Não se permita ser afastado de seu caminho verdadeiro por espíritos ligados à terra, que roubarão seu poder criativo.*

Crowley mais tarde afirmaria que seu tolerante sistema de crenças (em si uma corrupção da doutrina de Rabelais: "faz o que tu queres") havia sido adotado pelo líder nazista que tinha o hábito de citar passagens-chave do *Livro da Lei*, especificamente o capítulo 1, verso 44, que Hitler parafraseava como: "Uma nova era de interpretação mágica do mundo está chegando, de interpretação em termos da vontade e não da inteligência". E também do capítulo 11, versos 27-32, que Hitler parafraseava: "Estamos agora no fim da Idade da Razão. O intelecto ficou autocrático e tornou-se uma doença da vida".

Pouco antes da eclosão da guerra, Kuntzel escreveu a Crowley concordando que os paralelos eram ou um roubo desavergonhado ou pelo menos uma incrível "coincidência", tal como ocorreria se Hitler tivesse tocado na Mente Universal da qual Crowley havia obtido sua inspiração.

> (...) *começou a alvorecer sobre mim o quanto dos pensamentos de Hitler eram como se tivessem sido tirados da Lei do Thelema. Tornei-me seu admirador fervoroso, e assim sou agora, e serei até meu fim. De vez em quando devi a essa firme convicção que a identidade próxima das ideias de Hitler, com o que o livro ensina, dotou-me da força necessária para meu trabalho. Afirmei isso até para a Gestapo alguns anos atrás.*

A "Grande Besta", Aleister Crowley, em seus mantos da Ordem da Golden Dawn: o autoproclamado "homem mais iníquo da Terra" contribuiu com a Grã-Bretanha para ajudar a combater os nazistas.

Por mais fantasioso que pareça que alguém pudesse acreditar que Hitler tivesse adotado a confusa filosofia libertina de Crowley – se de fato alguém supusesse que ele pelo menos soubesse da existência de Crowley – não se pode negar que há paralelos arrepiantes entre o niilismo de sexta forma de Crowley e a *Weltanschauung* (visão de mundo) nazista.

"Pisoteie os miseráveis e os fracos": a doutrina nazista tinha paralelos arrepiantes com o niilismo de Crowley.

O Capítulo 11, verso 21 do *Livro da lei* poderia ter sido tirado diretamente de um discurso de Hitler:

> *Não temos nada a ver com os excluídos e os incapazes: que morram em sua desgraça. Pois eles não sentem. A compaixão é o vício dos reis, pisoteie os miseráveis e os fracos: esta é a lei do forte: esta é a nossa lei e a alegria do mundo.*

Conversas com a Besta

> *Hitler: "E você é um anjo das trevas?"*
> *Crowley: "No momento certo, você vai descobrir tudo sobre mim. Por ora, direi isso: se fosse um anjo de luz, você não iria querer me conhecer".*
>
> Conversação infundada atribuída a Hitler e a Crowley, em
> *The Medusa's Head* [A cabeça da Medusa],
> de John Symmonds

Os acólitos de Crowley e seus críticos mais ferozes estão trancados em uma guerra de palavras a respeito de suas supostas atividades durante a guerra, desde que a autointitulada "Besta" sugeriu que poderia estar fazendo um jogo duplo – trabalhando para os Aliados, como agente, enquanto exerceria papel de advogado do diabo para o próprio Hitler. Sabendo o deleite que Crowley tinha ao insultar os facilmente ofendidos e em mentir desavergonhadamente para aumentar sua já considerável reputação de "homem mais iníquo do mundo", é provável que ele tenha sido a única fonte dessas lorotas extravagantes e infundadas. Mas os Aliados nunca confiariam uma informação delicada a um descuidado e irresponsável viciado em drogas, enquanto os nazistas não teriam permitido uma figura extravagante se aproximando menos do que 15 metros do seu amado Führer.

Esse argumento, contudo, falhou em amortecer o entusiasmo dos discípulos de Crowley. O autor ocultista John Symmonds colocou o autoproclamado proprietário de Boleskin refletindo sobre seu *tête-à-tête* com o Führer em sua biografia fictícia da "Besta", *The Medusa's Head*:

> *Nunca encontrei (...) alguém tão demoníaco quanto* Herr Hitler. *(...) É como se Deus dissesse: "Que a humanidade aprenda uma lição; eles precisam abrir os olhos um pouco mais. Hitler fará isso para eles. Apenas espere. Eles verão coisas que os homens nunca viram ou ouviram antes – horrores tais que não haverá palavras em alemão ou em qualquer outra língua para descrevê-los". É isso que o endemoniado é quando aparece em uma pessoa muito ordinária, um homem do povo, alguém que os intelectuais desdenham, mas não as massas. Com um instinto excepcional, eles sabem quem ele é.*

Os que acreditam que Hitler era um genuíno mago negro citam a escala do genocídio que perpetrou como evidência de que realizava um sacrifício para os deuses antigos, assim como os sumérios haviam feito milênios antes. Hitler tornou público que se sentia "trapaceado por sua guerra" pelo Acordo de Munique, em setembro de 1938, que lhe deu a Sudetenlândia e a Tchecoslováquia em troca de mais garantias vazias, o que sugere que havia uma promessa satânica a ser cumprida mais do que um simples plano político. Quando a Grã-Bretanha e a França finalmente declararam guerra à Alemanha em setembro de 1940, o céu queimou vermelho sobre Berchtesgaden. Todos que testemunharam isso concordaram que havia um prenúncio maligno para a Alemanha.

Autodefesa psíquica

Enquanto Crowley oferecia seus serviços à Inteligência Britânica, ou assim clamava, outra ocultista inglesa fazia sua parte para a Grã-Bretanha em um plano superior. Em 1940, Dion Fortune, uma iniciada da Ordem Hermética da Golden Dawn, presidia um círculo mágico em Glastonbury, uma cidadezinha encoberta de névoa, no coração da Inglaterra arturiana.

Todos os domingos à hora do almoço, eles se sentavam "em círculo" e visualizavam arquétipos nacionais que viriam para ajudar a nação a reforçar a moral e intrometer-se na mente de Hitler. Sua energia era suplementada por emanações dos membros do público que eram convidados a comparecer em espírito. Se o rei Arthur, Merlim e S. Jorge foram invocados com sucesso, ninguém sabe, mas Fortune tinha confiança de que seu grupo havia contribuído para a decisão de adiar a Operação Leão-Marinho, a invasão por mar da Grã-Bretanha.

Rei dos bruxos

Aproximadamente ao mesmo tempo que Fortune estava encorajando seus seguidores a ajudar "os poucos" durante o verão de 1940, Gerald Gardner, o autointitulado "Rei dos Bruxos", e amigo íntimo de Crowley, reuniu seu congresso na sagrada pedra de Rufus, na Nova Floresta, para realizar um rito de magia cerimonial. Seu propósito era erigir um cone protetor de "luz astral" ao redor das ilhas britânicas envolvidas em combate. Não foi a primeira vez que um rito assim foi realizado. De acordo com Gardner, seus predecessores pagãos haviam repelido Napoleão e a Armada Espanhola usando os mesmos feitiços.

Tradicionalmente, um sacrifício era requerido para tornar o trabalho potente, mas os idosos participantes não tinham ânimo para uma oferenda de sangue, assim foi decidido que um deles deveria realizar o ritual "vestido de céu", o que quer dizer nu, enquanto os outros se despiam e cobriam-se de graxa para se proteger do ar frio da noite. A ideia era que seria esperado que a alma desprotegida pegasse um resfriado e morresse de causas naturais, salvando assim a reunião de atenções indesejadas da polícia britânica. Mas sendo anciões, não apenas um, mas dois sucumbiram e morreram em dias. Apesar de loucos, como devem ter ficado, é um fato que pouco depois Hitler abandonou seus planos de invadir a Bretanha e, em vez disso, voltou suas atenções para o leste.

Queima, bruxo, queima

Um ano depois, na Floresta Ashdown, em Sussex, Crowley estava pondo seu considerável conhecimento de magia e capacidade de representar em prática. Ele havia convidado um grupo de acólitos para a floresta e os dispôs em dois círculos, um dentro do outro. No centro repousava uma efígie de Hitler vestido em um uniforme nazista. A reunião de Crowley estava evidentemente em seriedade mortal, já que todos vestiam mantos cerimoniais incrustados de símbolos rúnicos, como nos extras de um filme de terror da Hammer.* Conforme os membros circundavam o boneco, entoavam as "palavras bárbaras de poder" para unir a efígie à sua contraparte mortal do outro lado do canal. Então veio o auge do acontecimento quando foram colocadas asas no boneco, içado ao topo de uma igreja local e colocado em chamas. Antes que o pináculo pudesse pegar fogo, ele foi libertado e lançado em direção a Berlim.

A pedra Rufus, símbolo místico e local dos bizarros rituais nus do Rei dos Bruxos

O "astrólogo de estimação" de Himmler

Em meio ao esfarrapado grupo de adivinhos, quiromantes e agitados profetas laçados pela Gestapo e jogados no campo de concentração Fuhlsbüttel, na esteira da *Aktion-Hess,* estava um ex-membro do grupo de psíquicos de Berlim, o "Círculo da Suástica", com uma reputação por previsões astrológicas sinistramente precisas e uma compulsão para caricaturar aqueles que desprezava. No verão de 1923, Wilhelm Wulff havia traçado os mapas de Hitler, Goering e do líder da SA, Ernst Röhm, e avisou a todos que escu-

---

* N.T.: Companhia cinematográfica inglesa, notória por uma série de filmes de terror dos anos 1950 a 1970.

tassem que, se atassem sua estrela à do futuro Führer, partilhariam de seu destino. Hitler, disse Wulff, estava destinado a ser temido e a "dar ordens cruéis e sem sentido", que levariam à sua destruição pouco antes de maio de 1945. A história provou que ele estava certo. Röhm foi assassinado no expurgo sangrento da liderança da SA, conhecido como a "noite das facas longas", em 1934. Hitler cometeria suicídio na casamata, debaixo de Berlim, em 30 de abril, e Goering trapaceou o carrasco engolindo cianeto em sua cela em Nuremberg em 1945.

É claro, não era necessário um vidente para antever a probabilidade de o bando de Hitler invocar o velho adágio que prevê o desastre para aqueles que vivem da espada, mas Wulff era bastante específico em relação às datas, particularmente aquelas relacionadas aos vários atentados que seriam feitos à vida do Führer e suas numerosas desordens psicossomáticas.

Pêndulo e pentagrama

Em sua libertação de Fuhlsbüttel, em março de 1942, Wulff foi instruído a fazer relatórios para um instituto ultrassecreto anexado ao quartel-general naval em Berlim, onde estava sendo empregado como assistente de pesquisa. Contudo, ao chegar, ficou chocado ao saber a verdadeira natureza desse departamento e os serviços que esperavam que ele realizasse.

> *(...) os líderes nacional-socialistas propuseram usar esses "centros de pesquisa" para utilizar forças não apenas naturais, mas também sobrenaturais. Todas as fontes de poder intelectuais, naturais e sobrenaturais – da tecnologia moderna à magia negra medieval, dos ensinamentos de Pitágoras ao encantamento faustiano do pentagrama – seriam exploradas para o interesse da vitória final.*

Esse grupo de pesquisa ocultista era dirigido por um oficial naval que deve ter sido tentado a se transferir para o *front* russo quando descobriu que estava supervisionando as atividades de médiuns espiritualistas, praticantes de pêndulo, astrólogos e "sensitivos", todos os quais tinham seus dons colocados em uso prático a serviço do Reich. Os videntes foram contratados para adivinhar a localização de remessas aliadas, usando pouco mais do que um pêndulo suspenso sobre um mapa do Atlântico. "Os resultados eram, é claro, lastimáveis", Wulff recordou, demonstrando um indício de esnobismo e a crença de que seus "rivais" não eram páreo para a Astrologia esotérica.

O que quer que se pense sobre fenômenos ocultistas, era simplesmente ridículo esperar que um mundo desconhecido pudesse ser aberto à força desse modo amador e explorado para propósitos militares. Mesmo nos casos em que houve algum sucesso inicial, nenhuma tentativa foi feita para avaliar as descobertas por procedimentos científicos sistemáticos.

A prova mais convincente da eficácia da adivinhação havia sido feita no ano anterior por meio de um arquiteto aposentado de 60 anos chamado Ludwig Straniak, que disse a seus superiores que se lhe fosse mostrada uma fotografia de um navio, ele poderia apontar sua posição em um mapa com seu pêndulo. A incredulidade evaporou quando ele localizou com sucesso tanto o *Bismarck* quanto o *Prinz Eugen*, navios que os britânicos estavam caçando sem sucesso havia meses. Contudo, nem esse feito notável foi suficiente para convencer as céticas mentes militares de que Straniak seria um trunfo para o Reich. De volta ao instituto naval, foi-lhe aplicado um único teste. Colocado um pedaço de metal sobre uma grande folha de papel e depois removido. Straniak foi então levado à sala e pediram-lhe que esquadrinhasse o papel com seu pêndulo e dissesse onde o metal esteve. De novo foi bem-sucedido.

O arquiteto aposentado Ludwig Straniak afirmou possuir a habilidade de apontar navios em um mapa com seu pêndulo e, para prová-la, escolheu o Bismarck *(visto acima) e o* Prinz Eugen.

Infelizmente, os encarregados não compreenderam a natureza da sensibilidade psíquica e pressionaram e Straniak e seus colegas para que produzissem resultados sobre os quais as frotas de submarinos pudessem agir. Inevitavelmente, os membros do grupo sucumbiram à pressão de ter de demonstrar poderes dia após dia, e sua potência declinou rapidamente, como se as baterias psíquicas estivessem sendo drenadas. A saúde de Straniak se deteriorou e seus colegas foram dispensados. O instituto voltou aos experimentos científicos convencionais.

Ironicamente, a Inteligência Naval Alemã fora perspicaz em perseverar com o "departamento ocultista" na crença de que os britânicos faziam o mesmo. De que outro modo eles poderiam explicar o sucesso dos Aliados em rastrear e afundar tantos submarinos? Na verdade, apesar de os Aliados experimentarem técnicas similares, seu sucesso devia-se puramente por eles terem quebrado um código secreto alemão, fato que permaneceu desconhecido pelo inimigo até muito depois da guerra.

Apesar de sua óbvia falta de entusiasmo com o Projeto Pêndulo, os pagadores de Wulff ficaram impressionados o suficiente com suas credenciais esotéricas e sua precisão, e o contrataram para desenvolver um programa de "lavagem cerebral" psíquica em estilo zen-budista a fim de fortalecer a mente e o corpo do soldado alemão na preparação para as privações que provavelmente teria de suportar durante a invasão da Rússia, mais tarde, no mesmo ano, e para instilar em cada homem a necessidade do autossacrifício. Eles estavam convencidos de que os japoneses haviam instilado um entusiasmo fanático em seus soldados, com uma combinação de doutrinação psicológica e drogas, e consideravam seriamente condicionar as tropas da SS da mesma maneira. Ninguém sabe se Wulff fez como foi pedido, mas é fato que a ponta da lança da SS mereceu uma reputação por autossacrifício quase suicida durante seu ataque inicial à Rússia naquele outono.

O Buda de Berlim

Foram suas atividades no Instituto Naval que chamaram atenção, em uma gelada noite de inverno em 1942, do massagista e médico pessoal de Himmler, Felix Kersten, um homem grotescamente corpulento, de pele pálida, com "olhos cobiçosos" e "mãos ávidas" – se acreditar na descrição de Wulff. Kersten era um charlatão óbvio, mas ele havia chafurdado nas superfícies da pseudociência por tempo suficiente para distinguir um astrólogo sério de um adivinho comum. Em seu elegante apartamento na Rüdesheimer Platz, em Berlim, adquirido de seu antigo dono à força, Kersten acocorava-se como um buda inchado e interrogava que conclusões Wulff havia retirado do horóscopo de Hitler. Como o astrólogo mais tarde afirmaria em sua autobiografia, *Zodiac and Swastika* [O zodíaco e a suástica], ele apontou certos alinhamentos agourentos.

> *Então sugeri que um homem como Hitler não poderia ser um líder nacional bem-sucedido por muito tempo. Previ eventos amargos que estavam destinados a ocorrer, a menos que houvesse uma mudança radical na orientação política. Nessa época, a ofensiva de Moscou e Leningrado havia sido interrompida e nossas tropas estavam envolvidas em retiradas "estratégicas" que, na prática, durariam três longos anos. Disse a Kersten que Hitler tinha a mesma posição de Saturno em seu mapa natal, como Napoleão, e que, apesar de seus destinos não serem idênticos, havia certos paralelos, aplicados primariamente à campanha russa da Alemanha e às batalhas vindouras.*

Wulff sugeriu que, se fosse para salvar a Alemanha da derrota e da destruição total, algo teria de ser feito logo, sugerindo que Kersten entendera a indireta.

> *Em seguida, prossegui dizendo que minha previsão negativa do futuro pessoal de Hitler saiu de horóscopos mundanos, especialmente o horóscopo da Alemanha e o mapa de 30 de janeiro de 1933 – isto é, a fundação do Terceiro Reich.*

Kersten parece ter levado a avaliação de seu convidado a sério. Wulff havia se destacado por seu domínio da Astrologia sideral, um ramo mais esotérico da arte que se originou na Índia há milhares de anos, e que era considerada muito mais acurada do que o sistema ocidental, pois é baseada na posição precisa dos planetas e dos corpos luminosos em relação à eclíptica (o grande círculo na esfera celestial, representando o caminho anual do Sol), em vez do trópico (um dos dois círculos paralelos sobre a esfera celestial que têm as mesmas latitudes e nomes que as linhas correspondentes na Terra), como é o caso na Astrologia ocidental. Mais significativamente, essa tradição hindu não contradizia a ideologia nazista, que se recusava a admitir que um ariano e um *Untermensch* (indivíduo racialmente inferior) poderiam partilhar do mesmo destino.

Para estudar o sistema, Wulff adquirira um conhecimento prático do sânscrito que impressionou Kersten, o pretenso místico. Porém, Kersten, cheio de inveja, escondeu seu acesso de Himmler, não estando disposto a abdicar de seu lugar no cocho. Para assegurar a subserviência e a gratidão de Wulff, Kersten colocou-se como seu patrocinador, encomendando projeções para o círculo interior da SS, as quais ele insistia em aprovar antes de apresentá-las em um momento oportuno ao Reichsführer SS.

Jantando com o Diabo

Wulff permaneceria uma figura obscura na máquina de guerra psicológica nazista se não tivesse contribuído com o resgate audacioso do aliado mais próximo de Hitler, Benito Mussolini. O ditador italiano havia sido deposto por rivais, no Grande Conselho Fascista, em 24 de julho de 1943, e aprisionado na ilha de Ponza, a menos de 120 quilômetros a sudeste de Roma por apoiadores de seu sucessor, o marechal Badoglio.

Em poucos dias, Himmler ordenou ao Serviço de Inteligência da SS que localizasse Mussolini, usando todas as variedades de "ciência oculta" à sua disposição. Isso incitou a Gestapo a reunir os astrólogos e os radiestesistas (adivinhadores de pêndulo) mais confiáveis no Reich para um encontro confidencial em Wannsee, onde receberam bebida e comida, sendo ordenados a identificar a localização dentro de 24 horas – ou encarar as consequências.

Wulff ofereceu uma versão diferente desses eventos em sua autobiografia. Ele afirmou ser o único astrólogo consultado e acrescentou que produziu a resposta requisitada em horas. Contudo, antes que Mussolini pudesse ser resgatado, foi transferido para uma prisão em uma montanha em Gran Sasso, da qual foi mais tarde libertado por paraquedistas alemães. Qualquer que seja a verdade da questão, a contribuição de Wulff havia sido devidamente notada e como recompensa por seus serviços recebeu um convite pessoal para jantar com o general da SS, Artur Nebe, no hotel Kaiserhof, em Berlim.

Felix Kersten, o médico pessoal de Himmler, era um homem grotescamente corpulento com "olhos cobiçosos" e "mãos ávidas"

Enquanto a maioria da população civil da Europa despedaçada pela guerra procurava sobras no lixo, Nebe e seu convidado fartavam-se de conhaque e cigarros americanos até que o tópico da conversa se voltasse aos grandes homens e seus horóscopos. Wulff indelicadamente destacou que, de acordo com seus cálculos, Adolf Hitler partilharia do mesmo destino de Napoleão, Cromwell e Wallenstein, o general e estadista alemão do século XVII, mas Nebe deixou a previsão passar, possivelmente porque partilhasse da visão do futuro de Wulff.

Antes que pudesse confiar em Wulff, Nebe testou-o, apresentando-lhe dois grupos de biografias anônimas a partir das quais deveria esboçar um mapa básico ali mesmo. Disse que o primeiro era de um criminoso e o segundo de um espião. Na verdade, eram de Nebe e seu auxiliar, Loebbe. Reunindo os prospectos do homem designado como "espião", Wulff notou que ele tinha "dons moderados como detetive", o que deve ter agradado seu anfitrião. Mas seu prognóstico para "o criminoso" deixou Nebe visivelmente

O ex-Duce *da Itália, Benito Mussolini, é libertado da prisão por paraquedistas alemães sob o comando do pirata Otto Skorzeny, em Gran Sasso, em 8 de setembro de 1943.*

abalado. "Você não tem de se preocupar muito com esse homem", disse-lhe Wulff. "Ele logo cairá nas mãos da *Kriminalpolizei* e encontrará um fim violento". Wulff não sabia que Nebe, na verdade, estivera fazendo um jogo duplo, trabalhando em segredo com os conspiradores de julho, presumivelmente na esperança de salvar sua própria pele juntando-se à facção anti-Hitler, antes que os Aliados pudessem vencer a guerra e colocá-lo sob julgamento. Quando a tentativa de assassinato fracassou, a SS reuniu os conspiradores e executou-os, enforcando-os em ganchos de carne, com cordas de piano em volta dos pescoços. Nebe conseguiu fugir da captura por meses, mas foi enfim traído e executado por seus próprios homens, como Wulff previra, em 4 de março de 1945. Tendo passado no teste, Wulff deixou seu anfitrião mais tarde, naquela noite, com ordens para produzir mapas e análises detalhados para duas dúzias de oficiais nazistas de alto grau sob suspeita de corrupção. Ele havia entrado no covil da serpente.

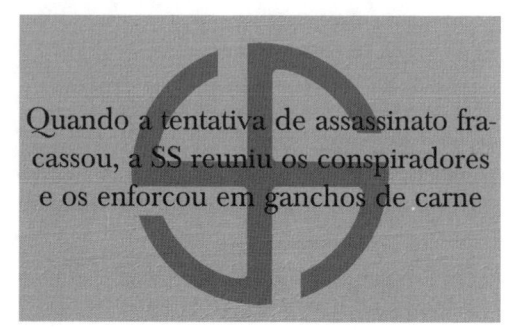

> Quando a tentativa de assassinato fracassou, a SS reuniu os conspiradores e os enforcou em ganchos de carne

Encontrando Himmler

Na primavera de 1944, Wulff penetrou mais fundo no mundo sombrio da Reichsführer SS quando encontrou o tenente de confiança de Himmler, Walter Schellenberg, o tímido oficial de fala mansa, encarregado da contraespionagem no Escritório de Segurança Central do Reich. Caso se deva acreditar no relato do astrólogo, Schellenberg perguntou a Wulff sobre os aspectos mais questionáveis da Astrologia e, tendo se satisfeito a esse respeito, partilhou seus pensamentos mais íntimos relacionados à remoção forçada de Hitler de seu gabinete e desta Terra. Wulff respondeu: "Infelizmente, a remoção de Hitler não mudaria o curso dos eventos".

> *Aconteceu muita coisa para isso. Estive estudando o horóscopo de Hitler por 20 anos. Tenho uma ideia bastante clara do que está guardado para ele no final das contas. Ele provavelmente morrerá nas mãos de um assassino, certamente em circunstâncias "netuninas" – isto é, enigmáticas – nas quais uma mulher vai fazer um papel principal. O mundo provavelmente nunca saberá os detalhes precisos de sua morte, pois no horóscopo de Hitler, Netuno está há muito em má posição em relação a outros planetas. Além disso, Netuno está extremamente forte neste horóscopo, e sempre se esperou que seus grandes projetos militares teriam um resultado dúbio.*

Wulff concluiu que os prospectos astrológicos para a Grã-Bretanha e para os Estados Unidos eram extremamente vantajosos naquele momento e o auge seria em meados de maio de 1945. Uma ação teria de ser tomada, disse, se a Alemanha quisesse evitar "maiores infortúnios".

Wulff não sabia que Himmler planejava a queda de seu Führer, mas estava debilitado em razão da indecisão e da dúvida. A única coisa em seus devaneios que poderia persuadi-lo a agir era um sinal favorável das estrelas. As notícias das conversas particulares de Wulff com Nebe e Schellenberg alcançaram-no em um momento crítico, e ele fez uma convocação para o astrólogo ser trazido a ele em Bergwald, seu próprio castelo particular em Aigen, perto de Salzburgo. Himmler estava então em uma dieta sem gordura e sem carne por causa de um distúrbio digestivo, mas, ao trocar gracejos com Wulff à mesa do almoço, o Reichsführer confessou que odiava a visão do sangue e não podia suportar testemunhar o sofrimento de um animal. Essas palavras parecem obscenas, vindas de um homem que foi diretamente responsável pela carnificina de milhões de homens, mulheres e crianças inocentes.

Wulff notou que Himmler tinha uma cor pálida e pálpebras vermelhas – indicativas de excesso de trabalho – e uma boca cruel, cínica, apesar de ter cumprimentado seu convidado cordialmente e que parecia apreciar a conversa, conquanto o assunto fosse de seu gosto. Depois do almoço, Wulff foi convidado para uma audiência particular com Himmler em seu amplo, mas escassamente mobiliado, gabinete, com vista para os terrenos enquadrados pelas montanhas de azul-lilás de Obersalzberg. O Reichsführer começou a se entusiasmar com a Astrologia e com os assuntos ocultistas, confessando a seu convidado que tinha o hábito de consultar um calendário lunar antes de iniciar projetos importantes. Ele também defendeu a recém-implantada política que proibia todos de praticar Astrologia sem a aprovação do regime.

De sua parte, Wulff tentou fazer a distinção entre Astrologia e adivinhação, mas Himmler se mostrou teimoso e inflexível. O Reich Sführer explicou:

> *Baseamos nossa postura no fato de que a Astrologia, como uma doutrina universalista, é diametralmente oposta à nossa própria visão filosófica do mundo. Astrólogos afirmam ser capazes de fazer horóscopos para o globo inteiro, para toda a humanidade. Mas é precisamente isso que nós, nacional-socialistas e membros da SS, somos obrigados a rejeitar*

Himmler, o carniceiro de milhões de homens, mulheres e crianças, odiava a visão de sangue e o sofrimento de animais

imediatamente. Uma doutrina cujo propósito é ser aplicada em igual medida a negros, índios, chineses e arianos está em oposição à nossa concepção de alma racial. Cada um dos povos que nomeei tem sua própria alma racial específica, assim como nós temos a nossa e consequentemente nenhuma doutrina pode cobrir todos os casos.

Fica claro, pelos termos técnicos que Himmler coloca na conversação, que ele possuía um conhecimento prático da Astrologia e tinha familiaridade com expressões astrológicas, tais como aspectos trinos, sinais positivos e negativos e a elevação dos planetas. "Ele conhecia os princípios fundamentais de um horóscopo", Wulff observou, "e sabia como aplicá-los." Mas Wulff ficou perplexo com a ingenuidade política de Himmler e a superficialidade de sua personalidade.

"Um burocrata embusteiro com escrúpulos": Heinrich Himmler espera para falar ao microfone que um assistente está segurando na sacada da prefeitura de Linz, Áustria.

[Ele] me fez as perguntas mais estranhas e infantis em sua busca de esclarecimento astrológico acerca da situação militar e política. Deus sabe, Himmler não era um gênio. Ao contrário, ele era um medíocre, especialmente quando você o via em particular (...) Ele era um burocrata embusteiro com escrúpulos.

Conforme o Reich de mil anos de Hitler se aproximava de seu próprio *Gotterdämmerung*, Himmler veio a confiar mais e mais em seu "astrólogo de estimação", tendo se convencido de que Wulff possuía um dom genuíno para a profecia. Em 9 de dezembro de 1944, o Reichsführer escapara da morte por pouco, como Wulff havia previsto que aconteceria naquele dia.

"É um pensamento estranho, não é, Herr Wulff", disse Himmler interrompendo um discurso sobre o assunto da lealdade e da honra, as quais considerava qualidades exclusivamente alemãs, "que em 9 de dezembro realmente tive um acidente que bem poderia ter se provado fatal. Estava dirigindo à noite e a 40 metros acima da estrada de ferro da Floresta Negra, corri para fora da estrada, ladeira abaixo, entrando nos trilhos, exatamente quando um trem se aproximava. Apenas conseguimos sair do caminho a tempo. A precisão de seu horóscopo é fenomenal."

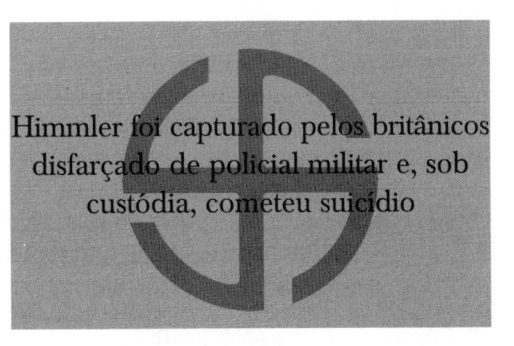

Durante os últimos meses da guerra, conforme os Aliados cercavam os desmoralizados remanescentes do exército alemão, o Reichsführer repetidamente se voltou para Wulff em desespero e interpelou quais opções as estrelas ofereciam para sua sobrevivência. Wulff obedientemente consultou os mapas natais dos envolvidos em ambos os lados, e munido dos dados necessários incitou Himmler a ter a coragem de suas convicções e agir para sobrepujar Hitler, como Schellenberg e Kersten estavam incitando-o havia meses.

Mas, novamente, a hesitação e a indecisão de Himmler provaram ser sua ruína. Quando ele finalmente se comprometeu com um plano, todas as rotas de fuga haviam sido cortadas. Em 21 de maio de 1945, foi capturado pelos britânicos disfarçado de policial militar e, sob custódia, cometeu suicídio engolindo cianeto. O melhor que Wulff poderia dizer de Himmler, um dos mais temidos e odiados homens da história, era que ele era fiel à sua bandeira e ao juramento de lealdade a seu líder. "Sua única outra virtude que se salvava era a economia. Quando se tratava de finanças, ele fazia o balanço de suas anotações até o último *pfennig*."

Hitler e a Astrologia

A cortina de fumaça da propaganda e do mito popular obscureceu a extensão verdadeira da obsessão da hierarquia nazista pela Astrologia e pela dependência de conselhos de videntes.

Pode-se dizer que Hitler tinha uma postura ambivalente em relação ao assunto – ele o aprovava quando parecia endossar seus planos, mas o dispensava imediatamente quando contradizia seus próprios instintos. Parece que ele professou um interesse passageiro, principalmente para apaziguar Himmler, que se recusava a tomar uma única decisão significativa sem recorrer a seu próprio conselheiro astrológico. No entanto, o Führer não confiava em ninguém que dependesse das estrelas para lhe ditar seu próprio destino.

Depois da guerra, sua secretária particular, *Fräulein* Schroder, tentou diminuir a relatada obsessão do Führer pelas estrelas. Ela disse ao jornalista A. Zoller, autor de *Hitler Privat* [Hitler na privacidade] (1949):

> *Havia rumores populares de que Hitler se permitia ser guiado por astrólogos antes de chegar a qualquer decisão importante. Devo confessar que nunca notei nada do tipo e o assunto nunca era mencionado em conversas. Ao contrário, Hitler refutava isso com sua convicção firmemente sustentada de que as pessoas nascidas no mesmo dia, mesmo lugar e mesma hora, de modo algum tinham o mesmo destino. Para esse ponto de vista achava que os gêmeos proporcionavam a melhor evidência. Ele sempre rejeitou vigorosamente a proposição de que o destino dos indivíduos depende das estrelas ou constelações.*

Essa visão foi contradita por Himmler, que disse a Wulff: "Não podemos permitir que qualquer astrólogo siga seu chamado, exceto aqueles que estão trabalhando para nós. No Estado nacional-socialista, a Astrologia deve permanecer um *privilegium singulorum*. Não é para as amplas massas (...)". Por isso, entende-se que ele estava fazendo uma distinção entre aqueles que praticavam a ciência esotérica da Astrologia a serviço do Estado e os adivinhos comuns.

Enquanto Hitler pode ter se inclinado a consultar astrólogos antes de tomar uma decisão importante – pelo menos até começar a acreditar em sua própria infalibilidade –, para seu leal tenente Heinrich Himmler, a Astrologia era o princípio regente da vida. Sua dependência nos portentos e nas profecias era uma fonte de divertimento desvirtuado em meio aos membros mais céticos do regime. O protegido de olhos azuis de Hitler, Reinhard Heydrich, uma vez resumiu isso dizendo: "Goering está preocupado com as estrelas em seu peito, Himmler com as de seu horóscopo".

O sonho de Adolf Hitler

Hitler pode não ter sido um crente fervoroso em Astrologia, mas era extremamente supersticioso por natureza. Um sonho profético durante a Primeira Guerra Mundial, que o salvou da morte quase certa, foi apenas um de vários incidentes que convenceram o Führer de que sua vida estava protegida pela Providência e que isso confirmava que ele tinha uma missão divina para cumprir.

Durante uma calmaria na luta do *front* ocidental em 1917, o cabo Hitler, um mensageiro na Infantaria Bávara, dormiu em seu posto. Minutos depois acordou em um estado angustiado, tendo acabado de sonhar que fora enterrado vivo depois que uma bomba explodiu na trincheira. Ele arrastava os pés, agarrando seu peito que havia sido acertado por estilhaço ardente no sonho. Quando finalmente recobrou os sentidos e viu que se encontrava na verdade ileso, percebeu que seus camaradas também estavam ilesos e haviam voltado a limpar suas armas e a jogar cartas, tendo considerado o ataque de pânico de Hitler como apenas outro caso de fadiga de batalha. Foi então que ele se sentiu compelido a deixar o abrigo e se aventurar pela terra de ninguém, apesar do risco de ser atingido por um francoatirador inimigo.

Hitler se jogou instintivamente em uma cratera de bomba, depois uma explosão tremenda abalou o chão

No momento em que percebeu o grande perigo no qual havia se colocado, um som de rugido por sobre sua cabeça o fez se jogar instintivamente em uma cratera de bomba, depois uma explosão tremenda abalou o chão, dando-lhe um banho de lama e escombros.

Quando finalmente recuperou sua força, arrastou-se de volta à trincheira onde encontrou seus camaradas mortos, enterrados sob montes de terra e metal estilhaçado, assim como havia antevisto em seu sonho. Hitler foi o único sobrevivente. [Fonte: Stuart Holdroyd, *Psychic Voyages* [Viagens psíquicas], London, Aldus Books, 1977]

Em outro incidente que aconteceu muitos anos depois, em outubro de 1933, Hitler estava encantado por ser convidado a dispor a pedra fundamental da Casa de Arte Alemã, em Munique, projetada por seu amigo

Dois sentinelas fazem guarda na entrada do Ehrentempel, um prédio projetado por Paul Ludwig Troost. A morte de Troost em 1934 foi tida por Hitler como um mau presságio para o regime

pessoal Paul Ludwig Troost. Contudo, quando Hitler bateu na pedra na cerimônia de dedicação, o martelo se despedaçou e atingiu sua mão.

Durante meses ele refletiu sobre o que havia acontecido e considerou-o como um mau presságio. Somente quando Troost ficou seriamente doente e morreu em seguida (em janeiro de 1934), Hitler sentiu que a nuvem negra havia sido tirada de cima de sua cabeça.

"Quando aquele martelo se despedaçou, soube de imediato que era um mau presságio", disse a seu arquiteto, Albert Speer. "Algo ia acontecer, pensei. Agora sei por que o martelo quebrou. O arquiteto estava destinado a morrer."

Capítulo Cinco

Ciência oculta

Em sua busca vã para provar a superioridade da "raça mestra" ariana, os nazistas distorceram os ensinamentos esotéricos dos teosofistas, perverteram a doutrina cristã e subverteram as leis da ciência. Os indesejáveis foram levados à morte sob o pretexto da "seleção natural", a *Lebensborn* [fonte da vida] da SS foi estabelecida para procriação seletiva e expedições infrutíferas foram fundadas para provar teorias insanas. Se os nazistas tivessem tido sucesso com seus planos para a dominação do mundo, teriam imergido o mundo em uma nova Idade das Trevas de ignorância, superstição e barbárie sem precedentes.

Os nazistas acreditavam que se capturassem o centro espiritual de um país, seu inimigo perderia a vontade de resistir e se renderia. O mesmo seria verdadeiro se seus símbolos de poder fossem tomados, suas bandeiras regimentais, ícones de identidade cultural e joias da coroa. O inimigo sentiria que sua identidade nacional fora perdida e seu moral desmoronaria.

Assim, de Viena eles saquearam as joias da coroa, de Praga roubaram o tesouro dos reis boêmios, enquanto Varsóvia perdeu as insígnias reais polonesas para o Reich. Em sua defesa, Hitler citou o precedente estabelecido pelo imperador Napoleão e pelos britânicos que presentearam com o sagrado diamante Koh-i-Noor a rainha Victoria, para quem não era mais do que uma bugiganga muito cara.

Hitler fora um crítico vociferante da monarquia e da aristocracia, as quais ridicularizava como "um exemplo clássico das leis de procriação seletiva operando em reverso". Famílias reais tornavam-se mais degeneradas a cada geração, afirmava, até que seus membros sucumbiam à insanidade. A natureza, argumentava Hitler, sustentava sua crença no princípio Führer, a ascensão daqueles preparados para governar. Por essa razão, ele via os emblemas da realeza com desdém, mas entendia seu valor simbólico, conferindo poder e autoridade aos corajosos o suficiente para reclamá-los.

Locais sagrados

A origem da crença nazista de que cada nação tem um centro sagrado, e que possuí-lo é subjugar seu povo, era uma distorção das leis da ciência esotérica da geomancia. Os antigos acreditavam que certos locais eram fontes de energia psíquica e que essa força podia ser explorada para a comunicação com as forças da natureza e com os deuses. Por essa razão, eles construíram monumentos megalíticos e templos sobre córregos subterrâneos, perto de campos magnéticos naturais ou em pontos de convergência de linhas de Ley, todos os quais podiam ser revelados pelos sacerdotes e xamãs da comunidade. A prática estendia-se por toda a Europa, Índia e Ásia. Os antigos chineses, por exemplo, adotaram a ideia em seu desenvolvimento da acupuntura, que opera sobre o princípio de que o corpo humano também tem uma rede de linhas de energia invisíveis que pode ser mapeada e o fluxo de energia etérea desbloqueado ou desviado pela inserção de agulhas em pontos-chave.

A fascinação nazista por locais sagrados pode ser remontada às teorias do antiquário britânico William Henry Black, que, em 1870, propôs pela primeira vez a ideia de que muitos dos antigos monumentos do mundo obedeciam a um grandioso padrão geométrico, talvez mais por coincidência do que por projeto. Contudo, o fato de que esses círculos de pedras e templos sagrados se localizavam no ponto central de uma fonte de energia

Ciência oculta

Nos anos 1930, os nazistas entenderam a importância de produzir símbolos poderosos de unidade e propósito, que mais tarde iriam além dos pôsteres do partido, chegando à iconografia da nação.

natural sugeria que civilizações e comunidades primordiais podiam não ter sido tão primitivas quanto a ciência do século XIX presumiu.

Entre as guerras, a ideia encontrou apoio entusiástico entre os antiquários amadores na Alemanha, que descobriram que as distâncias entre muitas estruturas monolíticas revelavam que seus ancestrais possuíam um conhecimento notavelmente sofisticado de matemática e astronomia. *The Cosmology of the Indies* [A cosmologia das Índias] (1921), de Willibrod Kirfel, argumentava convincentemente que as tribos arianas na Índia haviam desenvolvido uma cosmologia complexa, que documentaram em pedra em seus locais mais sagrados. No ano seguinte, Otto Reuter animou a comunidade acadêmica alemã com *O enigma de Edda*, que legitimou as crenças dos excêntricos ocultistas *völkisch* ao demonstrar que pode ter havido uma base histórica para os mitos nórdicos. Reuter argumentou que uma cultura indo-europeia até então desconhecida codificara seu conhecimento das constelações em seus mitos de criação. Depois, em 1929, Wilhelm Teudt publicou seu exaustivo estudo sobre o assunto, *Antigos santuários alemães*, valendo-se de anos de pesquisas meticulosas e milhares de medições detalhadas que ele fez pessoalmente em lugares pela Alemanha. Ele afirmou ter identificado um culto astronômico nacional, baseado em "amplas fundações científicas", que consolidavam a crença crescente, entre os nacionalistas alemães de mente mística, de que os arianos eram muito mais civilizados que suas contrapartes não-arianas na África e em toda a parte. Teudt escreveu:

As joias da coroa da dinastia dos Habsburgos, a suposta fonte de seu poder espiritual.

> *Temos de desaprender nossa crença de que a Igreja Romana sob o comando do imperador franco Carlos trouxe a civilização às tribos bárbaras da Alemanha. A velha imagem de nossos ancestrais; costumes primitivos e incompreensíveis, figuras retardadas, rebeldes e selvagens, roupas esfarrapadas e escassas de peles mal trabalhadas (...) [dá espaço ao] comportamento familiar solene, à importância dada à aparência das pessoas em uma festa, em trajes elegantes feitos apropria-*

damente, incluindo roupas de linho, lã e cânhamo bem costuradas. Peles suntuosas, ricas joias de ouro, prata, âmbar e bronze. Cantos vívidos, expressivos e melodiosos pelos quais nossas melhores e mais familiares canções folclóricas chegam até nós, acompanhadas por instrumentos tecnicamente executados e de som agradável.

Em tal inocência e idealismo o mito da raça-mestra começou a tomar forma, apoiado pela enganosa nova ciência da eugenia (procriação seletiva).

O poder *vril*

Nos anos 1920, Josef Heinsch, um advogado de Westphalia, descobriu que muitas das principais linhas de Ley ao redor do mundo originavam-se debaixo de montanhas e colinas que foram tidas como sagradas ou como moradas dos deuses. Dizia-se que esses locais eram fontes de uma energia natural toda-poderosa que poderia ser aproveitada por meios mágicos.

A lenda dizia que os sacerdotes pagãos da Grã-Bretanha antiga usavam-na para reduzir seus inimigos a cinzas, o que levou isso a ser conhecido como "o relâmpago dos druidas". Os místicos nazistas renomearam-na como *vril*, adotando o nome de *A raça futura*, um romance do autor e adepto ocultista britânico Bulwer-Lytton. De fato, a força em si não foi, parece, uma criação inteiramente fictícia. Durante a mesma década que Heinsch procurava a fonte das linhas de Ley, dois cientistas de Stuttgart tentavam encontrar um fator comum que relacionasse os casos de câncer na cidade. H. Winzer e W. Melzer pensavam que poderia haver uma base geológica para alguns casos da doença, mas não conseguiram descobrir nada até que rabdomantes demonstraram que os casos eram aglomerados ao redor das cinco principais linhas subterrâneas falhas da região.

Quando os cientistas nazistas foram contratados para levar essa pesquisa a cabo, descobriram que a velocidade média da radiação que eles detectavam com a varinha rabdomântica era 44 metros por segundo, o mesmo número da medida geomântica germânica, a raste. Parecia que poderia haver uma ligação entre a radiação magnética emitida pela terra em antigos locais sagrados e a unidade de medida padrão usada pelos cultos astronômicos antigos na construção de locais sagrados.

O poder potencial a ser liberado por aqueles que desejavam concentrar tal força pode ser vislumbrado em uma descrição dada, em 1895, por A. P. Sinnett, da Sociedade Teosófica de Londres, cujos membros eram crentes fervorosos na existência de tais forças.

Há grandes correntes etéricas movendo-se pela superfície da Terra, de polo a polo em um volume que torna seu poder tão irresistível quanto a maré cheia; e há métodos pelos quais essa força estupenda pode ser utilizada com segurança, apesar de que tentativas habilidosas de controlá-la seriam carregadas de perigo assustador.

Quando Heinrich Himmler aprendeu a respeito dessa força, determinou que a Alemanha seria a primeira a controlá-la. Se os nazistas fossem julgados por seus feitos, era claro que não seria usada para o benefício da humanidade.

O mundo de gelo

Devo construir (...) um observatório no qual serão representadas as três grandes concepções cosmológicas da história – as de Ptolomeu, Copérnico e Horbiger.

Adolf Hitler, 28 de abril de 1942

Enquanto a geomancia continua a estimular uma discussão séria no século XXI, como parte das ciências da Nova Era, suas companheiras mais bizarras, a teoria do mundo de gelo e a da Terra oca, não conseguiam nada além de zombaria. Mas durante os anos de Hitler, no vácuo criado pela deserção de Einstein e da elite intelectual, elas ameaçaram suplantar a ciência predominante no Estado nazista.

Praticantes de disciplinas esotéricas, da Ayurveda ao Zen, têm um ditado: "Similar atrai similar", que citam como uma das Leis Universais. Significa que as almas de mente parecida atraem aquelas que irão ajudá-las em seu desenvolvimento espiritual, enquanto aquelas com propósito sombrio gravitarão em direção a outras de natureza similar. Era certamente verdade que os nazistas atraíam os cientistas e os filósofos que mereciam – excêntricos e bizarros com as teorias mais estranhas imagináveis.

O engenheiro austríaco Hans Horbiger (1860-1931) foi típico dos pseudocientistas excêntricos patrocinados pelo Estado. Por sua vez, aprendeu com eles o poder das ameaças e da intimidação. Em 1925, recrutou capangas nazistas para tumultuar reuniões e palestras organizadas por físicos ortodoxos; escreveu também cartas ameaçadoras para as publicações científicas e os acadêmicos que discordavam dele. "Chegou a hora de você escolher", escreveu, "se vai estar conosco ou contra nós. Enquanto Hitler limpa a política, Hans Horbiger varre as ciências falsas para fora do caminho. A doutrina do gelo eterno será um sinal da regeneração do povo alemão. Cuidado! Venha para nosso lado antes que seja tarde demais".

O cerne da teoria de Horbiger era que o sistema solar foi formado milhões de anos atrás quando um bloco maciço de gelo colidiu com o Sol. A explosão resultante jogou matéria pastosa no espaço que, com o tempo, esfriou formando os planetas. Ele havia chegado a essa conclusão depois de testemunhar a reação violenta causada por metal derretido sendo derramado na neve na fundição em que trabalhava. De acordo com Horbiger, esse acidente cósmico era responsável pela existência dos polos e da grande enchente que foi mitologizada na Bíblia e nas lendas nórdicas da *Edda*. Mas o que realmente intrigava os nazistas de mentalidade mística era a ideia de que a *Welteislehre* (teoria do mundo de gelo) oferecia uma base científica para sua crença na era antediluviana de super-homens, que seu proponente explicava ter sido possível pelas mudanças gravitacionais causadas por uma das três luas que orbitavam a Terra.

Sua proximidade crescente resultou em uma raça mutante de gigantes, que foram quase extintos quando a Lua finalmente colidiu com nosso planeta há 150 mil anos, deixando vários escravos humanoides vasculhando os restos para sobreviver. Os poucos gigantes remanescentes estabeleceram diversas civilizações avançadas, incluindo as ilhas da Atlântida e da Lemúria para uma raça superior de seres humanos, com os arianos, a quem criavam como seus sucessores antes de serem caçados por escravos vingativos, dando origem aos mitos e lendas de deuses e heróis que conhecemos hoje. Só restava aos nazistas implementar o programa de procriação seletiva de linhagem pura para regenerar a raça de super-homens arianos, restaurando-os a seu lugar de direito como regentes da Terra. Contudo, nunca foi satisfatoriamente explicado como os arianos medianos haviam herdado o sangue de seus mentores com excesso de tamanho.

Quando desafiados pelos praticantes da "ciência judeu-liberal" (isto é, ciência convencional) a explicar isso e outras anomalias evidentes em sua cosmologia, tais como o fato de que a capacidade de a Lua refletir a luz é menor que a do gelo, Horbiger teve uma típica réplica nazista: "Confiem em mim, não em equações! Quando vocês aprenderão que a matemática não vale nada?".

Não se sabe quando Hitler foi convertido à fantasia ariana de Horbiger, mas há evidência de que estava disposto a agir de acordo com ela. Conta-se que ele disse em janeiro de 1942:

> *Nada nos impede de supor que a mitologia é um reflexo de coisas que existiram e das quais a humanidade reteve uma vaga memória. Em todas as tradições humanas, sejam orais ou escritas, encontra-se menção de um enorme desastre cósmico. O que a Bíblia conta sobre o assunto não é peculiar aos judeus, mas foi certamente emprestado por eles dos babilônios e assírios. Na lenda nórdica, lemos sobre um conflito entre deuses e gigantes (...) a coisa só é explicável pela hipótese de um desastre que destruiu completamente a humanidade que já possuía um alto grau de civilização. Os fragmentos de nossa pré-história são talvez meramente reproduções de objetos pertencentes a um passado distante (...) Que prova nós temos (...) de que além de objetos feitos de pedra não havia*

Capa da revista de ocultismo alemã da década de 1920, Der Spiritismus *[O Espiritualismo]. Revistas como essa floresceram durante o incerto período Weimar, seguido da derrota na Primeira Guerra Mundial.*

objetos similares feitos de metal? A vida do bronze é limitada (...) Além disso, não há prova de que a civilização que existiu antes do desastre floresceu precisamente em nossas regiões (...) Quem sabe que descobertas serão feitas se continuarmos a explorar as terras que estão agora cobertas pela água?

Estou bastante inclinado a aceitar as teorias cósmicas de Horbiger. Não é impossível, de fato, que 10 mil anos antes de nossa era houve uma colisão da Terra e da Lua que deu à Lua sua órbita atual. Também é possível que a Terra tenha atraído para si própria a atmosfera da Lua e que isso alterou radicalmente as condições da vida em nosso planeta (...) Parece-me que essas questões poderão ter solução no dia em que um homem intuitivamente estabelecer a conexão entre esses fatos, ensinando assim à ciência exata o caminho a seguir.

Himmler tornou-se um apoiador ardente da *Welteislehre* nos anos 1920 e continuou assim por toda a guerra. Ele disse, conforme foi registrado: "O monumento a Hans Horbiger não precisa esperar cem anos para ser construído; podem-se empregar essas ideias ainda hoje".

Infelizmente para os nazistas, Hitler fez exatamente isso. No fim do verão de 1941, ordenou ao Grupo do Exército Central que parasse à vista das torres de Moscou, enquanto várias outras divisões mecanizadas partiram em um esforço malfadado para capturar Leningrado, e outra ainda correu em direção aos campos de petróleo da Ucrânia. Quando a neve começou a cair na primeira semana de outubro, o antigo cabo boêmio, agora comandante supremo das Forças Armadas da Alemanha, desprezou os avisos de que suas tropas não estavam preparadas para um inverno russo, dizendo que ele "cuidaria disso". Presume-se que queria dizer que tinha fé no departamento meteorológico da *Ahnenerbe*, que previu um inverno atipicamente brando, usando os princípios e previsões de Horbiger. Se foi assim, mostrou-se um erro fatal. Em semanas a vanguarda do exército alemão encontrou-se nas garras de um amargo inverno russo, equipados em finos uniformes de verão, sem luvas, chapéus, botas ou mesmo óculos escuros para proteger seus membros da cegueira de neve. Os cinejornais alemães trataram a situação com leveza, filmando soldados nus enfrentando banhos em água gelada, mas a realidade era muito mais severa. No começo de novembro, o óleo lubrificante congelava em suas armas e o combustível sintético separava-se em suas partes componentes nos tanques de petróleo de caminhões e tanques.

No Natal, 1 milhão dos melhores soldados da Alemanha – os mesmos homens que haviam marchado com orgulho pelos Champs Elysées, depois da queda da França apenas dois anos antes – pereceram na neve, as armas grudadas a seus dedos congelados.

Hitler estava abalado, mas não arrependido. A crença em sua própria infalibilidade não podia permitir a derrota. O destino havia conspirado contra ele. Ele estava certo. Horbiger estava certo. A Providência testava sua resolução. A raça-mestra deve ser forjada de novo em um teste de fogo e gelo, os dois elementos que formaram o mundo éons no passado. Ele ordenou ao 6º Exército cercado em Stalingrado que ficasse e lutasse até o último homem, mas até os nazistas mais fervorosos viram sua resolução se cristalizar nas temperaturas abaixo de zero. Em 2 de fevereiro de 1943, após semanas de amarga luta corpo-a-corpo, os remanescentes do exér-

> O exército alemão encontrou-se nas garras de um amargo inverno russo, vestidos em finos uniformes de verão

O teste de fogo e gelo: no Natal de 1942, cerca de 1 milhão dos melhores soldados alemães pereceram na neve, enquanto os russos organizavam seu triunfante contra-ataque aos invasores.

cito do marechal-de-campo Bock renderam-se aos russos, muitos nunca mais veriam a Pátria novamente.

Uma curiosa nota de acréscimo a essa história ocorreu em 1943, quando Hitler inexplicavelmente ordenou a cessação do projeto confidencial do foguete V2. Diz-se que ele teve um sonho no qual viu sua arma com potencial de vencer a guerra estilhaçar enormes fragmentos de gelo flutuando acima da Terra, fazendo-os cair despedaçando-se e iniciando uma catástrofe cósmica. Quando Hitler foi persuadido de que os foguetes não representavam perigo para o mundo que queria conquistar, era tarde demais para buscar sua vantagem tecnológica. A guerra estava perdida.

A Terra oca

Ninguém acusaria o Reichsmarschall Hermann Goering de ser um tolo idealista, nem mesmo por trás de suas amplas costas. Todavia, é um fato que ele apoiava um conceito ainda mais estranho que a teoria do mundo de gelo de Horbiger, que não estaria fora de lugar em um romance de Jules Verne – a noção da Terra oca.

A ideia data do século XVII, quando o astrônomo inglês Edmund Halley, o descobridor do cometa que leva seu nome, publicou um ensaio no qual postulava uma teoria para explicar a variação dos polos magnéticos da Terra. Ele via a crosta da Terra como a camada exterior de uma esfera oca dentro da qual duas camadas giravam a velocidades diferentes. Os polos eram supostamente situados em uma ou ambas dessas camadas interiores e a velocidade entre as esferas rotativas causava a variação nos pontos cardeais a cada dia (o alinhamento norte-sul-leste-oeste).

Trezentos anos depois, uma variante dessa ideia foi adotada por um ex-ás alemão da aviação da Primeira Guerra Mundial e amigo de Goering, chamado Peter Bender. Ele deve ter sofrido de neurose de guerra porque sua premissa claramente beira o insano. Acreditava que a humanidade está vivendo dentro de uma grande esfera, que o céu era sua pele interior e que as estrelas não eram nada além de vislumbres da luz vista através dos buracos dessa

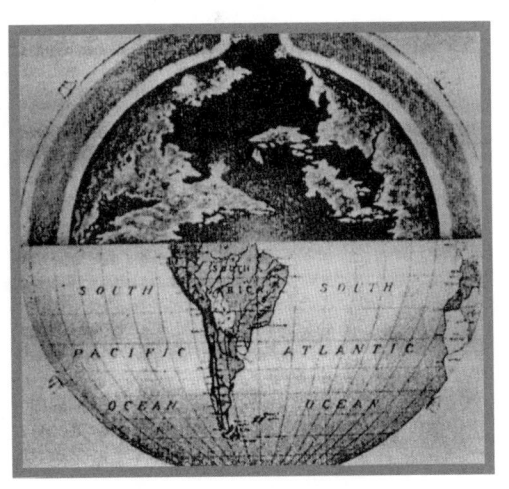

A teoria da "Terra oca" era ainda mais estranha que a teoria do mundo de gelo de Horbiger.

grande esfera. Ele chamava essa noção ridícula de "universo fantasma" e, por incrível que pareça, Goering não foi o único nazista de alto grau a dar a ela uma aparência de credibilidade – muitos oficiais navais alemães aceitaram-na também. Em abril de 1942, um grupo encabeçado pelo dr. Heinz Fisher foi bem-sucedido em delegar um teste completo no Báltico, onde uma estação de radar protótipo foi estabelecida e equipada para emitir raios de luz infravermelha para o céu a um ângulo de 45°. A esperança era de que os raios ricocheteariam na esfera maior de volta à Terra onde produziriam uma imagem de radar de navios que estariam fora do alcance visual do veículo conduzindo o experimento: nesse caso o alvo era a frota britânica ancorada em Scapa Flow, nas ilhas Orkney. Desnecessário dizer, o experimento foi um fracasso e a expedição retornou para encarar a fúria do Führer, que considerava o empreendimento um sério desperdício de homens e recursos em um momento crítico da guerra. Bender e os defensores mais vociferantes de sua teoria foram despachados para campos de concentração. Até Goering estava embaraçado demais para falar em defesa de seu amigo. Somente o dr. Fisher escapou com vida. Depois da guerra ele foi levado aos Estados Unidos onde se tornou um contribuinte significativo para o desenvolvimento da bomba de hidrogênio.

Os verdadeiros caçadores da arca perdida

Meus ancestrais eram pagãos. Meus antepassados eram hereges.

Otto Rahn

Quando o corpo congelado do SS Obersturmführer, Otto Rahn (1904-39), foi descoberto na montanha Kufstein, em 13 de março de 1939, a suposição foi de que ele havia morrido por exposição, após cair, ou se perder, em uma nevasca. Mas, como seu amigo Paul Ladame observou, levaria até duas semanas para morrer de frio naquela altitude e época do ano. Além disso, Rahn era saudável, treinado em técnicas de sobrevivência e um alpinista experiente. Parecia altamente suspeito que ele tivesse morrido apenas umas poucas semanas depois de se "demitir" da SS – no mesmo mês que seu colega, Karl Maria Willigut, fora também forçado a delegar seus poderes só para obter a "proteção" da Gestapo. Era possível que Rahn, o estudioso ocultista, e Willigut, o visionário louco, partilhassem de um segredo que havia colocado a vida de ambos em risco?

Existe a distinta possibilidade de que Rahn tenha cometido suicídio ritual, jejuando até a morte em sua amada montanha à maneira da seita gnóstica do século XIII, os cátaros, com quem ele partilhava um elo espiritual. Seguramente não é coincidência que sua morte ocorreu no aniversário da queda de Montsegur, a fortaleza dos ascetas, no sul da França, que ocorreu em 14 de março de 1244.

A conexão de Rahn com os cátaros é a chave para o mistério, pois ela também se liga à busca de Himmler pelo Cálice Sagrado, a taça tida como a que Jesus usou na última ceia e que, segundo a lenda, pegou as gotas de seu sangue na crucificação. Himmler acreditava que os cátaros eram zeladores do Graal e que ele havia sido levado clandestinamente para fora de Montsegur, antes que as forças do papa Inocêncio subjugassem a fortaleza e massacrassem os sobreviventes. Enquanto pode parecer improvável que um anticristão raivoso como Himmler vasculhasse a Terra por um símbo-

> Parecia altamente suspeito que ele tivesse morrido apenas umas poucas semanas depois de se "demitir" da SS

O novo simbolismo: os nazistas organizavam exibições de arte, lançando-as com grande pompa. Aqui, a águia alemã é puxada à frente de Hitler por um séquito heterogêneo, mas o efeito é mais kitsch *do que clássico.*

lo icônico cristão, é em torno desse mal-entendido central que gira todo o assunto estranho.

Para Himmler, o Graal não poderia ser um símbolo cristão pela simples razão de que Jesus não foi judeu, mas ariano. Os nazistas sustentavam que o Cristianismo ortodoxo não tinha relação com os verdadeiros ensinamentos de Jesus ou com a seita cristã original que os discípulos haviam fundado.

A doutrina nazista assegurava que a Igreja, querendo dizer a Igreja Católica, tinha se apropriado do nome e dos princípios dos cristãos verdadeiros para se enriquecer à custa do povo. Os nazistas justificavam a intenção declarada de substituir serviços e símbolos cristãos pelos seus próprios argumentando que seu tipo de paganismo não era anticristão, e sim o verdadeiro Cristianismo! Eles viam a si próprios salvando a "religião verdadeira", não importa o que isso signifique, em oposição a uma Igreja corrupta, e devolvendo-a ao povo. Enquanto eles podem ter tido causas para criticar a riqueza e o poder da Igreja, seu duplipensar orwelliano não enganava ninguém.

Propaganda pagã

Wotan está mais próximo de nós que o Deus cristão.

Pe. Felix Fischer-Dodeleben (monastério de Olivia)

Hitler falava fervorosa e frequentemente contra a religião organizada, tendo denunciado o Deus católico como cruel e impotente por ter falhado em intervir quando sua mãe estava morrendo de câncer.

> *As religiões são todas parecidas, não importa como elas se chamem. Elas não têm futuro – certamente nenhum para os alemães (...) Seja o Velho Testamento ou o Novo Testamento, é tudo a mesma fraude judia (...) Ou se é alemão ou cristão. Você não pode ser os dois.*

Era claro que o nacional-socialismo deveria ser a nova religião, ou melhor, uma revivescência da "velha religião", querendo dizer o paganismo.

> *Nossos camponeses não esqueceram sua verdadeira religião. Ela ainda vive (...) As velhas crenças serão trazidas de volta à honra novamente (...) Será dito ao camponês o que a Igreja destruiu para ele: todo o conhecimento secreto da natureza, do divino, do informe, do demoníaco (...) Vamos lavar o verniz cristão e trazer uma religião peculiar à nossa raça (...) nosso campesinato ainda vive nas crenças e nos valores pagãos (...) por meio do campesinato seremos realmente capazes de des-*

truir o cristianismo porque há neles uma religião verdadeira arraigada na natureza e no sangue.

Se é possível acreditar em Rauschning, em uma noite de 1933, Hitler anunciou sua intenção de extirpar o Cristianismo "até as raízes". Ele declarou:

Devemos impedir as igrejas de fazer qualquer coisa além do que estão fazendo agora, isto é, perder terreno dia após dia. Você realmente acredita que as massas serão cristãs novamente? Bobagem! Nunca mais. Essa história acabou. Ninguém vai ouvi-la novamente. Mas podemos apressar as questões. Os párocos serão levados a cavar seus próprios túmulos. Eles trairão seu Deus para nós.

Wotan cavalga até a rocha das Valquírias nessa ilustração de Arthur Rackham da ópera de Wagner, Die Walküre.

Rauschning foi recentemente desacreditado como testemunha da história, mas mesmo que suas citações sejam questionáveis, outro influente nazista expressou o desagrado do regime em termos nada incertos. Alfred Rosenberg escreveu sobre o dia em que esperava estabelecer uma Igreja Nacional do Reich:

No dia de sua fundação, a cruz cristã deve ser removida de todas as igrejas, catedrais e capelas e deve ser substituída pelo único símbolo inconquistável – a suástica.

Himmler, contudo, teria preferido abolir com todas as religiões organizadas. No funeral de Reinhard Heydrich declarou:

Essa cristandade, essa maior pestilência que poderia ter caído sobre nós na história, que nos enfraqueceu a cada conflito, devemos acabar com ela.

Uma reforma luciferiana

Incrivelmente, o entusiasmo de Hitler por uma reforma até as raízes do Cristianismo era partilhado por aqueles que deveriam saber mais – os acadêmicos e os intelectuais.

O professor Ernst Bergmann da Universidade de Leipzig, um crítico de arte com pretensões teológicas, preparou a justificativa nazista para a deificação do Führer em *Die 25 Thesen der Deutschreligion* [Os 25 artigos de fé da religião alemã].

"Fora com Roma e Jerusalém!", escarrou, referindo-se à Igreja Católica e ao Judaísmo. "De volta a nossa fé alemã nativa. Nossa religião não é mais aquela do Deus-Cristo internacional que não podia parar Versalhes." O Cristianismo, de acordo com Bergmann, era "uma religião não natural (...) a criação de uma mente predominantemente oriental (...) que contradiz em quase todos os pontos o senso alemão de costume e moralidade".

A nova religião alemã adoraria Wotan, o deus da sabedoria, e a congregação aceitaria Adolf Hitler como seu Messias.

> *Todos que buscam uma religião pura e uma vida pura de Deus devem se manter penosamente longe da Bíblia e do cristianismo. Pois há um Satã nessa religião (...) Não somos mais os alemães antigos. Isso não nos impede de entrar profundamente na floresta-religião alemã, e ao perceber que a catedral gótica é uma imitação em pedra da sagrada floresta-lugar e que o gótico em sua totalidade origina-se da alma alemã (...) A humanidade de fato requer urgentemente se libertar do cristianismo e do salvador "do além" (...) Não vamos mais acreditar em Cristo. Seremos Cristo nós mesmos e agiremos como um Cristo.*

A busca do Graal

O que nos traz de volta ao Graal e à sua adoção por Himmler como uma relíquia ariana sem preço. Apesar da crença popular de que o Graal seja um artefato de origem cristã, a "taça de luz" é um símbolo do Eu Superior na tradição esotérica ocidental e pode ser ainda outra ideia "pagã" desavergonhadamente roubada pela Igreja inicial. Parece mais provável que Himmler tenha imaginado o Graal na forma descrita por Wolfram von Eschenbach em *Parzival*, que era a de uma pedra sagrada, a *lapis exilis* dos alquimistas. Possivelmente ele não se importava com a forma que ela tomasse, contanto que fosse um veículo de poder oculto, por meio do qual pudesse canalizar as forças cósmicas que assegurariam a invencibilidade da SS.

Rahn, um devoto de Von Eschenbach e Wagner, estava convencido de que o objeto de sua obsessão vitalícia era uma pedra sagrada e viajou por toda a Europa durante 1931 em busca de prova. Afirmou tê-la encontrado em uma pequena cidade francesa chamada Ussatles-Bains, na região de Languedoc, tendo como guia um colega entusiasta, Antonin Gadal. de uma sociedade histórica conhecida como os "Amigos de Montsegur e do Graal", Gadal acumulou um pequeno museu particular com artefatos e documentos do período que Rahn considerava inestimável.

Depois de transcrever documentos antigos e decifrar as inscrições nas relíquias fornecidas por Gadal, Rahn concluiu que Montsavat, a lendária montanha do Graal, era na realidade a fortaleza dos cátaros, Montsegur.

Tendo decodificado a geometria sagrada do local e sua relação com outros locais, ficou convencido de que o tesouro cátaro não teria sido removido desse lugar sagrado, mas que fora escondido em uma localidade secreta, conhecida apenas pelos anciões, mais provavelmente nos subterrâneos, onde teria permanecido ileso quando os cavaleiros do papa colocaram fogo na fortaleza.

O resultado de suas pesquisas foi publicado em 1933 sob o título *Kreuzzug gegen* [Cruzada contra o Graal], que concluía que Parsifal, o cavaleiro do Graal, tinha sido um cátaro. Inevitavelmente, o livro chamou a atenção do Reichsführer SS Himmler.

O Rasputin de Himmler

Diz-se que Rahn só concordou em aceitar uma incumbência da SS porque ela garantia-lhe uma refeição substancial três vezes ao dia e fundos ilimitados para prosseguir sua pesquisa. Qualquer que seja a razão, ele certamente viveu para se arrepender, pois isso o colocou sob pressão intolerável para produzir resultados levando-o a conhecer o excêntrico e imprevisível Karl Maria Willigut.

Willigut, que havia projetado o anel da caveira [cabeça da morte] para a SS e ao qual comumente se referiam como "Rasputin de Himmler", uma vez fora considerado clinicamente louco, o que fez dele o nazista especialista em ocultismo ideal. Himmler ficou apropriadamente impressionado com o agitado estudioso de runas e clarividente, a ponto de conceder-lhe o título de chefe do departamento de pré-história no gabinete de raça e reassentamento da SS. As qualificações de Willigut para esse posto de prestígio eram o conhecimento de runas e a habilidade para acessar 20 mil anos de história teutônica dos registros akáshicos, a memória coletiva do ser humano ou, como Jung o chamou, o inconsciente coletivo. Dessa nuvem de energia onisciente, aprendeu que o Cristianismo tinha origem alemã e que Jesus era, na verdade, o deus teutônico Baldur, que havia fugido para o Oriente Médio depois de sobreviver a um atentado para crucificá-lo por devotos de seu rival, Wotan. Não se sabe exatamente o que Rahn, um historiador convencional, pensou de seu novo colega, mas ele deve ter se perguntado em que hospício havia se metido.

Qualquer receio que Rahn teve, ele o guardou para si. Suas correspondências com Willigut a respeito da busca pelo Graal, que o levou até a Islândia, restringiam-se a estéreis relatórios acadêmicos sobre o significado simbólico de nomes de lugares antigos. Quando retornou, Himmler deixou claro seu desagrado e deu a Rahn prazo até 31 de outubro de 1936 para providenciar um manuscrito publicável, documentando a prova da superioridade ariana e o direito da Alemanha às terras do leste, especialmente à Rússia. Ou melhor ainda, a evidência de que havia passagens subterrâneas em Montsegur contendo o Graal e possivelmente outros artefatos ocultos, como Rahn suspeitara originalmente. Em *Hitler e a tradição cátara*, o autor francês Jean-Michel Angebert especula que Rahn teve sucesso em localizar as passagens e recuperar o Graal com a ajuda do time arqueológico da SS *Ahnenerbe*. A Taça Sagrada, embalada e transportada por uma escolta a Wewelsburg, foi colocada em um pedestal de mármore no Reino dos Mortos, debaixo do Grande Salão.

Isso parece bem improvável por várias razões, a principal é que os místicos acreditam que o Graal seja puramente simbólico no nível elevado de percepção conhecido como consciência crística, que pode ser atingido apenas por meio de uma busca espiritual. Isso explica sua fascinação duradoura para buscadores espirituais de todas as tradições – não apenas os místicos cristãos. Além disso, artefatos – sejam cartas de tarô, bolas de cristal, runas ou mesmo a celebrada Lança do Destino – não têm poder inerente em si; a força daqueles que usam o objeto para estimular suas próprias sensibilidades psíquicas. Rahn diligentemente produziu seu relatório, "A corte de Lúcifer", cujo título e tema central mostravam a extensão a que havia caído sob o feitiço de Himmler. Em uma passagem típica, é possível ler o seguinte:

Rei Arthur e seus cavaleiros da távola redonda em busca do Cálice Sagrado.

> (...) o antigo Deus do amor é também o senhor da primavera, como personificado no mito grego de Apolo, que trouxe de volta a luz do Sol, Ele é o portador da luz, ou "Lúcifer". De acordo com o Apocalipse de João, Apolo era identificado com o Diabo (...) Há muito mais [luz no mundo] do que nas casas de Deus – catedrais e igrejas – onde Lúcifer não é nem capaz nem deseja entrar por causa das sombrias janelas de vitrais nas quais os profetas e apóstolos judeus, os deuses e os santos romanos (isto é, católicos) são retratados.

Em essência, Rahn tenta legitimar a rejeição dos nazistas do Cristianismo ortodoxo, afirmando que a Igreja inicial demonizou o Deus verdadeiro, Lúcifer, que não deve ser confundido com o Diabo, ou Satã. Este era Jeová, o Deus falso dos judeus, o que prova que não era possível que Jesus tivesse sido um judeu, e que todos os judeus são na realidade satanistas!

Nem o lunático Willigut poderia ter inventado uma teoria mais distorcida, mas Rahn parece ter sido sincero em suas crenças. Uma reportagem de jornal sobre uma palestra que fez sobre o assunto na casa de Dietrich Eckhart, em Dortmund, em janeiro de 1938, revelou sua lealdade contínua aos cátaros. Falando da queda de Montsegur, disse:

> Duzentos e cinco dos principais seguidores de Lúcifer foram queimados em uma pira enorme pelos dominicanos no sul da França, após uma cruzada clerical de grande escala em nome da clemência cristã. Com fogo e espada a doutrina de Lúcifer do portador de luz foi perseguida junto de seus seguidores. Os [cátaros] estão mortos, mas seu espírito vive.

Rahn foi tão vítima do nazismo, pode-se argumentar, como qualquer um dos inúmeros inocentes que foram assassinados por ele. Mas Rahn não perdeu apenas a vida, ele perdeu a alma.

O departamento ocultista

É apropriado que o homem indicado por Himmler para encabeçar o departamento ocultista nazista tivesse uma semelhança tão surpreendente com a imagem tradicional de Mefistófeles, pois se há uma seção da administração nazista concebida no inferno, foi esta. Seu nome oficial era *Ahnenerbe*, ou departamento de herança ancestral, título inócuo que mascarava algumas das atividades mais perversas jamais concebidas pela mente humana, incluindo experimentos sádicos em reclusos nos campos de concentração. O administrador sênior do departamento, coronel da SS, Wolfram Sievers, cultivava uma aparada barba negra e um aspecto de charme urbano que lhe dava a aparência do próprio demônio, e há razão para suspeitar que, quando andava calmamente até a força da prisão de Nuremberg em 1945, fazia-o na crença de que seu mestre infernal o esperava.

Antes de sua assimilação à SS, em 1935, a *Ahnenerbe* havia sido uma instituição pseudocientífica empregadora acadêmicos que estudavam o valor nutricional de várias formas de mel, o simbolismo oculto da cartola de Eton e o significado místico da supressão da harpa celta na Irlanda do Norte! Essas pesquisas insignificantes eram presididas pelo predecessor de Sievers, Hermann Wirth, um homem cuja sanidade era tão questionável quanto a de Willigut.

> O coronel da SS Wolfram Sievers cultivava uma aparada barba negra e um aspecto de charme urbano como o próprio demônio

Na entrada de sua casa, Wirth havia pendurado um aviso que dizia: "Proibido fumar. Uma respiradora profunda vive aqui". Ele se referia a sua esposa, uma médium, que ficava em um estado de transe permanente, enquanto seu marido permanecia de prontidão esperando para registrar as verdades cósmicas profundas que ela alegava ser capaz de canalizar das inteligências superiores. Wirth havia assegurado o posto de chefe da *Ahnenerbe* após impressionar Himmler com seu conhecimento de pré-história, mas ele era crédulo ao extremo e aceitava todas as teorias excêntricas ao pé da letra. Ele confiava em sua intuição para informá-lo se uma fonte questionável era genuína ou não, em vez de demandar evidência documental ou prova científica. Sua crença inabalável na mítica terra natal alemã de Thule, por exemplo, era baseada inteiramente em "evidência" oferecida pelo claramente falso *Uralinda-Chronik*, um documento supostamente nórdico que ostentava uma marca-d'água do século XIX. Quando sua autenticidade foi questionada, ele justificou sua fé nele dizendo que era uma cópia e que confiava que o original apareceria quando seu possuidor sentisse que era a hora certa.

Himmler foi forçado a defender a reputação de Wirth em mais de uma ocasião, ao menos para salvar a sua própria. Em 1933, ele ordenou Hermann Rauschning a forçar acadêmicos dissidentes a silenciar, para que as asserções de Wirth não fossem desafiadas.

> Himmler me chamou para contar sobre um professor que lecionava sobre tempos pré-históricos em Danzig e em Königsberg. Esse homem, disse, esteve criticando ideias correntes sobre a origem dos teutões e a idade de sua civilização, e condenara essas ideias a partir de pontos de vista alegadamente científicos. Nessa época, havia se criado uma grande sensação por um livro excessivamente bobo, uma fraude manifesta,

Ciência oculta

Uma imagem meio quixotesca de Hitler como cavaleiro teutônico arquetípico e salvador da Alemanha.

o Uralinda-Chronik. *O livro remontava à história dos teutões até um período infinitamente remoto, e provava mais uma vez que a raça alemão-teutã original era a verdadeira criadora da civilização europeia. O professor havia tratado esse livro com a severidade apropriada [isto é, crítica], e Himmler queria que eu acabasse de uma vez por todas com esse tipo de brincadeira de mau gosto. Ele mesmo colocaria o temor a Deus nos professores de Königsberg e Breslau: eu deveria fazer o mesmo em Danzig (...) Ouvi uma palestra do professor que havia editado o peculiar "Chronik", o professor Wirth; ele havia escrito alguns livros estranhos sobre a "Origem da Humanidade", e havia se dedicado a pesquisar o simbolismo primitivo de eras pré-históricas em sinais e desenhos. Hitler estava interessado no assunto. Wirth falou em reuniões nas quais os fundamentos de uma nova concepção de Deus e a base da civilização vindoura foram discutidos (...) A humanidade, aprendíamos, estava no limiar de um novo dia. Todos os princípios aceitos hoje estavam há muito obsoletos. Nada poderia nos servir na nova era que agora alvorece, além de recordações e ressuscitações das primeiras ideias e costumes da alvorada da humanidade (...) A pré-história é a doutrina da superioridade dos alemães na aurora da civilização.*

Contudo, Himmler, por fim, cansou-se de ter de se defender das reivindicações infundadas de Wirth e o substituiu pelo firmemente leal Wolfram Sievers. Desde o dia em que assumiu o cargo, Sievers implementou uma reestruturação desde a raiz de todo o instituto, expandindo-o a 50 departamentos separados, incluindo a notória unidade de "ciência militar experimental", que instigou teste de refrigeração humana no campo de concentração de Dachau.

Tem estado em voga entre alguns indivíduos com compreensão limitada do regime considerar os nazistas como palhaços, e certamente algumas de suas teorias mais bizarras a respeito de cidades subterrâneas perdidas, ancestralidade ariana e Terra oca são risíveis. Entretanto, é necessário lembrar que a ignorância e a desumanidade tiveram consequências horríveis para os que foram submetidos a intolerável sofrimento na busca da nova "ciência".

Um prisioneiro de Dachau, que foi forçado a participar de testes para determinar os efeitos da altitude elevada para a Luftwaffe, mais tarde descreveu os efeitos da descompressão sofrida pelos prisioneiros:

Ciência oculta

[Eles] ficavam loucos e arrancavam os cabelos em um esforço para aliviar a pressão. Puxavam os cabelos e feriam as faces com seus dedos e unhas em um esforço para se mutilar em sua loucura. Batiam na parede com as mãos e a cabeça e gritavam tentando aliviar a pressão em seus tímpanos (...)

Quando a Luftwaffe reclamou que os testes não haviam conseguido compreender os efeitos das temperaturas abaixo de zero, em altitude elevada, e sobre pilotos que pudessem ter de ejetar sobre o Oceano Ártico, a unidade de ciência militar experimental obrigou, por ordem expressa, que prisioneiros malnutridos deveriam ser deixados para fora a noite toda e baldes de água gelada sendo jogados sobre eles em intervalos regulares. Como Francis King apontou em *Satã e a suástica*, os únicos seres humanos decentes envolvidos nesses experimentos "repugnantes, cruéis e sem valor científico" foram as vítimas. Ele cita, como exemplo, um episódio particular relatado a ele de um presidiário de campo, no qual dois oficiais russos foram trazidos e forçados a entrar completamente nus em um tanque de água gelada.

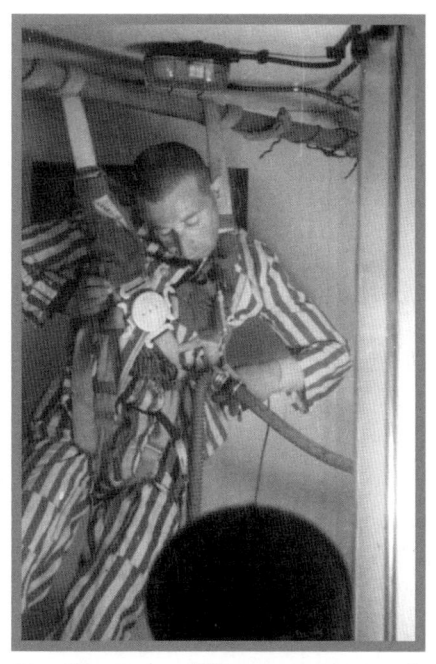

Experimentos médicos no campo de concentração de Dachau eram "repugnantes, cruéis e sem valor científico".

Hora após hora passava, apesar de a narcose por frio ocorrer usualmente em 60 minutos. Nesse caso, os dois ainda estavam totalmente conscientes ao fim de duas horas e meia. Todos os esforços de nossa parte para persuadir [o médico do campo] a dar-lhes uma injeção de narcótico eram em vão. Em um momento, durante a terceira hora, um dos russos disse para o outro: "Camarada, peça para o oficial atirar em nós". O outro respondeu que não esperava qualquer misericórdia daquele cão fascista. Então, eles apertaram as mãos com um "Adeus, camarada!" (...) O experimento durou pelo menos cinco horas antes de a morte finalmente ocorrer.

O médico sênior encarregado dos testes em Dachau era o dr. Sigmund Rascher. Ele escapou da justiça dos Aliados, mas foi morto por guardas da SS sob ordens de Himmler, nas últimas semanas da guerra. O Reichsführer havia endossado o tratamento sádico de Rascher a prisioneiros desarmados, mas impôs o limite quando o médico, que aceitara um presente de

Dachau foi o campo de concentração protótipo. Abriu em 1933, e 200 mil prisioneiros atravessaram seus portões, muitos dos quais não reemergiram, antes de serem libertados em 1945.

Himmler por ter sido pai de três filhos à meia-idade, mentiu para ele. Na

verdade, Rascher e sua esposa haviam sequestrado três bebês de um orfanato, anunciado-os como seus próprios filhos.

Estima-se que a *Ahnenerbe* gastou mais em suas "pesquisas" do que os americanos investiram para desenvolver a primeira bomba atômica.

Runas

Se houve uma obsessão arcana partilhada tanto pelos ocultistas *völkisch* quanto pelos nazistas, além da raça, foram as runas, que apareciam nos capacetes, armas, estandartes e veículos blindados do exército alemão por razões amplamente desconhecidas por seus inimigos – até depois da guerra.

De acordo com a lenda nórdica, o "alfabeto" rúnico foi dado à humanidade por Odin, o deus de um só olho, que vaga pelo mundo dos homens distribuindo sabedoria e justiça. Na lenda islandesa do século XIII, na saga de Volsunga, Brynhyld (Brunilde) ensina a Sigund (Siegfried) que as runas são a "raiz de todas as coisas", assegurando-lhe que se ele gravasse a runa *Tyr* no punho de sua espada, ela asseguraria a vitória na batalha – uma prática adotada 600 anos depois pela SS. A associação com a magia origina-se do fato de que a runa antecede a palavra escrita na Europa – suas linhas duras e simples ao serem gravadas em pedra, metal e madeira imprimiam a energia pessoal residual do escriba no material.

As runas eram usadas amplamente por toda a Europa desde 400 a.C. para proteger cemitérios sagrados e lançar feitiços e maldições. A linguagem escrita substituiu-as no fim da Idade Média, mas ainda hoje conservam suas associações ocultas. As runas ainda são usadas para a adivinhação, ou o mago pode meditar sobre um símbolo específico para despertar a qualidade ou atributo correspondente em si.

É um "alfabeto" ideográfico, similar aos hieróglifos egípcios e caracteres chineses: cada runa é mais do que uma letra, é um símbolo, que representa uma palavra ou conceito significativo. Diz-se que cada uma possui a essência dessa ideia, que pode ser acessada por um iniciado da magia rúnica que busca chegar a sua força primordial. Por essa razão, os ocultistas *völkisch* argumentavam que as runas constituíam a verdadeira expressão da cultura ariana antiga, enquanto a letra escrita era semita e superficial.

A origem e o significado das runas tornaram-se obsessão dos acadêmicos arianos da *Ahnenerbe,* que recebiam cada descoberta da escrita rúnica em uma terra distante como uma validação das reclamações territoriais alemãs; e a inferência era que o país em questão devia ter sido colonizado pelos povos teutões em tempos antigos. Um eminente estudioso das runas, Josef Heinsch, chegou ao ponto de sugerir que as linhas de Ley que correm pela

Renânia, na verdade, formavam imensos caracteres rúnicos, o que explicava a importância mística da região.

Enquanto isso, o significado místico das runas inspirava Himmler a adotar aquelas que acreditava que funcionariam como talismãs para proteger ou inspirar seus homens. A runa *sig* dupla, usada pela SS, por exemplo, representa a vitória e, portanto, ao adotá-la como sua insígnia, aqueles que a usavam estariam invocando tudo associado à conquista bem-sucedida, incluindo coragem, força, unidade, responsabilidade e energia física. O intenso interesse de Himmler no poder mágico das runas levou-o a tornar compulsório para os oficiais da SS a participação em cursos sobre o conhecimento das runas.

Ciência oculta

A Hakenkreuz era o símbolo pagão para Thor, o deus do trovão.

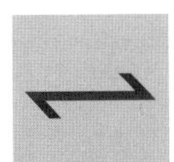

A Eif-Rune simbolizava a devoção e a lealdade. Era usada pelos ajudantes pessoais de Hitler.

A suástica Sonnenrad (ou roda do Sol) era o antigo símbolo nórdico do Sol. Ela foi adotada pela 5ª Divisão de Blindados, Wiking.

A Leben-Rune (ou runa da vida) era o símbolo da Sociedade Lebensborn que cuidava dos filhos ilegítimos dos homens da SS.

A Sig-Rune representava a vitória. Contrariamente ao mito popular, ela tinha uma origem mundana, tendo sido desenhada em 1932 por um empregado de Ferdinand Hoffstatter, fazedores de insígnia.

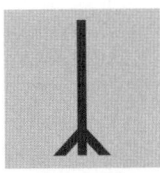

A Toten-Rune simbolizava a morte e pode ser vista em túmulos da Waffen SS.

A Ger-Rune era um símbolo do espírito de comunidade e do "pertencimento".

A Tyr-Rune (ou runa de batalha) era o símbolo antigo de Tyr, deus da guerra.

Dizia-se que a Wolfsangel (ou gancho de lobo) protegia do perigo. Foi adotada pela 2ª Divisão de Blindados, Das Reich.

A Heilszeichen representava a prosperidade e aparecia no SS Totenkopfring (ou anel de caveira) conferido aos oficiais da SS.

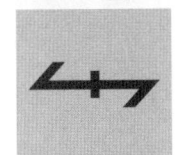

Essa variação da Wolfsangel era a insígnia da SS holandesa.

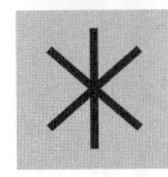

A Hagal-Rune era um símbolo de fé.

A Opfer-Rune representava o autossacrifício e era usada para homenagear os nazistas que foram mortos no Putsch de Munique.

A Odal-Rune representava a amizade e o parentesco de sangue. Foi adotada pelo gabinete de raça e assentamento da SS e pela 7ª Divisão SS Freiwilligen Gebirgs, Prinz Eugen.

Meine Ehre heißt Treue

Capítulo Seis

A SS: o mito dos "cavaleiros negros"

A ideia vital que inspirou a SA foi substituída (...) por uma ideia que era puramente satânica, a SS.

Joachim Gunthe (1934)

Não havia nada de nobre ou cavaleiresco na SS (*Schutzstaffel* ou guarda pessoal), cujo nome tornou-se sinônimo de brutalidade e assassinato em massa. Eles foram coletivamente responsáveis pela morte de 14 milhões de civis inocentes e destruição de inúmeras comunidades e culturas por toda a Europa. Como supervisores dos campos de concentração e de morte, causaram diretamente o assassinato de 6 milhões de judeus, bem como de 5 milhões de russos, 2 milhões de poloneses, 500 mil ciganos e mais 500 mil de seus próprios conterrâneos, que assassinaram porque eram homossexuais, deficientes ou se opunham ao regime nazista.

Em suas próprias mentes e nas fantasias de seu líder, o ex-fazendeiro de galinhas Heinrich Himmler, a SS era a corporificação do espírito cavaleiresco e a reencarnação dos cavaleiros teutônicos, aos quais foi confiada a preservação do ideal ariano e o extermínio das "raças inferiores", a saber: judeus e eslavos. Em uma tentativa cínica de estabelecer continuidade com a tradição militar prussiana, Himmler nomeou alguns de seus novos regimentos da SS em homenagem aos que haviam trazido glória ao império nos dias do Kaiser e das campanhas contra Napoleão. Mas os homens da *Totenkopf*, *Liebstandarte* e *Das Reich* levaram apenas desonra para sua pátria. Originalmente formada, em 1922, como uma escolta pessoal de elite para o Führer, ainda havia menos de 200 homens quando Himmler foi apontado como Reichsführer, em 1929, com a idade de 28 anos. Em quatro anos, suas habilidades organizacionais haviam multiplicado suas fileiras em aproximadamente 50 mil. Em 1934, o ano após a ascensão de Hitler ao poder, os números haviam crescido a tal ponto que Himmler podia se permitir expulsar 60 mil "indesejáveis" em um expurgo sem sangue. Mas foi apenas depois da "noite das longas facas", em 30 de junho de 1934, quando os esquadrões de execução cercaram e chacinaram a liderança da SA, incluindo seu líder simbólico Ernst Röhm, que a autoridade suprema da Ordem Negra foi assegurada. Desse dia em diante, os brigões de rua, com camisas marrons da SA, bem como o Serviço de Segurança (SD) e até a temida Gestapo, a polícia secreta nazista, foram subordinados à SS.

Himmler observara com sinistra satisfação: "Sei que há muitos na Alemanha que se sentem mal ao ver essa túnica negra, podemos compreender isso". E não se desculpava ao justificar os métodos implacáveis de seus homens.

> *Um princípio deve ser absoluto para o homem da SS: devemos ser honestos, decentes, leais e camaradas com os membros de nosso próprio sangue e mais ninguém. O que acontece com os russos, o que acontece com os tchecos, é um assunto de completa indiferença para mim. Sangue tão bom quanto o nosso como possa haver entre as nações, devemos conseguir para nós, se necessário, tomando as crianças e trazendo-as*

Cartaz de recrutamento para a Waffen-SS, a seção armada da organização SS de Himmler: mal-afamada por suas habilidades fanáticas de combate, a SS foi declarada ilegal depois da guerra.

para o nosso meio. Se os outros povos vivem em conforto ou morrem de fome só me interessa à medida que precisamos deles como escravos para nossa cultura, fora isso, não me interessa. Se 10 mil mulheres russas desfalecem, ou não, por exaustão ao cavar uma trincheira antitanque, isso só me interessa à medida que a trincheira antitanque seja completada para a Alemanha.

Marchando em compasso: Adolf Hitler e seu chefe de polícia, Heinrich Himmler, inspecionam uma formação de homens da SS em 1938. Himmler era um organizador brilhante e seu poder à segurança do Estado era imenso.

Sangue e terra

Ironicamente, dizia-se que Himmler, o frágil e modesto filho de um professor católico que subiu de pedante burocrata subalterno do partido para o comando de uma das mais temidas unidades de combate da História, ficava branco ao ver sangue. Sua tendência sádica tinha de ser satisfeita de forma indireta por outros que de bom grado sujassem as mãos em seu nome.

Como muitos na hierarquia nazista, considerava-se um homem de cultura, princípios e ideais. Havia estudado agricultura na Universidade de Munique e sonhava em estabelecer uma academia que lideraria uma revitalização rural. "O pequeno proprietário rural em sua própria terra é a espinha dorsal da força e do caráter do povo alemão", escrevera. Se Himmler prevalecesse, a indústria alemã seria desmantelada e a nação teria sido forçada a regressar à Idade Média, centrada ao redor de uma economia camponesa feudalista e autossuficiente, com ele mesmo como senhor feudal.

De acordo com seus ajudantes, o Reichsführer via-se como a reencarnação de Heinrich der Vogler (Henrique, o Passarinheiro; 875-936 d.C.), rei da Saxônia e fundador do Primeiro Reich, o qual descrevia como "o nobre camponês de seu povo". Não é claro se tomava essa ideia literalmente, pois, de acordo com seu médico pessoal Felix Kersten, ele também tinha o hábito de conversar em voz alta com o espírito de seu herói na calada da noite. Essa aparente contradição é explicada pelo fato de que Himmler aceitava a teoria proposta pelo místico Karl Eckhart, que acreditava que cada indivíduo é parte de um grupo de almas, e assim é levado a reencarnar na comunidade.

De acordo com essa teoria, um homem poderia voltar como seu próprio neto, ou pai e filho renasceriam um século depois como irmãos para resolver as diferenças que os dividiram em sua vida anterior. Himmler não tinha vergonha de expressar sua crença em ideias tão anticonvencionais e anticristãs em público. Em Dachau, no milésimo aniversário da morte de Henrique, o Passarinheiro, em 1936, disse para uma audiência de altos oficiais da SS que eles eram parte de uma ordem esotérica e que haviam se conhecido em uma vida anterior, sendo reunidos novamente para completar uma missão especial depois da qual poderiam esperar encontrar-se de novo em uma vida futura. No ano seguinte, encomendou 20 mil cópias do livro de Eckhart, *Imortalidade mundana*, para ser distribuídas entre os membros da SS, mas a encomenda foi cancelada depois que vários [oficiais] do círculo interno de Hitler convencerem o Führer de que a defesa de Himmler do esoterismo oriental estava minando a relação do regime com a Igreja.

Tal era a devoção de Himmler ao seu homônimo, Heinrich, que fazia uma peregrinação anual à sua tumba para renovar o voto de continuar "a missão civilizatória do rei no leste", e sentava-se ao lado dela em meditação silenciosa esperando receber orientação e inspiração do monarca morto.

Ancestralidade, herança, cultura e natureza sagrada da terra eram importantes no mito de Himmler, dando origem à perniciosa revisão nazista da doutrina de sangue e terra, que sustentava que os arianos eram *Übermenschen*, a raça-mestra, que deveria ser servida por escravos como os faraós do Egito Antigo. Claramente, seu conceito de vida camponesa alemã não era o idílio pastoral dos poetas românticos. Ele imaginava os campos da pátria sendo cultivados por lavradores eslavos escravos, incluindo crianças, que trabalhariam do alvorecer ao crepúsculo até que caíssem mortos de fome e excesso de trabalho, enquanto seus mestres alemães observariam impassíveis. Tragicamente, sua visão tornou-se realidade para centenas de milhares de seres humanos.

Iniciação da SS

Com seu físico que não impressionava, visão ruim e distúrbios digestivos crônicos, Himmler era uma patética autoridade simbólica de sua Guarda Pretoriana. Todavia, os requisitos para entrada na SS eram inicialmente rigorosos ao extremo – apesar de terem sido afrouxados mais tarde, para acomodar candidatos adequados nos países ocupados, especialmente após a derrota em Stalingrado, quando as fileiras da SS foram severamente reduzidas.

Além de se qualificar como espécimes físicos extraordinários entre os homens nórdicos, os oficiais tinham de provar sua ancestralidade ariana voltando até 1750, enquanto os das fileiras mais baixas deviam demonstrar apenas que sua árvore familiar não estava contaminada por sangue judeu até 1900. Foram feitas exceções para os favoritos de Himmler que eram suspeitos de ter ancestrais judeus, como Reinhard Heydrich "coração-de-ferro", de quem Himmler disse: "Ele superou o judeu dentro de si por meios intelectuais". Todo o conceito nazista de raça ariana pura era tão ridículo quanto trágico, pois até Himmler precisou admitir ter parentes judeus pelo casamento.

Heinrich Himmler, líder supremo da SS, garantia que todas as suas tropas aprendessen a "matar e morrer".

Uma vez aceito, o típico novato de 18 anos da SS passava por um longo período de treinamento e doutrinação durante o qual era permitido usar o uniforme, mas sem as insígnias de colarinho. Elas eram concedidas todo ano, em 9 de novembro, no primeiro aniversário do golpe de 1923 que seguia a sua aceitação na ordem. No dia 30 de janeiro, aniversário da ascensão de Hitler ao poder, o candidato recebia sua carta de identidade da SS provisória, mas tinha de esperar até 20 de abril, aniversário de Hitler, antes de obter a carta de identidade completa e as insígnias de colarinho.

Além do treinamento militar, projetado, nas palavras de Himmler, para ensinar a cada homem "como matar e como morrer", os candidatos eram submetidos à doutrinação no credo da SS, uma perversão do catecismo católico, que demandava que cada homem memorizasse as respostas para perguntas principais, como: "Por que acreditamos na Alemanha e no Führer?" (A resposta exigida era como segue: "Porque acreditamos em Deus, acreditamos na Alemanha que Ele criou em Seu mundo e no Führer, Adolf Hitler, que Ele nos enviou".) Uma vez aprendido o credo, exigia-se que o candidato participasse de uma cerimônia de iniciação neopagã, que culminava com um juramento que tinha a intenção de unir sua fé à de seu Führer até a morte.

> *Juro a ti, Adolf Hitler (...) lealdade e bravura.*
>
> *Juro a ti e aos superiores que apontarei obediência até a morte. Deus me ajude.*

Era explorando dessa forma a característica alemã de obediência incondicional à autoridade que os nazistas recrutavam tantos jovens inocentes em obediência cega para suas ordens vis. A obediência era igualada à prática religiosa e a autoridade à vontade divina. Questionar o Estado e seu líder representativo equivaleria a questionar a vontade de Deus.

Há muito se ensina que esses juramentos foram iniciados pelos nazistas, mas na verdade eles haviam sido implementados pelo Kaiser Wilhelm II. Em 10 de dezembro de 1891, ele disse aos recrutas:

> *Agora vocês me juraram lealdade na presença de um sacerdote de Deus e perante este altar. Vocês juraram lealdade a mim. Isso significa que agora vocês são meus soldados. Vocês se entregaram a mim de corpo e alma. Vocês conhecem de agora em diante apenas um inimigo, meu inimigo (...) Posso mandá-los atirar em seus próprios parentes, em seus irmãos ou até seus pais – o que certamente Deus não permita! – mas mesmo vocês devem obedecer minhas ordens sem questionar.*

Somente após o serviço obrigatório no corpo de trabalho e no exército, o candidato bem-sucedido era autorizado a usar todas as insígnias da SS e a portar uma adaga cerimonial gravada com símbolos rúnicos, que tinham a intenção de conceder poderes mágicos de proteção ao usuário. As insígnias da SS não representavam, como muitos pensavam, relâmpagos, mas eram duas runas *Sig* que simbolizavam o poder e a vitória. Desde tempos antigos, a adaga era considerada arma sagrada, sendo usada em magia cerimonial na qual representava o aterramento da força do deus no reino da matéria, do mesmo modo que um pararraios canaliza a eletricidade até a terra. Antes de 1939, todas as fileiras também recebiam um anel de prata com o selo da caveira, mas durante a guerra ele era dado apenas a comandantes da SS que haviam sustentado um posto sênior por mais de três anos. De novo, o anel era uma reprodução clara dos anéis mágicos usados pelos sacerdotes pagãos dos tempos antigos. Na Alemanha eles eram conhecidos como os *gothi*.

Depois de servir no corpo de trabalho ou no exército, o novato da SS era designado a qualquer seção do serviço que os superiores julgassem mais adequada às suas habilidades. A SS tinha sua própria unidade regular de exército, a Waffen SS, considerada a tropa de choque leal a Hitler; nos campos de concentração, a SS dobrava os guardas e executores, ou eles podiam ser transferidos para cargos de supervisão, ajudando a Gestapo a recolher e a interrogar membros da resistência nos países ocupados.

Trecho dos regulamentos que governavam a SS. Seu lema – traduzido como "Lealdade é minha honra" – era gravado em todas as adagas de honra da SS.

A unidade mais notória de todas era a *Einsatzgruppe*, ou esquadrão da morte, cujo único dever era agir como uma unidade de extermínio, instigando a política de Hitler da "limpeza étnica", ou genocídio, na esteira das tropas alemãs que avançavam.

Do berço ao túmulo

Todos os aspectos da vida do homem da SS, do batizado ao funeral, eram controlados pelo Estado. No batizado, o primogênito recebia um presente pessoal do Reichsführer na forma de uma caneca com uma placa de prata, enquanto o quarto filho ganharia um castiçal de prata gravado com a legenda: "Você é apenas um elo na cadeia sem fim do clã [da SS]". Himmler até emitiu instruções sobre como seus homens deviam cometer suicídio "de maneira apropriada", de modo a não trazer desonra ao regimento. Até na morte a SS era distinta das tropas regulares por uma runa *Toten* de madeira no lugar da cruz convencional em seus túmulos.

Mantinha-se um dossiê de cada membro que detalhava todos os aspectos de suas vidas públicas e privadas, incluindo assuntos financeiros. Até suas prospectivas parceiras de casamento eram selecionadas para assegurar que "as condições de raça e linhagem saudável fossem satisfeitas". Uma vez aprovadas, até a cerimônia era nazificada, purificada de elementos cristãos e oficializada pelo líder da SS local, que substituía o padre. Em 3 de maio de 1943, Himmler deixou explícitas suas observações sobre o casamento cristão convencional.

> *O casamento, como é hoje, é a obra satânica da Igreja Católica Romana. Consideradas desapaixonadamente e sem preconceito, nossas atuais leis de casamento são absolutamente imorais (...) [elas] levam a uma diminuição no tamanho das famílias. Depois da guerra (...) a monogamia deixará de ser imposta à humanidade promíscua. A SS e os heróis dessa guerra terão privilégios especiais. Eles terão imediatamente o direito de tomar uma segunda esposa, que será considerada tão legítima quanto a primeira. A permissão de ter duas esposas será uma marca de distinção (...) O sangue racialmente puro dos heróis alemães será transmitido para tantos descendentes quanto possível (...) Qualquer soldado que tenha se destacado na guerra (...) terá permissão de substituir uma esposa não-ariana por uma que seja ariana pura.*

O perfeito casamento nazista: Magda Goebbels uma vez afirmou ter se casado com Joseph, em 1931, para ficar mais próxima do Führer, que pode ser visto atrás do jovem Harald Quandt, filho de seu casamento anterior.

Diz-se que o interesse obsessivo de Himmler na procriação da prole ariana saudável encontrou sua expressão última na *Lebensborn*, casas de procriação seletiva. A SS exigia que todas as mulheres não casadas, com mais de 30 anos, se apresentassem e "se colocassem à disposição para ser engravidadas". Ironicamente, essas fazendas de procriação provaram-se inexplicavelmente improdutivas. A taxa de mortalidade infantil era duas vezes a média anual, a despeito da administração de chás de erva calmante, cujos ingredientes eram cultivados em jardins anexos aos campos de concentração.

Fantasmas e cemitérios

Não é exagero dizer que os nazistas tinham de fato algumas ideias muito estranhas. Considerando que seus líderes não eram mais do que brigões de rua e burocratas subalternos, não é de surpreender que aceitassem teorias tão excêntricas, como o modelo da Terra oca de Bender ou a teoria do mundo de gelo de Horbiger. Mas talvez a prática mais bizarra tenha sido a defendida pela revista da SS *Die Schwarze Korps* [As Unidades Negras], que encorajava seus leitores a copular nos cemitérios onde os heróis alemães haviam sido enterrados. Listas de locais apropriados eram publicadas somente após terem sido aprovadas pelo departamento *Ahnenerbe* da SS, cujo trabalho era assegurar que os cemitérios não haviam sido poluídos por espíritos não-arianos. (Fonte: Nigel Pennick, *Hitler's Secret Sciences* [As ciências secretas de Hitler], London, Nevil Spearman, 1981, p. 155)

Cemitérios judeus foram sistematicamente profanados e os locais rearranjados, mas houve uma exceção significativa. O antigo cemitério judeu em Worms foi poupado porque o altamente supersticioso Himmler acreditava que a geomancia mágica do local, que datava do século XI, seria perturbada se os alinhamentos fossem alterados. Também é provável que ele temia alguma forma de retribuição divina se qualquer um dos 2 mil túmulos fosse perturbado, já que os corpos haviam sido enterrados em areia sagrada trazida de Jerusalém.

O castelo de Wewelsburg

> *[O castelo] foi adaptado para servir como um tipo de monastério da SS. Lá um capítulo secreto da Ordem se reunia todo ano (...) cada um tinha de se devotar a um ritual de exercícios espirituais que visavam primariamente à concentração, o equivalente da reza, antes de discutir a alta política da SS.*
>
> SS Brigadeführer Walter Schellenberg

Quando Himmler vistoriou as ruínas de Schloss Wewelsburg, perto de Paderborn, em Vestfália, no verão de 1934, soube imediatamente que havia encontrado sua Camelot. Apesar de serem necessários vários milhões de Reichsmarks para restaurá-lo à sua glória passada – e consideravelmente mais para mobiliá-lo de maneira adequada ao centro espiritual da SS – não havia dúvidas na mente frugal de Himmler que seria dinheiro bem gasto. A lenda dizia que o castelo seria a última fortaleza sobrevivente contra um furioso ataque futuro de hordas do leste, e o sempre supersticioso Himmler tinha a intenção de ficar seguro por trás de suas paredes inabaláveis. Além disso, de acordo com os especialistas ocultistas da *Ah-*

Schloss Wewelsburg foi a Camelot nazista e o "centro espiritual" da SS. Esperava-se que as gerações futuras peregrinassem em massa até lá para venerar os fundadores do Reich de mil anos.

A *SS*: o mito dos "cavaleiros negros"

A liderança da SS, com Himmlerm, segundo a partir da esquerda, e Reinhard Heydrich, segundo a partir da direita.

nenerbe, a fortaleza era situada na intersecção de diversas linhas de Ley, significando que as energias da Terra eram concentradas em sua fundação de forma triangular, podendo ser evocadas durante rituais mágicos para ser direcionadas para qualquer fim que o praticante desejasse.

Quando a autoridade local foi persuadida a arrendar Wewelsburg pelo aluguel nominal de um marco por ano, sendo assegurada ao projeto uma concessão do governo, o trabalho de renovação começou de fato. Todas as suítes foram mobiliadas em um estilo adequado para um herói alemão, e repletas de tapeçarias ricamente adornadas, pesadas cortinas de brocado, mobílias antigas ornamentadas e entalhadas em carvalho sólido pelos melhores artesãos, e tapetes de veludo que não estariam fora de contexto no palácio de um sultão. Até as maçanetas e os candelabros de ferro forjado eram os melhores exemplos do artesanato alemão.

Em seu centro estava o salão de banquetes, medindo 45 x 30 metros, com sua imponente távola redonda arturiana ao redor da qual estavam dispostas 13 cadeiras de madeira entalhada, estofadas com pele de porco elevando o nome do Obergruppenführer, homenageado com um lugar na corte de Himmler. O número de convidados simbolizava os 12 signos do zodíaco, com Himmler encabeçando, mas também a intenção pode ter sido parodiar Judas e os 12 discípulos cristãos, cuja influência seria erradicada com o estabelecimento da nova ordem mundial.

Diretamente abaixo do grande salão situava-se a silenciosa câmara mortuária circular de pedra, conhecida como "o reino dos mortos", que abrigava 12 pedestais negros, cada um em uma posição, arranjados em volta de uma haste oca. Essa era a cripta na qual os "cavaleiros" caídos encontrariam o descanso final. Na eventualidade de seus corpos não poderem ser recuperados do campo de batalha, os brasões-de-armas deveriam ser queimados em seu lugar, e as cinzas colocadas em uma urna de porcelana. Aqui, esperava-se, as gerações futuras venerariam os fundadores do Reich de mil anos.

Oficialmente, o Wewelsburg deveria servir como escola de treinamento da SS, mas pelo menos um homem "de dentro" testemunhou ritos mágicos sendo realizados em uma antecâmara do castelo. Em suas memórias, o SS Brigadeführer Walter Schellenberg recorda o momento em que inadvertidamente entrou em um círculo psíquico, cujos membros haviam sido instruídos a projetar sua energia mental a uma sala adjacente onde um suspeito (general von Fritsch) estava sendo interrogado.

> *[Himmler havia] ordenado a todos eles que concentrassem suas mentes em exercer uma influência sugestiva sobre o general, que o induziria a dizer a verdade (...) ver esses 12 líderes da SS sentados em círculo, todos absortos em contemplação profunda e silenciosa, foi de fato uma visão notável.*

Com seus rituais, juramentos e insígnias característicos, fazia-se com que cada homem da SS entendesse que era mais do que apenas membro de uma unidade de combate de elite. Ele era um iniciado em uma ordem religiosa secreta, um ser superior em um universo amoral existindo além dos conceitos humanos de bem e mal.

Em termos práticos, ele estava acima da lei, nenhuma corte tinha jurisdição sobre a SS. Somente seus superiores podiam lhe julgar. Ele estava condicionado a agir sem compaixão sobre os inimigos e sem misericórdia sobre os condenados pelo Estado como não merecedores da vida, pois eles eram *Untermenschen* (subumanos). Uma vez que colocasse o uniforme negro, não precisaria ter uma consciência ou pensamento próprio. Ele podia matar com impunidade e considerar todos os atos brutais como um serviço ao Estado.

rettet die heimat

Capítulo Sete

Satã e a suástica

Se algo profundamente maligno não espreita por trás da atual tirania da Alemanha, onde, então, se encontra o mal?

Lewis Spence

Em 1940, o historiador ocultista britânico Lewis Spence, autor de um *best-seller* sobre a Atlântida, publicou um panfleto antinazista ("Causas ocultas da guerra atual"), no qual expressou o que muitas pessoas haviam suspeitado durante anos – a ideia de que a Alemanha nazista era a criação de forças satânicas com o propósito de instigar uma nova Idade das Trevas. "Neste trabalho", declarou Spence, "o autor revela a natureza e a existência de poderes ocultos funcionando por trás da organização nazista, a qual ele acredita ser apenas a manifestação exterior, apesar de apropriada, de atividades satanistas e diabólicas que a empregam para seus próprios propósitos malignos". Spence não estava, como poderia se imaginar, empregado pelas agências de "propaganda negra" dos Aliados, mas sim genuinamente convencido de que os fatores socioeconômicos, o nacionalismo militante e o poder da personalidade de Hitler sozinhos não poderiam ser responsáveis pela emergência desse novo império do mal.

> *(...) o Führer é meramente criatura e instrumento de forças que há séculos têm feito uso deste ou daquele ditador, tirano, ou outro títere de má reputação para promover suas próprias intenções arcanas, as quais, resumindo, são a criação do caos geral e a destruição da humanidade.*

Spence argumentou que praticamente toda revolução europeia foi instigada por aqueles que buscavam sobrepujar o cristianismo e, desse modo, deve ter havido uma inteligência malévola exercendo influência sobre os insatisfeitos, os impiedosamente ambiciosos e os impressionáveis na Alemanha entre guerras, como houve na Rússia revolucionária, na França de Robespierre e na Espanha de Franco, apesar de que a "revolução conservadora" de Franco fora apoiada ativamente pela Igreja Católica.

> *(...) o novo movimento pagão na Alemanha, a origem inflexivelmente satânica de seu método e intenção dá margem a pouca controvérsia. A substituição da cruz pela suástica, a ab-rogação do sacramento em favor de um rito parecido com o dos mistérios de Deméter, a perseguição de igrejas cristãs e de seus padres e ministros, e a substituição do ritual, ou serviço e hinologia por ofícios e canções blasfemas, a edificação de uma nova divindade, a instrução dos jovens sobre os mitos do passado em vez das escrituras – tudo isso fornece a prova mais clara da recaída da Alemanha nesse novo tipo de paganismo, que a política e a propaganda satanistas invariavelmente consideraram como o meio mais apropriado para a destruição e a extirpação da fé cristã.*

É claro, ser oponente vociferante do cristianismo ou da religião organizada em si não qualifica necessariamente alguém como satanista. Esse era o argumento falso da Igreja inicial. Mais comumente, aqueles que procuravam

A propaganda alemã retratava o ariano de olhos azuis como ideal. Desde os 6 anos de idade, exigia-se que os garotos vivessem esse estereótipo na Juventude de Hitler, treinando para as batalhas vindouras.

atenuar o domínio sufocante da Igreja, e particularmente da Igreja Católica, só aspiravam à autodeterminação ou à reforma social.

Mas Spence e outros autores que partilhavam a sua crença no bem e no mal apontaram a prática profundamente enraizada da bruxaria e da magia na Alemanha, apresentando-as como evidência *prima facie* de que o país era um terreno fértil para as artes negras, enquanto o fascínio mórbido dos alemães pelo conhecimento negro das florestas provava que a população, especificamente o campesinato, estava predisposta ao paganismo. Na verdade, os alemães rurais eram os mais fiéis frequentadores das igrejas, e era mais provável que a superstição e a ignorância os levassem à proteção paterna da Igreja do que a uma reunião de bruxas! Mas Spence estava certo em um aspecto. Pode-se dizer que a psique alemã estava inclinada ao romantismo mórbido e os nazistas condicionaram a população a ver a si mesma e a seus inimigos como arquétipos wagnerianos. A propaganda retratava os esculturais homens loiros de olhos azuis da SS como Siegfried personificado, enquanto judeus e eslavos eram os ávidos anões do mundo inferior. A desconfiança do estrangeiro estava profundamente enraizada na psique da nação e claramente madura para ser explorada.

> A desconfiança do estrangeiro estava profundamente enraizada na psique da nação e claramente madura para ser explorada

Essa tendência inerente de pensar em estereótipos raciais não era um vício exclusivamente alemão, mas sintomático do período, pois a sociedade havia se reduzido à lei da selva em razão da Grande Depressão. Os Estados Unidos tinham seus gângsteres, a Europa, seus rufiões fascistas. A falta de lei e o extremismo estavam em ascensão em todo o mundo ocidental. O mal, em todas as suas formas, procurava uma base de operações no século XX. Até relatou-se que o Kaiser ancião procurou colocar a culpa da derrota da Alemanha na Primeira Guerra Mundial em forças malignas e sem face, especificamente os franco-maçons e a irmandade ocultista mítica (e fictícia) conhecida como os Illuminati, supostamente por trás de todas as conspirações na história e que continuam a ser citados hoje como a mão invisível por trás de todas as tragédias, da invasão do Iraque ao "assassinato" de Diana, princesa de Gales!

Em seu retiro no campo em Doorn, foi dito que o Kaiser Wilhelm examinou cuidadosamente volumes devotados ao oculto e ao arcano em uma busca vã pelas respostas que atormentavam suas horas despertas e perturbavam seus sonhos inquietos. Como ele poderia ter sido logrado a jogar com o destino de seus 60 milhões de súditos em uma guerra em que a Alemanha se meteu? E por que ele desperdiçou suas oportunidades durante o impasse no *front* ocidental, que deu tempo para os americanos entrarem decisivamente do lado dos Aliados? Além disso, como a Alemanha perdeu a guerra depois de ter vencido várias batalhas significativas?

Esses assuntos logo preocupariam seu sucessor, Adolf Hitler, cuja meta inicial era vingar a "traição" de 1918 e restaurar o orgulho nacional, no entanto, falhas inerentes fizeram dele um veículo mais adequado para espíritos malévolos, que eram atraídos pela aura de ressentimento e agressão reprimida que rodeava a psique alemã e, uma vez admitidos, iriam possuí-la. Hitler era arguto o suficiente para não culpar sociedades secretas imaginárias. Suas escolhas para bodes expiatórios provaram ser alvos que estavam convenientemente expostos, prontamente identificáveis (de acordo com a ideologia racista alemã) e que podiam ser eliminados sem medo da população civil levantar um dedo para protestar. Retratavam-se os judeus em filmes de propaganda e até nos livros escolares infantis como vermes espalhando doenças e corrompendo a alma ariana pura; os capitalistas haviam sido culpados da inflação galopante dos anos 1920 pela imprensa nazista; e os comunistas foram demonizados por organizar a agitação industrial que ameaçou a estabilidade do Estado. O alemão médio ficaria contente em se ver livre de todos eles. Os comunistas poderiam rivalizar em uma luta, mas a SA, que estava procurando uma briga, excedia-os amplamente em números. Os judeus podiam ser persuadidos a aceitar o "reassentamento", mas teriam de abrir mão de sua propriedade em troca da promessa de passagem segura. Dessa forma, o mal rastejava insidiosamente na sociedade alemã, gota a gota, como um veneno lento embalando a consciência da nação como em um coma.

A natureza do mal

Quer se acredite no mal como uma entidade consciente ou defina-o como uma falta de empatia – a negação do divino em si mesmo e em outros –, Spence estava completamente certo quando notou:

> *(...) o mal procura seus semelhantes, seu próprio reflexo em seus ministros. De fato, sua principal imperfeição é que ele está fadado a trabalhar com ferramentas cujo temperamento é tão instável quanto o dele mesmo – implementos que exteriormente parecem incisivos e eficientes, mas que, com o impacto do uso, logo perdem seu afiamento e revelam a baixa qualidade de sua liga metálica. Toda a história do mal mostra que ele é capaz de funcionar apenas aos trancos, que ele não possui as reservas e o poder de permanência de seu oposto, seu vigor e julgamento são insuficientes para a realização completa de seus desígnios.*

Pessoas más são capazes de causar destruição e sofrimento em grande escala, mas são por definição autocentradas e, portanto, autoderrotadoras, o que assegura que elas estão fadadas ao fracasso. O mal só pode ter sucesso a curto prazo e somente se houver uma falta de determinação para limitar o dano que seus agentes podem causar. Essa resolução faltou gravemente aos Aliados quando Hitler começou a reivindicar a necessidade do povo alemão por *Lebensraum* (espaço vital) no meio dos anos 1930. Os franceses, em particular, estavam cansados de guerra e a palavra do momento entre os britânicos no período era "apaziguamento". Não era segredo que certos elementos da sociedade europeia e uma parte influente nos Estados Unidos admiravam Hitler abertamente pelo milagre econômico que ele aparentemente criou (por empréstimos excessivos, sem intenção de pagá-los) e por sua posição firme em relação aos judeus. Nessa atmosfera de respeito relutante, os nazistas foram capazes de rasgar o punitivo Tratado de Versalhes, ordenar o rearmamento massivo debaixo dos narizes dos Aliados e tomar de volta a Renânia, em 1936, sem disparar um tiro. Tragicamente, a Segunda Guerra Mundial poderia ter sido evitada a esse ponto se a França se opusesse à reocupação da Renânia. Os oficiais alemães tinham ordens de retirar suas tropas se o exército francês mobilizasse forças para a região. Mas eles permaneceram em seus alojamentos.

Participantes da Conferência de Munique de 1938, que concedeu a Sudetenlândia a Hitler: longe de satisfazer o desejo de Hitler por expansão, contudo, o tratado serviu meramente para encorajá-lo.

Tendo testado a resolução dos Aliados e percebido que ela estava em falta, Hitler prosseguiu para demandar com sucesso a anexação da Áustria, a devolução da Sudetenlândia, o corredor de Danzig e, finalmente, a Tchecoslováquia neutra, antes que os Aliados percebessem como foram estupidamente ingênuos e anunciassem que apoiariam a Polônia no caso de uma invasão alemã. Mas naquela altura, perto da declaração de uma guerra total, era tarde demais para parar a agressão nazista.

É verdade que a natureza maligna do regime nazista não foi totalmente revelada até a liberação dos campos de concentração, em 1945, mas apenas o indivíduo mais ignorante e insensível poderia ter protestado que eles não faziam ideia do que uma ditadura fascista seria capaz. Como diz o ditado: "Basta apenas que os homens bons não façam nada para que o mal exista". Porém, a noção de mal é meramente uma explicação conveniente para o comportamento humano abominável, conceito que serve como desculpa para não agirmos ou não nos responsabilizarmos pelo que imaginamos que seja algo além do nosso controle? Ou há provas de que existe uma influência maligna e consciente usando criminosos e tiranos como seus agentes? Em relação à acusação de que a hierarquia nazista era [composta de] servos de Satã, Spence observou:

> *A menos que tenha havido uma tradição contínua do mal, um crescimento gradualmente cumulativo de seus poderes, e uma liderança definida e oficial para colocá-lo em prática, ele nunca poderia ter agarrado as oportunidades tão hábil ou apropriadamente, ou ter capitalizado com elas com tanto sucesso.*

Ele notou que as deidades das religiões do mundo não se manifestam a seus adoradores e, portanto, por que Lúcifer deveria fazer de outro modo? O nazismo, explicou, não foi iniciado por satanistas, mas infiltrado por eles de modo que pudesse se tornar seu instrumento de caos e destruição.

> *O processo é tão velho quanto a história. Mas a história não pode se lembrar de um período nem de condições tão apropriadas ou promissoras para a realização do grandioso propósito satânico quanto as que se apresentaram na Alemanha entre os anos de 1920 e 1940.*

Aos olhos de Spence, a Alemanha nazista foi a própria personificação do Fausto, vendendo sua alma por poder mundano,

> *Esse orgulho, que é a base da heresia satânica, é desenvolvido de forma preeminente no credo nazista, junto de seus vícios concordantes da mendacidade, distorção covarde e sutil da verdade, assassinato aberto e secreto, massacre e perseguição dos indefesos – em suma, licença diabólica irrefreada (...) Se o Príncipe das Trevas em pessoa tivesse tomado para*

si o governo daquela nação, é difícil sugerir como ele o teria conduzido de modo diferente do que fez seu infeliz líder, ou com iniquidade mais fantástica.

Lutando a boa luta

Spence e seus colegas ocultistas não foram as únicas pessoas a expressar a crença de que a Alemanha havia vendido sua alma para o lado negro. Os críticos mais violentos do regime nazista falavam repetidamente em termos apocalípticos. A exilada rainha Wilhelmina da Holanda descreveu a guerra como sendo "entre Deus e a consciência e as forças das trevas", enquanto o cardeal Hinsley, arcebispo de Westminster, disse à sua congregação: "Vocês estão do lado dos anjos na luta contra o orgulho do rebelde Lúcifer". O bispo anglicano de Ipswich, dr. W. G. Whittingham, estava igualmente convencido da retidão da causa dos Aliados e da natureza da ameaça feita por seus inimigos. "Não estamos combatendo carne e sangue", escreveu, "mas sim o diabo, nas pessoas de Hitler e seu bando".

Esses avisos não eram meramente retórica bíblica. Muitos dos que viviam sob a ocupação nazista ou que se abrigavam das bombas que caíam da Luftwaffe eram sinceros em sua crença de que estavam resistindo ao mal encarnado. Foi somente depois, quando souberam a escala das atrocidades nazistas pelos cinejornais e pelos lábios das vítimas durante seu testemunho em Nuremberg, que eles perceberam a terrível verdade – que os seres humanos são capazes de atos verdadeiramente malignos, mesmo sem a pressão de forças externas. Tanto os comandantes de campos de concentração quanto os burocratas que ordenaram os transportes a Auschwitz, Treblinka e Dachau não tinham imaginação para perceber as horríveis consequências de suas ações. Outros simplesmente não se importavam. Eram destituídos de consciência e compaixão. Alguns até acreditavam que estavam agindo para o bem maior. Essa deliberada indiferença ao sofrimento dos outros deu origem ao que se tornou conhecido como a "banalidade do mal", e explica as ações, de outra forma incompreensíveis, dos assassinos em série e dos criminosos habituais de hoje, do mesmo modo como as ações dos cúmplices no genocídio efetuado pelo Terceiro Reich.

A voz solitária da organização antinazista de estudantes, a Rosa Branca, fracassou em cutucar a consciência dos que condescendiam aos crimes perpetrados pelos capangas de Hitler. Seus jovens líderes foram decapitados por meramente expressarem oposição ao regime. Mas eles se sacrificaram voluntariamente em um esforço vão para despertar seus conterrâneos para a natureza da doença contagiosa que os havia corrompido, que encorajava as crianças a dar informações às autoridades sobre seus pais e os vingativos a denunciar os vizinhos. Um de seus panfletos expressava abertamente o que muitos devem ter tido medo até de pensar.

Toda palavra que sai da boca de Hitler é uma mentira. Quando ele diz paz, quer dizer guerra, e quando com blasfêmia usa o nome do Todo-Poderoso, quer dizer o poder do mal, o anjo caído, Satã. Sua boca é a mandíbula fétida do inferno, e seu poder é no mínimo maldito. É verdade, devemos conduzir uma luta contra o Estado terrorista nacional-socialista por meios racionais; mas quem quer que hoje ainda duvide da realidade, da existência de poderes demoníacos, de longe não conseguiu compreender o cenário metafísico desta guerra. Por trás dos eventos concretos, visíveis, por trás de todas as considerações lógicas e objetivas, encontramos o elemento irracional: a luta contra o demônio, contra os servos do Anticristo. Por toda a parte e em todas as épocas, os demônios estiveram espreitando no escuro, esperando pelo momento em que o homem está fraco, quando por sua própria vontade deixa seu lugar na ordem da Criação feito para ele por Deus, em liberdade; quando ele cede à força do mal, separa-se dos poderes de uma ordem superior; e, depois de voluntariamente dar o primeiro passo, é levado ao próximo e ao próximo em uma medida furiosamente acelerante.

Poucas vozes levantaram-se contra os nazistas. Na verdade, a nazificação da Alemanha foi forçada em todos os níveis da sociedade. As crianças eram até ensinadas a usar a "saudação alemã" na escola primária.

A aparente aceitação do demoníaco pelo alemão como entidade consciente e influente não foi apenas o resultado de séculos de doutrinação da Igreja. Os intelectuais, os escritores e os artistas alemães tanto da era romântica quanto do período racional reacionário reconheciam a existência do mal como força latente dentro de todos os indivíduos. Goethe (em *Dichtung und Wahrheit*) forneceu uma das observações mais penetrantes sobre a natureza do mal, tal como se manifestaria em Hitler, quando escreveu:

> *Esse elemento demoníaco manifesta-se em todas as coisas corpóreas e incorpóreas, e até se expressa de modo mais distinto em animais, ainda assim é primariamente em sua relação com o homem que observamos seus misteriosos funcionamentos (...) Mas a manifestação mais temível do demoníaco é quando ele está predominando em alguma personalidade individual (...) Essas pessoas não são sempre os homens mais eminentes, seja no intelecto ou em dons especiais, e raramente se destacam pela bondade do coração; uma energia tremenda parece emanar deles, e eles exercem um poder maravilhoso sobre todas as criaturas e até sobre os elementos; e de fato, quem dirá o quanto mais essa influência pode se estender? Todos os poderes morais combinados são inúteis contra eles; em vão a porção mais iluminada da humanidade tenta levantar suspeitas contra eles, como marionetes ou como enganadores – as massas são atraídas por eles. Raramente, ou nunca, eles encontram seus iguais entre seus contemporâneos; nada pode derrotá-los a não ser o próprio universo, com o qual começaram a briga; e foi a partir da observação de fatos como esse que o estranho mas tremendo ditado surgiu:* "Nemo contra Deum nisi Deus ipse" *[Ninguém pode ser contra a vontade divina a não ser o próprio Deus].*

Em outras palavras, o mal é meramente o impulso contrário à evolução que se manifesta no homem como os vícios tradicionais. Em termos psicológicos modernos, é o resultado de uma psique desequilibrada em razão de um ego inflado que distorce a percepção de mundo da pessoa, como uma criança mimada que acredita que é o centro do Universo. Mas, durante as épocas de crise nacional, como nos primeiros anos da Segunda Guerra Mundial, os combatentes acharam necessário criar uma imagem arquetípica de seu inimigo como o mal encarnado para justificar o ato de matar, que em tempos de paz teriam sido um crime e um pecado capital.

Mas houve muitos que rejeitaram essas explicações racionais e persistiram em sua crença na existência de demônios e diabos, pois eram muito mais fáceis de aceitar do que conceitos intelectuais como ego, superego e id. O ocultista Lewis Spence escreveu:

> *Conforme Adolf Hitler avançava na vida, gradualmente cresceu dentro dele um outro homem, ou melhor, um espírito maligno, do tipo mais violento e mortífero, a cuja expansão diária ele ofereceu pouca ou nenhuma resistência. Resumindo, o poder maligno viu nessa criatura baixa e impiedosa, completamente destituída de toda sensibilidade humana, e movida apenas pelas emoções cruas e elementares da vingança e do fingimento, precisamente o tipo de veículo que procurava, e que sempre procura para executar seu propósito infernal (...) Que ele é impelido por forças cuja verdadeira natureza não compreende é totalmente óbvio pelo relato dessas conversas que teve com* Sir *Neville Henderson, antes da eclosão da guerra, que torna evidente que ele está sob o domínio das influências das quais é apenas o porta-voz.*

Spence presumiu que os longos silêncios com os quais, sabia-se, Hitler precedia toda decisão significativa, traíam o fato de que ele estava ouvindo sua voz interior.

> *Sua mente e vontade estão, em suma, à mercê dessa força que, por todas as eras, mascarou-se sob muitos nomes, mas que, todavia, tem apenas uma identidade (...) seu mestre luciferiano que é eternamente incapaz de falar a verdade (...).*

Essas crenças persistem até hoje.

Uma catedral de luz

O seguinte relato do auge do comício de Nuremberg de 1936 foi extraído do relatório oficial do evento do partido, *Offizieller Bericht über den Verlauf des Reichsparteitages mit sämtlichen Kongressreden* (Munich: Zentralverlag der NSDAP) [traduzido para o inglês por C. Roland].

> *O comício do partido em Nuremberg foi concluído na noite de sexta-feira, com uma impressionante lista de chamada de líderes políticos. Enquanto o Sol poente lançava sua radiância vermelha sobre as torres de Nuremberg, 90 mil dos seguidores de Hitler e 25 mil portadores de bandeiras marchavam em amplas colunas até a Dutzendteich. Toda Nuremberg estava alerta para testemunhar o impressionante espetáculo.*
>
> *Pouco antes das 19h30, quando estava quase escuro, um projetor luminoso brilha no céu. Os holofotes iluminam mais de 200 flâmulas de suástica que tremulam de postes de 12 metros de altura na brisa da noite. De repente, sente-se a escala enorme do campo e absorve-se a imagem memorável. Mais*

luzes iluminam o pódio de mármore branco, uma visão fantástica, inesquecível. Todos os presentes ficam em silêncio e imóveis, admirados com a beleza da cena. O maior dos suntuosos edifícios do Führer no terreno do comício do partido do Reich, em Nuremberg, é revelado em toda sua glória.

Mais luzes varrem o campo, revelando as ilimitadas colunas marrons, demonstrando sua precisão ao marchar, até que subitamente, a um comando, todos os 90 mil estão em posição. Um clima de celebração eletriza a todos, pois antecipam a experiência que os espera. Mas eles não podem imaginar o que de fato acontecerá.

Ordens saem dos altofalantes, veículos correm por toda a parte. Momentos antes das 20h00, os holofotes na extremidade sul do estádio escurecem. É aqui que o Führer fará sua entrada.

Os gritos familiares que acompanham a chegada do Führer ecoam da estação de trem Dutzendteich. A procissão circunda

Pompa e esplendor no estilo nazista: os "velhos combatentes" da parada da SA em Nuremberg.

o campo, então, de repente, 180 mil pessoas olham para as estrelas. Cento e cinquenta holofotes azuis emitem seus raios a centenas de metros no céu, formando a mais impressionante catedral que os mortais jamais verão. Lá, na entrada, temos a primeira visão do Führer. Ele fica imóvel olhando para cima, então se vira e a passos largos passa pelas longas colunas de seus leais combatentes, com 20 cada, com seus ajudantes o seguindo. Um mar de gritos de "Heil" e euforia irrompem à sua volta. As estrelas brilham através da cortina azul escura da catedral de luz, e os emblemas da nação alemã agitam-se na brisa suave.

Os rituais de Nuremberg – uma invocação de Marte

Eles conjuram poderes demoníacos do antigo panteão alemão e por isso aquela sede de luta, que encontrávamos nos antigos alemães, fica viva neles (...) um espetáculo será realizado na Alemanha, que comparado com a Revolução Francesa poderá parecer um idílio inocente.

Heinrich Heine (1835)

Para os não-iniciados, os comícios de Nuremberg representaram uma celebração do nacionalismo alemão, uma adoração do Führer e uma impressionante demonstração de poderio militar. No entanto, eles foram muito mais do que espetáculos de palco elaborados; constituíram um "triunfo da vontade", emprestando o título do filme de Leni Riefenstahl, que documentou o comício do partido nazista de 1934, e uma invocação de Marte, o deus pagão da guerra.

Atenção arrebatada: fileiras compactas de soldados ouvem um discurso no comício de Nuremberg de 1934.

Hitler pode ter sido um boêmio mal instruído levado pelos instintos humanos mais baixos, mas ele sabia intuitivamente como explorar sua capacidade inata de manipular as massas para agir como uma turba sem mente. Ele também era arguto o suficiente para entender que o poder de sua personalidade não bastava para induzir até os seguidores mais fervorosos a jurar lealdade eterna à sua bandeira, a seu Führer ou à pátria. Ele precisava envolvê-los em um ritual formalizado de modo que o destino deles fosse aliado ao seu – para o melhor ou o pior.

Esse era o propósito verdadeiro dos comícios de Nuremberg. Eles funcionavam como uma forma insidiosa de ritual mágico, quase-religioso, uma perversão tanto do sacramento católico quanto da consagração pagã das armas, com as quais a Alemanha nazista faria a guerra, com Hitler como sumo sacerdote e seu círculo interior no papel de acólitos. Não era necessário para os participantes estar cientes do papel que realizavam. Eles eram simplesmente levados por uma maré de emoção hábil e cinicamente planejada em segredo pelo arquiteto de Hitler, Albert Speer, que compreendia o poder sedutor de fazer cada membro da multidão acreditar que estava participando de uma heróica representação wagneriana, e assim havia se tornado algo maior do que si mesmo. Todos os elementos para invocar o lado negro da psique foram utilizados por Speer para concentrar as fileiras da massa de seguidores do Führer em um único propósito: o despertar da vontade coletiva.

O estádio formava um círculo mágico do qual os não-crentes eram excluídos. Dentro desse espaço sagrado, as multidões eram incitadas a um êxtase de expectativa por batidas rituais em tambores, clangorosas trombetas, flâmulas tremulantes, e a visão das fileiras compactas das tropas de camisas negras da SS e das tropas de assalto de camisas marrons da SA marchando com precisão automatizada. Isso foi projetado para imprimir nos espectadores a ideia de que eles eram privilegiados por terem permissão para participar, que eram iniciados de elite de uma ordem especial e invencíveis enquanto permanecessem leais.

A necessidade humana básica de se adequar foi brutalmente explorada, com cada seção arcando com seus próprios uniformes, prêmios, cerimônias rituais e insígnias. Até fizeram as mulheres e as crianças entrarem na Juventude de Hitler e na BDM (*Bund Deutscher Mädchen* – a liga de garotas alemãs).

Conforme as multidões esperavam no sol quente, a música de Wagner evocava "memórias raciais" dos heróis nórdicos e a tradição mítica da supremacia ariana, depois em marchas agitadas e orgulhosas da glória militar ainda viriam. Bandeiras de vermelho, branco e preto tremulavam na brisa da tarde – as cores tradicionais da guerra, do terror e da morte.

A chegada tardia do Führer era planejada para o impacto máximo: acionar uma liberação de tensão e adoração de ídolo, semelhante a um *show* de rock moderno.

Supervisionando a cerimônia ficavam os altos sacerdotes dessa ordem negra, o círculo interior de Hitler. Essa hierarquia foi projetada para dar a ilusão de ordem e de unidade. Na verdade, os acólitos de Hitler eram uma ralé de egoístas que teriam se voltado uns contra os outros não fosse a personalidade dominadora do Führer de manter sua prole briguenta junta.

Satã e a suástica

A "catedral de luz" de Albert Speer, o momento que coroou o comício de Nuremberg de 1937. Speer foi o arquiteto favorito de Hitler, e prosseguiria para se tornar seu ministro dos armamentos.

Conforme o crepúsculo descia sobre o estádio, 200 holofotes eram apontados para o céu para formar o que Speer chamava de "uma catedral de luz". Suas palavras eram bem escolhidas. Claramente, o propósito era criar a ilusão de um templo mágico. Só faltava um ato culminante, um sacrifício de sangue, para selar o pacto com as forças negras que haviam invocado. Em seu lugar, Hitler consagrava as bandeiras dos novos batalhões da SS, unindo-as com a sagrada "bandeira de sangue" que havia sido carregada no fracassado Putsch de Munique de 1923 e que estava manchada com o sangue dos mártires nazistas, enquanto a multidão correspondia com gritos ásperos de *Sieg Heil*. Haveria tempo suficiente para sacrifícios de sangue nos anos vindouros em uma escala não sonhada nem mesmo pelos ancestrais mais sanguinolentos.

Conclusão – A sombra da suástica

Ao contrário do mito popular, não há evidência documental para sustentar a crença de que Hitler e seu círculo interno eram magos ou ocultistas praticantes de qualquer tipo. Na verdade, está registrado que Hitler expressou seu desdém pelos ocultistas *völkisch* da *Germanenorden* e seus irmãos adoradores de Wotan. Se os nazistas tivessem sido os discípulos do Diabo, por que não proclamaram sua lealdade em 1940, quando tinham conquistado a maior parte da Europa, como prova de que seu senhor e mestre das trevas era superior ao Deus judaico-cristão? Em vez disso, eles falaram em suplantar a Igreja com sua própria religião neopagã que, como qualquer pagão amante da natureza sabe, não é o mesmo que satanismo – muito ao contrário, na verdade. Os que persistem em sua crença de que Hitler praticava artes negras e que Himmler era seu alto sacerdote argumentam que todos os magos – e satanistas em particular – são expressamente proibidos de falar sobre as práticas a qualquer um, além de seus colegas iniciados. Para sustentar isso, eles citam o credo do mago: "Ousar, querer, saber e ficar em silêncio". Contudo, nem o notório Aleister Crowley nem o autodeclarado satanista Anton Le Vey, os dois mais vociferantes expoentes das artes negras nos tempos modernos, sentiram que era necessário aderir ao dito.

Nem há nenhuma evidência incidental para sustentar as alegações feitas por cripto-historiadores, que tentaram reescrever a história com os nazistas reformulados como instrumentos voluntários das inomináveis "forças negras". Enquanto está documentado que os nazistas financiaram expedições para o Tibete e outros supostos centros de poder esotérico em busca de artefatos sagrados, eles o fizeram primariamente para estabelecer uma ligação entre alemães e "arianos", uma busca racial mais do que religiosa. Essas imagens distorcidas enraizaram-se porque, por décadas, historiadores da corrente predominante valeram-se de duas fontes primárias para provar a extensão da obsessão dos nazistas pelo oculto, ambas altamente dúbias, para dizer o mínimo.

As memórias fabricadas de Hermann Rauschning forneceram uma profusão de citações fictícias nas quais Hitler revelava familiaridade com o conhecimento esotérico; no entanto, recentemente veio à luz que o antigo *Gauleiter* havia encontrado seu Führer somente em uma ocasião e muito brevemente. Em momento algum, Rauschning teve audiência privada com Hitler como ele alegou.

Igualmente enganoso tem sido o relato inquestionavelmente fictício de Trevor Ravenscroft da iniciação oculta de Hitler, *A lança do destino*, que foi publicado e aceito como fato, supostamente contra a vontade do autor. Mas, como esta obra demonstrou, Hitler não tinha nem a disciplina nem a inclinação para seguir o assim chamado Caminho da Mão Esquerda. Mesmo se ele tivesse aspirações para se aliar a forças diabólicas, se mostraria um mau pupilo. É falácia que os magos negros simplesmente se submetem ao lado negro ou vendem suas almas em um pacto faustiano com o Diabo e instantaneamente ganham acesso a conhecimento e poder proibido. Todo mago, negro ou branco, precisa primeiro dominar as disciplinas mentais da meditação e visualização criativa para abrir seu terceiro olho, o órgão da sensibilidade psíquica, e, dessa forma, praticar tarefas que exigem tanta perícia e esforço quanto a criação de formas de pensamento. Somente após muitos anos de treinamento rigoroso e devoção à Obra, ou aos Mistérios, como são chamados nos círculos esotéricos, o iniciado pode escolher que caminho seguir – o da autorrealização e serviço desapegado ou o da autossatisfação egoísta. É claro, os que elegem para tomar o Caminho da Mão Esquerda não se consideram maus no sentido tradicional da palavra. Eles acreditam que têm o direito de fazer como quiserem, como o notório Aleister Crowley disse, e que, assim, estão meramente afirmando seu desprezo pelas restrições e convenções supersticiosas da religião ortodoxa.

É nesse ponto que os caminhos do mago satânico e de Adolf Hitler e seus associados convergem. Pois, enquanto é incontestável que Hitler e os nazistas não eram discípulos ativos do demônio, eles de fato se entregavam aos instintos mais baixos e saciavam os apetites sádicos em detrimento de sua verdadeira natureza do Eu Superior. Nesse sentido, o que esses homens fizeram, e no que se tornaram, foi a própria definição do mal. Eles suprimiram sua própria humanidade e se recusaram a vê-la nas vítimas. Além disso, corromperam outros, alguns por força, outros simplesmente aprovando os atos de brutalidade em seus antigos vizinhos e colegas conterrâneos que consideravam desmerecedores do direito de viver. Alguns dos piores excessos da era nazista foram realizados por homens e mulheres comuns encorajados a dar vazão à sua malevolência e índole vingativa, livres da ameaça de represália ou da perspectiva de serem levados a prestar contas por suas ações. Isso foi possível porque tanto os perpetradores desses crimes quanto seus mestres nazistas consideravam-se além do bem e do mal.

Em resumo, o regime nazista liberou os tormentos do inferno sem o auxílio de forças sobrenaturais. Mas isso não significa que essas forças não estavam operando no mundo naquela época, apenas que elas não estavam em uma forma que compreenderíamos ou reconheceríamos como demoníaca.

O objetivo da magia cerimonial é concentrar a vontade do adepto para promover uma mudança na consciência ou alterar seu ambiente. Os nazistas eram praticantes de magia em seu sentido mais verdadeiro e puro, mas eles o fizeram inconscientemente. Como não estavam cientes do que realizavam e da natureza das forças que haviam liberado, descobriram que eram incapazes de controlá-las e, consequentemente, foram consumidos por elas. Não foi por acaso que o registro do comício de Nuremberg de 1934, [feito] pela produtora de documentários Leni Riefenstahl, foi intitulado *Triunfo da vontade*, pois o foco da força de vontade é o elemento central e a chave para a magia bem-sucedida.

Hitler não foi um mago nem um Messias que os místicos alemães haviam profetizado. Ele foi um verdadeiro *Untermensch*, para usar o termo nazista, o tipo de personalidade baixa e não desenvolvida, que se permite ser levada por seus instintos em vez da intuição, a corporificação da força elementar que os psicanalistas chamam de ego e os ocultistas de Eu Inferior. No misticismo judaico, Satã simplesmente significa "o tentador" e é simbólico da nossa sombra, o lado negro da psique, enquanto o conceito de demônio veio de uma corruptela de *daimon*, a palavra grega para a alma humana. Os demônios e os diabos da magia medieval são criação da Igreja inicial – eles não aparecem no Velho Testamento. Foram concebidos para investir o medo de Deus em pecadores em potencial e dar à Igreja os meios para se enriquecer vendendo a absolvição dos fogos do purgatório. Mais tarde, serviram para manter a sociedade na conduta apropriada e correta até que um corpo de leis civis pudesse ser formulado. Hoje não servem para outro propósito além de símbolos de nossos medos e vícios. Ninguém com a mente sã afirmou ter visto um Demônio ou Diabo desde a Idade das Trevas. Hitler nunca falou em ter ouvido vozes demoníacas incitando-o a oferecer um sacrifício de sangue para seu mestre infernal.

Os nazistas escolheram conscientemente despertar o lado demoníaco da psique do povo para seus próprios fins egoístas. Não foi o fado ou o destino que colocou a Alemanha no caminho da autodestruição, mas sim a obstinação de sua liderança e a propensão do povo para se submeter a essa vontade maior. Outras nações sofreram de alto desemprego e inflação crescente durante a década de 1930 e, sem dúvida, uma proporção de seus cidadãos era antissemita, mas apenas a Alemanha se dispôs a ser mestre do mundo e livrar-se do "problema judeu". Por 12 anos terríveis, eles governaram mediante o medo, a desconfiança, o engano e a brutalidade. O Estado nazista foi o cenário de pesadelo de George Orwell tornado manifesto: "uma bota pisada na face humana para sempre".

A doutrina esotérica afirma que todo indivíduo tem a oportunidade de fazer seu próprio céu e inferno na Terra durante o designado tempo de vida. Hitler escolheu o último e, assim fazendo, provou ao mundo que o mal é inteiramente feito pelo homem e que os que sucumbem a ele estão fadados ao fracasso. Infelizmente, ainda há no mundo pessoas que não aprenderam com as lições da História. Até que o façam, a sombra da suástica continuará a escurecer este mundo.

Esta instituição apoia o Führer incondicionalmente.
faixa do Manicômio Wittenau, 1938.

Linha do tempo
1889

20 de abril de 1889
Adolf Hitler nasce perto de Linz, Áustria.

11 de novembro de 1918
Fim da Primeira Guerra Mundial. Alemanha é derrotada.

28 de junho de 1919
Assinatura do Tratado de Versalhes.

29 de julho de 1921
Adolf Hitler é eleito líder do Partido Nacional-Socialista dos Trabalhadores Alemães.

9 de novembro de 1923
O Putsch da cervejaria de Munique fracassa. Hitler aprisionado.

18 de julho de 1925
Mein Kampf publicado.

29 de outubro de 1929
A quebra da bolsa de valores de Wall Street conduz à Grande Depressão. Resultando em inflação generalizada e alto desemprego nos Estados Unidos e na Europa.

14 de setembro de 1930
Os nazistas tornam-se o segundo maior partido político na Alemanha.

30 de janeiro de 1933
Adolf Hitler torna-se chanceler da Alemanha.

23 de março de 1933
Como resultado do incêndio no Reichstag em 27 de fevereiro, Hitler solicita poderes emergenciais.

1º de abril de 1933
Os nazistas encorajam o boicote a negócios judeus.

10 de maio de 1933
Queima ritual de livros em cidades alemãs.

14 de julho de 1933
Os nazistas decretam partidos de oposição como foras-da-lei.

30 de junho de 1934
"A noite das longas facas".

25 de julho de 1934
Os nazistas assassinam o chanceler austríaco Dollfuss.

2 de agosto de 1934
Morte do presidente alemão Von Hindenburg.

19 de agosto de 1934
Adolf Hitler é confirmado como Führer.

15 de setembro de 1935
Leis raciais de Nuremberg negam direitos iguais aos judeus.

7 de março de 1936
Tropas alemãs ocupam a Renânia sem oposição.

18 de julho de 1936
Guerra civil na Espanha. Fascistas sob o comando de Franco recebem ajuda militar da Alemanha.

1º de agosto de 1936
Começam os jogos olímpicos em Berlim.

11 de junho de 1937
O Exército soviético é severamente enfraquecido e desmoralizado após Stalin instigar o expurgo de oficiais seniores do Exército Vermelho.

12 de março de 1938
Anschluss (união) da Alemanha com a Áustria.

15 de outubro de 1938
Tropas alemãs ocupam a Sudetenland.

30 de setembro de 1938
O primeiro-ministro britânico Neville Chamberlain assina o Acordo de Munique garantindo que a Grã-Bretanha e seus Aliados não intervirão se Hitler "reclamar" a Sudetenland. Chamberlain alega ter assegurado "a paz em nossa época" apaziguando Hitler e evitando uma guerra europeia.

9 de novembro de 1938
Kristallnacht (a noite do vidro quebrado). Por toda a Alemanha, capangas nazistas e seus apoiadores quebram as janelas de negócios judeus e colocam fogo em sinagogas.

1938

Linha do tempo

1939

15-16 de março de 1939
Os nazistas tomam a Tchecoslováquia.

22 de maio de 1939
Os nazistas assinam o "Pacto de Aço" com a Itália.

23 de agosto de 1939
Nazistas e soviéticos assinam o pacto de não-agressão, deixando a Alemanha livre para atacar o oeste, sem medo de um segundo *front* ser aberto no leste.

3 de setembro de 1939
Grã-Bretanha, França, Austrália e Nova Zelândia declaram guerra à Alemanha.

29 de setembro de 1939
Nazistas e soviéticos dividem a Polônia.

8 de novembro de 1939
A tentativa do assassinato de Hitler fracassa.

30 de novembro de 1939
O exército soviético invade a Finlândia. Em 12 de março, a Finlândia assina um tratado de paz.

15 de maio de 1940
A Holanda se rende. A Bélgica se rende em 28 de maio.

26 de maio de 1940
Evacuação das tropas Aliadas de Dunkirk. Termina em 3 de junho.

14 de junho de 1940
As tropas alemãs entram em Paris.

22 de junho de 1940
Hitler humilha a França forçando seus líderes a assinar um armistício no mesmo vagão de trem em que a Alemanha assinou a rendição em 1918.

1º de julho de 1940
A campanha de submarinos alemães começa no Atlântico, perturbando comboios mercantes que levavam suprimentos vitais às ilhas britânicas.

13 de setembro de 1940
Os italianos invadem o Egito.

15 de setembro de 1940
Os ataques aéreos alemães se estendem a Southampton, Bristol, Cardiff, Liverpool e Manchester.

7 de outubro de 1940
Tropas alemãs invadem a Romênia.

12 de outubro de 1940
Alemães adiam a Operação Leão Marinho.

20 de novembro de 1940
A Hungria se junta ao Eixo seguida, três dias depois, pela Romênia.

28 de março de 1939
Termina a Guerra Civil Espanhola. Os fascistas de Franco tomam o poder.

25 de agosto de 1939
Em resposta, Grã-Bretanha e Polônia assinam um tratado de assistência mútua.

1º de setembro de 1939
Os nazistas invadem a Polônia.

17 de setembro de 1939
O exército soviético invade a Polônia. Dez dias depois, a Polônia se rende.

Outubro de 1939
Os nazistas estimulam a política da eutanásia. Os doentes e deficientes foram exterminados.

9 de abril de 1940
Os nazistas invadem a Dinamarca e a Noruega.

10 de maio de 1940
Blitzkrieg! Os nazistas invadem França, Bélgica, Luxemburgo e Holanda. Winston Churchill é nomeado primeiro-ministro britânico.

10 de junho de 1940
A Noruega se rende; a Itália declara guerra à Grã-Bretanha e à França.

16 de junho de 1940
O marechal Pétain torna-se primeiro-ministro francês.

18 de junho de 1940
Hitler e Mussolini formam aliança; soviéticos ocupam os estados bálticos.

28 de junho de 1940
A Grã-Bretanha reconhece o exilado general Charles de Gaulle como líder da França Livre. Na França, o governo "marionete" de Vichy colabora com os nazistas.

10 de julho de 1940
A batalha da Grã-Bretanha começa. Durante todo o mês de agosto, bombardeios alemães visam campos de aviação e fábricas britânicas. Os britânicos respondem bombardeando Berlim – a primeira incursão a longa distância da guerra.

27 de setembro de 1940
O Eixo é formado quando Alemanha, Itália e Japão assinam o Pacto Tripartite.

28 de outubro de 1940
O exército italiano invade a Grécia.

9-10 de dezembro de 1940
Começa a campanha norte-africana britânica contra os italianos.

1940

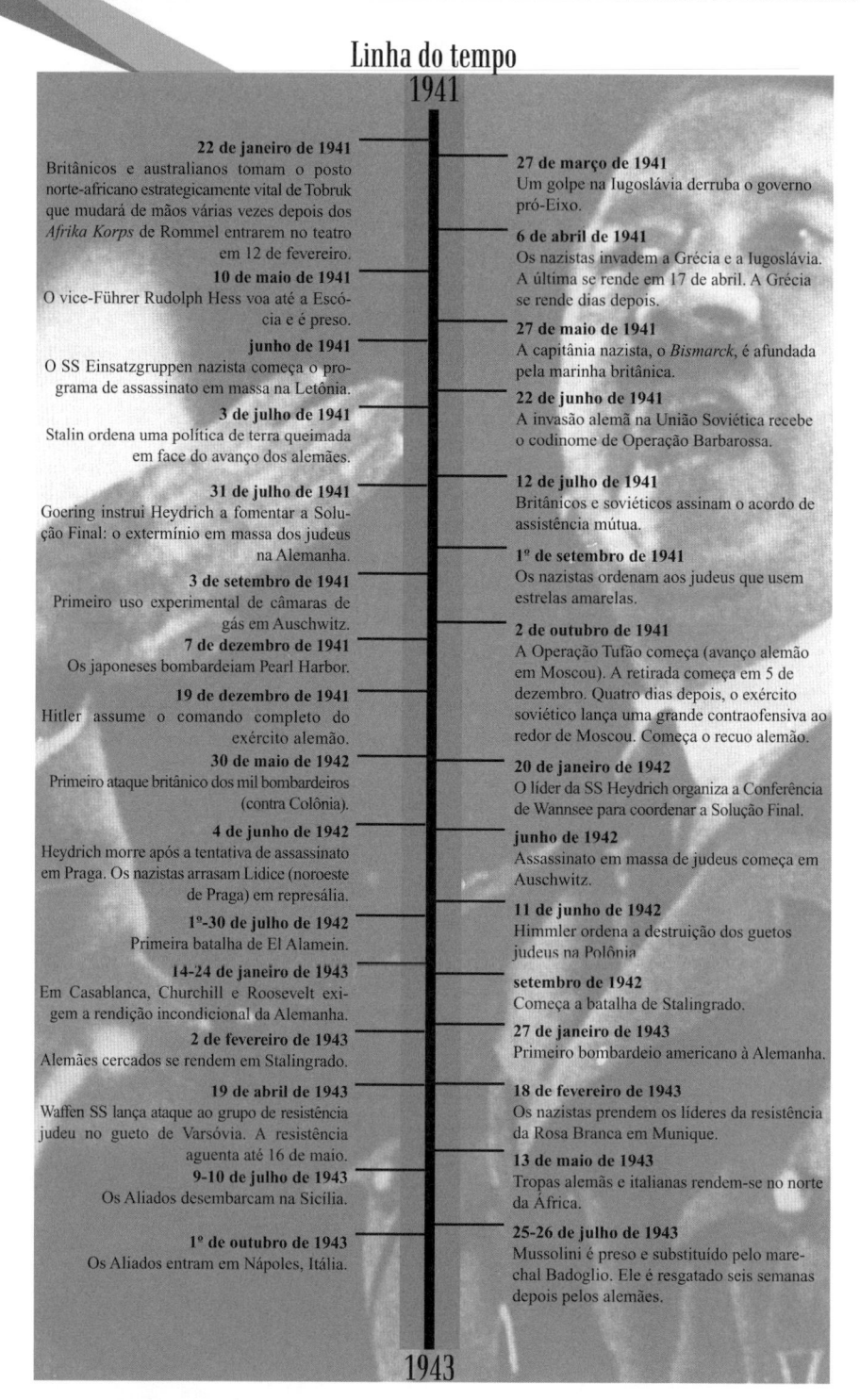

Linha do tempo

1941

22 de janeiro de 1941
Britânicos e australianos tomam o posto norte-africano estrategicamente vital de Tobruk que mudará de mãos várias vezes depois dos *Afrika Korps* de Rommel entrarem no teatro em 12 de fevereiro.

10 de maio de 1941
O vice-Führer Rudolph Hess voa até a Escócia e é preso.

junho de 1941
O SS Einsatzgruppen nazista começa o programa de assassinato em massa na Letônia.

3 de julho de 1941
Stalin ordena uma política de terra queimada em face do avanço dos alemães.

31 de julho de 1941
Goering instrui Heydrich a fomentar a Solução Final: o extermínio em massa dos judeus na Alemanha.

3 de setembro de 1941
Primeiro uso experimental de câmaras de gás em Auschwitz.

7 de dezembro de 1941
Os japoneses bombardeiam Pearl Harbor.

19 de dezembro de 1941
Hitler assume o comando completo do exército alemão.

30 de maio de 1942
Primeiro ataque britânico dos mil bombardeiros (contra Colônia).

4 de junho de 1942
Heydrich morre após a tentativa de assassinato em Praga. Os nazistas arrasam Lidice (noroeste de Praga) em represália.

1º-30 de julho de 1942
Primeira batalha de El Alamein.

14-24 de janeiro de 1943
Em Casablanca, Churchill e Roosevelt exigem a rendição incondicional da Alemanha.

2 de fevereiro de 1943
Alemães cercados se rendem em Stalingrado.

19 de abril de 1943
Waffen SS lança ataque ao grupo de resistência judeu no gueto de Varsóvia. A resistência aguenta até 16 de maio.

9-10 de julho de 1943
Os Aliados desembarcam na Sicília.

1º de outubro de 1943
Os Aliados entram em Nápoles, Itália.

27 de março de 1941
Um golpe na Iugoslávia derruba o governo pró-Eixo.

6 de abril de 1941
Os nazistas invadem a Grécia e a Iugoslávia. A última se rende em 17 de abril. A Grécia se rende dias depois.

27 de maio de 1941
A capitânia nazista, o *Bismarck*, é afundada pela marinha britânica.

22 de junho de 1941
A invasão alemã na União Soviética recebe o codinome de Operação Barbarossa.

12 de julho de 1941
Britânicos e soviéticos assinam o acordo de assistência mútua.

1º de setembro de 1941
Os nazistas ordenam aos judeus que usem estrelas amarelas.

2 de outubro de 1941
A Operação Tufão começa (avanço alemão em Moscou). A retirada começa em 5 de dezembro. Quatro dias depois, o exército soviético lança uma grande contraofensiva ao redor de Moscou. Começa o recuo alemão.

20 de janeiro de 1942
O líder da SS Heydrich organiza a Conferência de Wannsee para coordenar a Solução Final.

junho de 1942
Assassinato em massa de judeus começa em Auschwitz.

11 de junho de 1942
Himmler ordena a destruição dos guetos judeus na Polônia.

setembro de 1942
Começa a batalha de Stalingrado.

27 de janeiro de 1943
Primeiro bombardeio americano à Alemanha.

18 de fevereiro de 1943
Os nazistas prendem os líderes da resistência da Rosa Branca em Munique.

13 de maio de 1943
Tropas alemãs e italianas rendem-se no norte da África.

25-26 de julho de 1943
Mussolini é preso e substituído pelo marechal Badoglio. Ele é resgatado seis semanas depois pelos alemães.

1943

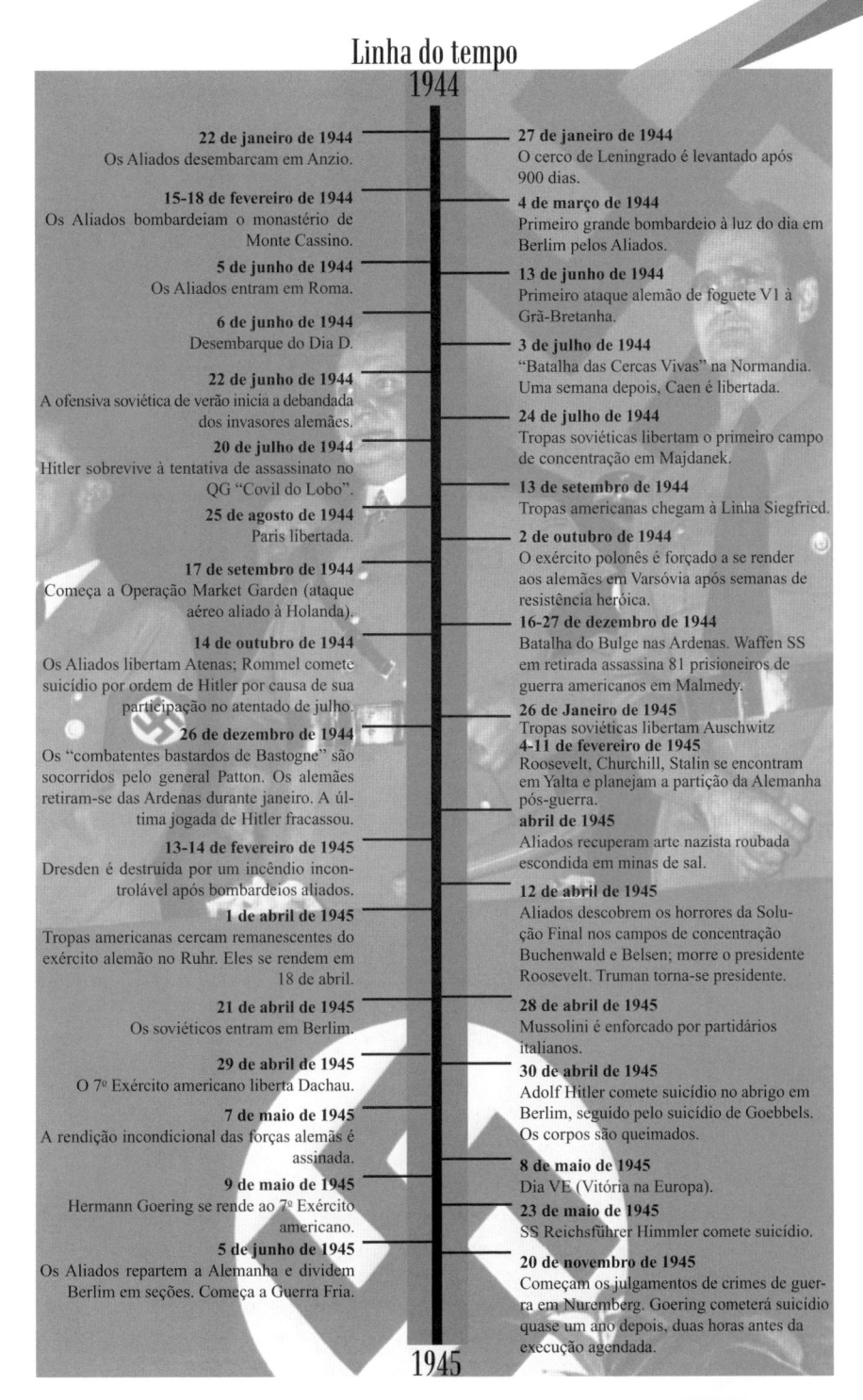

Linha do tempo
1944

22 de janeiro de 1944
Os Aliados desembarcam em Anzio.

15-18 de fevereiro de 1944
Os Aliados bombardeiam o monastério de Monte Cassino.

5 de junho de 1944
Os Aliados entram em Roma.

6 de junho de 1944
Desembarque do Dia D.

22 de junho de 1944
A ofensiva soviética de verão inicia a debandada dos invasores alemães.

20 de julho de 1944
Hitler sobrevive à tentativa de assassinato no QG "Covil do Lobo".

25 de agosto de 1944
Paris libertada.

17 de setembro de 1944
Começa a Operação Market Garden (ataque aéreo aliado à Holanda).

14 de outubro de 1944
Os Aliados libertam Atenas; Rommel comete suicídio por ordem de Hitler por causa de sua participação no atentado de julho.

26 de dezembro de 1944
Os "combatentes bastardos de Bastogne" são socorridos pelo general Patton. Os alemães retiram-se das Ardenas durante janeiro. A última jogada de Hitler fracassou.

13-14 de fevereiro de 1945
Dresden é destruída por um incêndio incontrolável após bombardeios aliados.

1 de abril de 1945
Tropas americanas cercam remanescentes do exército alemão no Ruhr. Eles se rendem em 18 de abril.

21 de abril de 1945
Os soviéticos entram em Berlim.

29 de abril de 1945
O 7º Exército americano liberta Dachau.

7 de maio de 1945
A rendição incondicional das forças alemãs é assinada.

9 de maio de 1945
Hermann Goering se rende ao 7º Exército americano.

5 de junho de 1945
Os Aliados repartem a Alemanha e dividem Berlim em seções. Começa a Guerra Fria.

27 de janeiro de 1944
O cerco de Leningrado é levantado após 900 dias.

4 de março de 1944
Primeiro grande bombardeio à luz do dia em Berlim pelos Aliados.

13 de junho de 1944
Primeiro ataque alemão de foguete V1 à Grã-Bretanha.

3 de julho de 1944
"Batalha das Cercas Vivas" na Normandia. Uma semana depois, Caen é libertada.

24 de julho de 1944
Tropas soviéticas libertam o primeiro campo de concentração em Majdanek.

13 de setembro de 1944
Tropas americanas chegam à Linha Siegfried.

2 de outubro de 1944
O exército polonês é forçado a se render aos alemães em Varsóvia após semanas de resistência heroica.

16-27 de dezembro de 1944
Batalha do Bulge nas Ardenas. Waffen SS em retirada assassina 81 prisioneiros de guerra americanos em Malmedy.

26 de Janeiro de 1945
Tropas soviéticas libertam Auschwitz

4-11 de fevereiro de 1945
Roosevelt, Churchill, Stalin se encontram em Yalta e planejam a partição da Alemanha pós-guerra.

abril de 1945
Aliados recuperam arte nazista roubada escondida em minas de sal.

12 de abril de 1945
Aliados descobrem os horrores da Solução Final nos campos de concentração Buchenwald e Belsen; morre o presidente Roosevelt. Truman torna-se presidente.

28 de abril de 1945
Mussolini é enforcado por partidários italianos.

30 de abril de 1945
Adolf Hitler comete suicídio no abrigo em Berlim, seguido pelo suicídio de Goebbels. Os corpos são queimados.

8 de maio de 1945
Dia VE (Vitória na Europa).

23 de maio de 1945
SS Reichsführer Himmler comete suicídio.

20 de novembro de 1945
Começam os julgamentos de crimes de guerra em Nuremberg. Goering cometerá suicídio quase um ano depois, duas horas antes da execução agendada.

1945

Índice remissivo

A

Adolf Hitler 8, 11, 12, 15, 19, 31, 37, 39, 44, 51, 57, 58, 62, 64, 67, 74, 77, 80, 88, 89, 91, 93, 95, 209, 215, 221, 150, 116, 117, 119, 128, 195, 157, 166, 176, 195, 224, 108, 192, 224, 227
Ahnenerbe 169, 178, 179, 180, 185, 199
Amann, Max 82
Angebert, Jean-Michel 178
Antigos santuários alemães (Teudt) 164
Antissemitismo 29, 39, 40
Arquétipos 21, 22, 23, 39, 144, 208
Artur Nebe 150
Assim falou Zaratustra (Nietzsche) 39, 239
Astrologia 8, 30, 35, 81, 115, 121, 132, 133, 134, 135, 137, 138, 146, 156, 157, 154, 149, 152, 153

B

Baphomet 34
Barbarossa, Frederico 46, 226
Bender, Peter 171, 172, 199
Berger-Villingen, Robert 28
Bergman, Ernst 52, 53, 84, 90, 117, 125, 132, 145, 176, 190
Bishupski, general 64
Black, William Henry 162

Blavatsky, Madame 26, 33, 65, 83
Bormann, Martin 71, 96, 135
Braun, Eva 86, 87, 93
Bruxaria 207
Buch, Walter 90
Buller, Ernestine Amy 103
Bulwer-Lytton, Edward 26, 52, 165
Busca do Cálice Sagrado 178

C

Cabala 25, 33
Cabeça da Medusa, A (Symmonds) 143
Cálice Sagrado [Graal] 39, 49, 50, 173, 178
Caminho da Mão Esquerda 221
Campo de concentração de Dachau 182, 183
Carlos Magno 46
Casino Royale (Fleming) 138
Cátaros 172, 173, 177, 179
Cemitérios [graveyards] 9, 185, 199
Cenas de paisagens mitológicas alemãs (List) 26
Chamberlain, Houston Stewart 75, 76, 77, 224
Churchill, Winston 11, 49, 101, 125, 135, 138, 225, 226, 227
Comícios de Nuremberg 21, 103, 217, 218
Cristianismo 174, 175, 176, 177, 179
Crowley, Aleister 57, 59, 62, 63, 137, 138, 139, 140, 141, 142, 143, 144, 145, 220, 221
Cruzada contra o Graal (Rahn) 177

D

Delmer, Sefton 131
Departamento de herança ancestral 179
Der Zenit 131
Die Drie (Lindenberg) 52
Dietrich Eckhart 30, 64, 69, 70, 179
Donitz, almirante 107
Doutrina de sangue e terra 194

Doutrina secreta (Blavatsky) 26, 65
Drexler, Anton 69

E

Ebertin, Frau Elsbeth 116
Eckhart, Dietrich 30, 64, 65, 67, 69, 70, 71, 82, 179, 193
Eckhart, Karl 25, 55, 62, 69, 81, 82, 108, 125, 130, 132, 135, 172, 177, 193
Ehrentempel 158
Eif-Rune 187
Elser, Georg 127, 129
Energias 73, 76, 85, 107, 201
Enigma de Edda, O (Reuter) 164
Eschenbach, Wolfram von 50, 176
Ewers, Heinz 71

F

Felix Kersten 148, 150, 193
Fesel, dr. 125, 129
Fischer-Dodeleben, Felix 174
Fisher, Heinz 172
Fleming, Ian 135, 137, 138, 239
Franco-Maçonaria 28, 109
Frick, Wilhelm 78, 117
Friedrich Nietzsche 37
Fritsch, general von 202
Fundações do século XIX (Chamberlain) 77

G

Gadal, Antonin 177
Gardner, Gerald 144
Gazette de Lausanne 115
Geomancia 162, 166, 199
Germanen Order 7, 24, 27, 29, 32

Ger-Rune 187
Glauer, Rudolph 29, 64, 65
Godfrey, John 137
Goebbels, Joseph 19, 55, 71, 72, 73, 74, 78, 82, 88, 93, 96, 98, 101, 111, 124, 125, 126, 129, 130, 131, 198, 227
Goering, Hermann 8, 19, 72, 74, 75, 79, 88, 96, 98, 130, 145, 146, 157, 171, 172, 226, 227
Golden Dawn 28, 64, 138, 141, 144
Gothi 196
Green, H. S. 32, 239
Grupo de Thule 30, 64
Gunthe, Joachim 189
Gurdjieff 99, 100
Gutbarrlet, Herr 67

H

Hagal-Rune 187
Hakenkreuz 32, 187
Halley, Edmund 171
Hanussen, Erik Jan 87, 88
Haushofer, Albrecht 81, 82, 83, 85, 86, 135
Heiden, Conrad 54
Heilszeichen 187
Heine, Heinrich 217
Heinrich Himmler 19, 154, 156, 166, 190, 192, 194
Heinsch, Josef 165, 185
Henrique, o Passarinheiro 193
Hermann Goering 19, 74, 171, 227
Hess, Rudolf 71, 80, 81, 82, 98, 129, 134, 135, 136, 137, 138, 145, 226
Hindenburg, presente 86, 88, 224
Holdroyd, Stuart 157
Horbiger, Hans 35, 36, 166, 167, 169, 170, 171, 199
Horóscopos, de 87, 121, 124, 149, 150, 153
Houston Stewart Chamberlain 75, 76
Hulme, Edward 32
Huxley, Aldous 60, 61, 62, 63

I

Illuminati 208
Imortalidade mundana (Eckhart) 193

J

Jay, Felix 5, 132
Jetzinger, Franz 55
Joseph Goebbels 19, 71, 72, 78, 88, 124, 126
Junge, Traudl 104
Jung, Karl 23, 177
Juventude de Hitler 38, 207, 218

K

Kaltenbrunner, Ernst 90, 91
Karl Haushofer 81, 82, 135
Kersten, Felix 148, 149, 150, 155, 193
King, Francis 5, 17, 33, 183
Kirfel, Willibrod 164
Knight, Maxwell 137, 138
Korsch, dr. 131
Krafft, Karl Ernst 125, 129, 130, 131, 132, 133
Kritzinger, dr. 125
Kubizek, August 47, 53, 55, 101

L

Lança do Destino 7, 43, 46, 90, 178, 239, 46
Landulfo de Capua 62
Lang, Walter 105, 106
Lanz, Adolf Josef 33, 37, 62
Leben-Rune 187
Liebenfels, Lanz von 33, 35, 36, 37, 62
Lindenberg, Christoph 52
Linhas de Ley 162, 165, 185, 201

List, Guido von 24, 25, 26, 27, 30, 33, 35, 56, 57, 83
Livro da lei, O (Crowley) 139
Locais sagrados 25, 162, 165
Lodz, Hans 60
Lohengrin 28
Ludecke, Kurt 103

M

Magia 14, 17, 18, 20, 21, 23, 59, 32, 57, 62, 106, 109, 139, 144, 145, 146, 185, 196, 207, 222
Magia negra 14, 18, 23, 32, 139, 146
Magia ritual na Inglaterra (King) 17
Magia rúnica 185
Magos 7, 18, 21, 23, 24, 220, 221
May, Karl 55
Mein Kampf 8, 39, 63, 67, 81, 82, 83, 95, 108, 128, 224, 239
Mein Kampf (Hitler) 8, 39, 63, 67, 81, 82, 83, 95, 108, 128, 224, 239
Melzer, W. 165
Mend, Hans 58
Mescalina 59, 60, 62, 63
Michael (Gobbels) 72
Mistérios do Sol e da alma 124
Mito do século XX, O 65
Movimento ariosofista 25
Movimento teosófico 26
Mussolini, Benito 70, 108, 150, 151, 225, 226, 227

N

Nebe, Arthur 150, 152, 153
Neuberg, Victor 62, 63
Nietzsche, Friedrich 7, 37, 38, 39, 40, 55
Nos comícios de Nuremberg 21
Nostradamus 8, 122, 123, 124, 129, 131, 133, 135, 123

O

Ocultismo 1, 3, 14, 15, 25, 39, 57, 87, 132, 134, 135, 137, 177, 168
Odal-Rune 187
Odin 23, 185
Opfer-Rune 187
Ordem dos Novos Templários 33, 62
Ordo Templi Orientis 62
Ostara 37
Otto, o Grande 47, 103, 125, 151, 164, 172

P

Paganismo 23, 174, 206, 208
Parsifal 39, 40, 62, 177
Partido dos Trabalhadores Alemães 67, 116
Parzival 50, 176
Pearson, John 137
Peiote 59, 60, 63
Peladan, Sar 39
Pennick, Nigel 5, 199
Polzl, Johanna 52, 53
Pretzsche, Ernst 52, 53, 55, 56, 57, 59, 60
Principal Loja Antissemítica 29
Propaganda 8, 12, 13, 22, 82, 116, 124, 126, 129, 130, 131, 133, 137, 156, 206, 207, 208, 209
Putsch da cervejaria de Munique 224

R

Raça futura, A (Bulwer-Lytton) 26, 165
Rahn, Otto 172, 173, 176, 177, 178, 179
Rascher, Sigmund 184, 185
Rauschning, Hermann 5, 48, 100, 101, 110, 111, 139, 175, 180, 221
Ravenscroft, Trevor 5, 44, 47, 48, 49, 51, 52, 53, 55, 56, 57, 58, 60, 63, 83, 221
Registros akáshicos 26, 35, 177
Religião 23, 33, 40, 41, 139, 174, 175, 176, 206, 220, 221

Reuss, Theodor 39, 62
Reuter, Otto 164
Richard Wagner 37, 40, 61, 75
Riefenstahl, Leni 217, 222
Ritzler, Konrad 64
Rosenberg, Alfred 30, 64, 65, 175
Rougemont, Denis de 96, 99
Rudolf Hess 80, 135, 136
Runen 29

S

Satã e a suástica (King) 9, 33, 183, 205
Satanismo 220
Saxon Chronicle 47
Schellenberg, Walter 134, 152, 153, 155, 199, 202
Schroeder, Christa 55
Sebottendorf, barão Rudolf von 29, 30, 64
Segunda Guerra Mundial 11, 122, 124, 133, 210, 214
Senso de destino 21
Shirer, William L. 76
Siegfried 22, 185, 208, 227
Sievers, Wolfram von 90, 179, 180, 182
Sig-Rune 187
Simbolismo na arte cristã (Hulme) 32
Sinnett, A. P. 165
Skoropadski, general 64
Sonhos de suicídio 22, 25, 44, 208
Sonnenrad 187
Spearman, Neville 5, 199, 239
Speer, Albert 96, 105, 107, 159, 218, 219, 220
Spence, Lewis 5, 205, 206, 207, 208, 209, 211, 212, 214, 215
SS 9, 22, 23, 88, 90, 91, 92, 125, 134, 148, 149, 150, 152, 153, 161, 172, 173, 176, 177, 178, 179, 180, 184, 185, 186, 187, 189, 190, 191, 192, 193, 194, 195, 196, 197, 198, 199, 200, 201, 202, 208, 218, 220, 226, 227
Stauff, Philip 27
Stein, Walter Johannes 7, 48, 49, 50, 51, 52, 53, 55, 57, 58, 59, 60, 61, 87
Strasser, Gregor 102, 125

Suástica 7, 9, 28, 29, 30, 32, 33, 36, 55, 73, 122, 149, 175, 187, 205, 206, 220, 223, 215, 32, 183, 32, 33, 36, 55, 73, 83, 122, 149, 175, 183, 206, 215, 220, 223, 187, 205, 7, 9, 83
Symmonds, John 143

T

Tannhäuser 28
Templários 34, 36
Teoria do mundo de gelo 166, 167, 171, 199
Teozoologia ou o saber dos simianos de Sodoma e o elétron dos deuses (Liebenfels) 36
Tettelbach, Karl Boehm 108
Teudt, Wilhelm 164
Thor 23, 32, 187
Times (jornal) 134
Toten-Rune 187
Traditional Astrologer 5, 132, 239
Trevas sobre a Alemanha (Buller) 103
Triunfo da vontade 222
Troost, Paul Ludwig 158, 159
Tyr-Rune 187

U

Ulrich, von 26
Uralinda-Chronik 180, 182

V

Vey, Anton Le 220
Viagens psíquicas (Holdroyd) 157
Viena 24, 25, 26, 44, 47, 48, 50, 52, 53, 54, 55, 57, 60, 87, 88, 89, 162
Vril 9, 107, 165

W

Waffen SS 187, 196, 226, 227
Wagner, Richard 4, 7, 28, 37, 39, 40, 41, 50, 61, 62, 65, 75, 91, 175, 176, 218
Walter Stein 50
Wewelsburg, castelo de 9, 178, 199, 200, 201, 202
Wilhelm II, Kaiser 77, 195
Willigut, Karl Maria 172, 177, 178, 179, 180
Winzer, H. 165
Wirth, Hermann 35, 180, 182
Wohl, Louis de 8, 49, 129, 130, 131, 132, 133
Wolfsangel 187
Wotan 23, 25, 28, 57, 83, 174, 175, 176, 177, 220
Wulff, Wilhelm 5, 145, 146, 148, 149, 150, 152, 153, 154, 155, 156

Z

Zanoni (Bulwer-Lytton) 52
Zodíaco e a suástica, O (Wulff) 149

Bibliografia

BULLER, E.A. *Darkness Over Germany*. Longman and Green, 1943.
GOODRICH-CLARKE, Nicholas. *The Occult Roots of Nazism*. Taurus Parke, 2005.
HITLER, Adolf. *Mein Kampf*. Random House, 1992.
HOLROYD, Stuart. *Psychic Voyage*. Aldus Publishing, 1977.
HUXLEY, Aldous. *The Doors of Perception* [As portas da percepção]. Vintage, 2004.
JAY, dr. Felix, artigo na revista *Traditional Astrologer*, 1998.
KING, Francis. *Satan and Swastika*. Granada Publications, 1976.
LEVENDA, Peter. *Unholy Alliance*. Continuum, 2002.
NIETZSCHE, Friedrich. *The Antichrist* [O Anticristo]. Prometheus, 2000.
——————. *Beyond Good and Evil* [Além do bem e do mal]. Dover, 1989.
——————. *Thus Spoke Zarathustra* [Assim falou Zaratustra]. Penguin, 1989.
PEARSON, John. *The Life of Ian Fleming*. Companion Book Club, 1966.
PENNICK, Nigel. *Hitler's Secret Sciences*. Neville Spearman, 1981.
RAUSCHNING, Hermann. *Hitler Speaks* [Hitler disse-me...]. Howard Fertig, 1939.
——————. *Voice of Destruction*. Kessinger, 2004.
RAVENSCROF, Trevor. *The Spear of Destiny* [A Lança do Destino]. Sphere, 1990.
SCHELLENBERG, Walter. *Memoirs*. Andre Deutsch, 2006.
SHIRER, William L. *The Rise and Fall of the Third Reich*. Arrow, 1991.
SPEER, Albert. *Inside the Third Reich*. Weidenfeld and Nicholson, 2003.
SPENCE, Lewis. *Occult Causes of the Present War*. Kessinger, 1998.
SUSTER, Gerald. *Hitler and the Age of Horus*. Sphere, 1981.
SYMMONDS, John. *The Medusa's Head*. Mandrake Press, 1991.
WAITE, Robert G. L. *The Psychopathic God*. Basic Books, 1977.
WULFF, Wilhelm. *Zodiac and Swastika*. Barker, 1973.

Créditos das ilustrações

Corbis – páginas: 7, 12, 14, 19 (acima, à esquerda), 22, 27, 31, 37, 38, 40, 45, 49, 52, 59, 61, 75, 78, 82, 98, 102, 104, 105, 112, 120, 126, 127, 130, 130, 139, 140, 152, 156, 161, 168, 176, 192, 196, 205, 208, 211;
Getty Images – páginas: 17 (acima, à direita; abaixo, à direita e à esquerda), 20, 34, 49, 52, 64, 65, 66, 70, 82, 171, 190, 215;
Mary Evans – páginas: 32, 77, 78, 87, 121, 166, 179, 189, 194;
Akg – páginas: 38, 85, 107, 115, 134, 145, 149, 182, 217;
Topfoto – páginas: 54, 68, 74, 143, 169, 181, 199, 214.

Nota: Todos os esforços foram feitos para obter permissão dos detentores dos direitos para o uso de trechos contidos nesta obra. Se, contudo, uma citação não foi corretamente autorizada, o editor terá o prazer de acrescentar o devido crédito em uma edição futura.